Lothar-Rüdiger Lütge

Kundalini – Die Erweckung der Lebenskraft
Theorie und Praxis des Kundalini-Yoga

Lothar-Rüdiger Lütge

Kundalini –
Die Erweckung der Lebenskraft

Theorie und Praxis
des Kundalini-Yoga

Verlag Hermann Bauer
Freiburg im Breisgau

CIP-Kurztitelaufnahme der Deutschen Bibliothek:

Lütge, Lothar-Rüdiger:
Kundalini – die Erweckung der Lebenskraft : Theorie
u. Praxis d. Kundalini-Yoga / Lothar-Rüdiger Lütge.
[Mit 390 Zeichn. von Sonja Elisabeth Noy]. –
Freiburg im Breisgau : Bauer, 1985.
    ISBN 3-7626-0295-6

Mit 390 Zeichnungen von Sonja Elisabeth Noy.

1985
ISBN 3-7626-0295-6
© 1985 by Verlag Hermann Bauer KG, Freiburg im Breisgau.
Alle Rechte vorbehalten.
Satz: Typobauer Filmsatz GmbH, Scharnhausen.
Druck und Bindung: Druck und Verlag Ueberreuter, Wien.
Printed in Austria.

Ich danke meiner lieben Freundin Petra Angelika Peick, die mir wesentliche Erkenntnisse über die Verschiedenheit des indischen und des abendländischen Weges zur Selbstfindung ermöglicht hat.

Ich danke ferner meinen lieben Freunden Stefan Neumann und Olav Müller-Liebenau, ohne deren Anteilnahme und konstruktive Anregungen es mir kaum möglich gewesen wäre, die vielfältigen Schwierigkeiten bei der Beschaffung des praktischen Lehrmaterials und dessen umfangreicher Aufbereitung zu bewältigen.

Nicht zuletzt danke ich Sonja Elisabeth Noy für ihren unermüdlichen Einsatz und ihr großes persönliches Engagement bei der Fertigung der Zeichnungen.

Letztlich habe ich der 3-H Organisation Deutschland e. V. zu danken, die mir das Material zu den praktischen Yoga-Übungen zur Veröffentlichung überlassen hat.

Ich widme dieses Buch allen Menschen, die guten Willens sind und die sich aufgemacht haben, ihren persönlichen Weg zu Gott zu finden. Mit ihnen hoffe ich auf den Beginn eines neuen Zeitalters, in dem *Frieden*, *Liebe* und *Licht* an erster Stelle stehen.

»There is no freedom for free and
no liberation without labour!«
Yogi Bhajan

Freiheit gibt es nicht umsonst und
Befreiung kostet Arbeit!

Inhalt

Erwachen!
Eine Einführung

Im fernen Indien, auf den grünen, sonnenbeschienenen Hängen des Himalaya, lebte einst ein junger Tiger, der zwischen einer Herde von Bergziegen aufwuchs. Seine Mutter war bei der Geburt gestorben. Während ihrer Trächtigkeit war sie viele Tage auf Raub ausgegangen, ohne eine Beute zu finden, bis sie endlich zu jener Herde herumstreifender Wildziegen gelangte. Inzwischen war die Tigerin heißhungrig geworden, und das mag die Heftigkeit ihres Sprunges erklären; jedenfalls trieb die Gewalt des Ansprunges ihr die Frucht aus dem Leib, und vor Hunger und Entkräftung starb sie alsbald.

Das Neugeborene, das neben der toten Mutter leise wimmerte, wurde von den Ziegen, die nach dem Schrecken wieder auf die Weide zurückkehrten, mit mütterlicher Liebe aufgenommen, und sie zogen es mit ihrer Milch gemeinsam mit den Zicklein auf. Es wurde unter den Ziegen groß und lohnte ihnen ihre Mühe, denn der kleine Tiger lernte die Ziegensprache, paßte seine Stimme ihrem sanften Meckern an und zeigte ebensoviel Anhänglichkeit wie die anderen Jungen der Herde. Anfangs fiel es ihm schwer, die dünnen Grashalme mit seinen spitzen Zähnen zu rupfen, aber irgendwie gelang es ihm schließlich. Die Pflanzenkost hielt ihn sehr mager und verlieh seinem Temperament eine beachtliche Sanftmut.

Als der junge Tiger das Vernunftalter erreicht hatte, wurde die Herde eines Nachts wieder angefallen; ein starker, alter Tiger brach unter sie ein, und wiederum stoben alle auseinander. Nur das Tigerjunge blieb furchtlos stehen und starrte das schreckliche Dschungelwesen verblüfft an. Auch der große Tiger wunderte sich über den Kleinen, der erst verdutzt dastand, schließlich verlegen einen Grashalm rupfte und meckernd daran kaute, während der alte Tiger ihn noch immer anstarrte.

Plötzlich fragte der mächtige Eindringling: »Was tust du hier unter den Ziegen? Was kaust du da?«

Das sonderbare, kleine Wesen meckerte. Der Alte wurde nun wirklich furchterregend. Er brüllte: »Was soll dieser alberne Laut?« Und ehe der andere antworten konnte, packte er ihn beim Kragen und schüttelte ihn tüchtig, wie um ihn wieder zur Besinnung zu bringen.

13

Dann schleppte der Dschungeltiger das erschrockene Junge zu einem nahen Teich, stellte es an den Rand und ließ es in den monderhellten Spiegel blicken: »Schau dein Bild im Wasser an – bist du nicht ganz wie ich? Du hast genau wie ich das Vollmondgesicht eines Tigers. Warum bildest du dir ein, eine Ziege zu sein? Warum meckerst du? Warum frißt du Grashalme?«

Der Kleine vermochte nicht zu antworten, starrte aber weiter die beiden Spiegelbilder an und verglich sie. Dann fühlte er sich unbehaglich, trat von einer Tatze auf die andere und gab wieder einen bekümmerten, zittrigen Schrei von sich.

Der grimmige Alte packte ihn erneut und trug ihn bis zu seiner Höhle. Dort legte er ihm ein Stück blutiges, rohes Fleisch vor, das von seiner letzten Mahlzeit übriggeblieben war.

Das Tigerjunge schüttelte sich vor Ekel, aber der Dschungeltiger kümmerte sich nicht weiter um das schwache Protestmeckern, sondern befahl schroff: »Nimm das! Friß! Schluck es hinunter!«

Das Junge sträubte sich, aber der Alte zwang ihm das Fleisch zwischen die Zähne und wachte darüber, daß es die Nahrung kaute und hinabschlang. Mit kläglichem Meckern würgte es die ersten Bissen der ungewohnten, zähen Kost hinunter, aber bald fand es Geschmack am Blut und fraß den Rest mit einer Lust, die seinen Leib wie ein Wunder durchdrang.

Es leckte sich die Lefzen, erhob sich und riß das Maul zu einem riesigen Gähnen auf, so als erwache es aus tiefem Schlaf – einem Schlaf, der es jahrelang in seinem Bann gehalten hatte. Es streckte sich, machte einen Buckel, hob die Tatzen und zeigte die Krallen. Sein Schweif peitschte den Boden, und plötzlich brach aus seiner Kehle ein furchtbares, triumphierendes Tigerbrüllen.

Währenddessen hatte es der grimmige Lehrer prüfend und mit zunehmender Befriedigung beobachtet. Die Verwandlung war tatsächlich geglückt. Als das Brüllen verstummt war, fragte er mürrisch: »Weißt du jetzt, wer du wirklich bist?! Komm mit mir in den Dschungel, du sollst lernen, der Tiger zu werden, der du schon immer warst.«

Yoga will uns lehren, »Tiger« zu werden! Wir sollen unser wahres Wesen erkennen und verwirklichen. Das Erwachen zu unserer eigentlichen, wirklichen Identität, das ist das Ziel des yogischen Weges.

Die Philosophie des Yoga beschreibt unsere wahre Identität als göttlich! Atman, unser wahres Selbst und der Wesenskern unserer Persönlichkeit, wird gesehen als ein Aspekt Gottes, als ein in sich abgeschlossener Teil des allumfassenden, ursächlichen Seins. Dieses kosmische Sein, das die Grundlage und den Ursprung unseres Universums bildet, heißt Brahman.

Die Wesensidentität von Atman, dem Kern unseres individuellen Selbsts, und Brahman, der göttlichen Instanz hinter den Manifestationen des Universums, ist die zentrale Aussage in der Philosophie des Yoga.

»Gott und ich – ich und Gott sind Eins«, so lautet eines der im Kundalini-Yoga verwendeten Mantras, und diese Identität von Gott und Mensch zu erkennen und zu erleben, das ist nicht nur das Ziel im Yoga, es ist das Ziel der indischen Philosophie und Religion schlechthin.

Als abendländische Menschen tun wir uns oft recht schwer, diesen grundlegenden Gedanken, der allen yogischen Systemen als Ansatz und Ausgangspunkt dient, zu verstehen und zu akzeptieren. Unabhängig davon, ob wir uns als gläubige Christen bezeichnen oder ob wir es nicht tun, sind wir dennoch, als Angehörige einer durch das Christentum in hohem Maß beeinflußten und geprägten Kultur, mit einem vom indischen Denken vollkommen verschiedenen Gottesbegriff ausgestattet worden.

Das Christentum beschreibt den Menschen als ein von Gott geschaffenes und von ihm getrenntes, selbständiges Wesen. Gott und Mensch stehen sich als Polaritäten gegenüber. Wir sind hier und Gott ist dort, und als Menschen sind wir von der Gnade Gottes abhängig und den Gesetzen Gottes verpflichtet.

Im Gegensatz zu dieser christlichen Auffassung empfindet sich der von der indischen Kultur geprägte Mensch in seinem Wesen als göttlich. Er betrachtet sich als eine Manifestation Gottes und sieht in seinem Inneren den unwandelbaren, unberührbaren, jenseits aller Individualität und menschlichen Bedingtheit stehenden, göttlichen Kern, der sein wahres und eigentliches Selbst bildet. Dieser göttliche Kern im Menschen, Atman genannt, ist nicht von Gott, Brahman, getrennt – sondern mit ihm identisch!

Gott und ich – ich und Gott sind Eins.

Aus dieser für uns Europäer recht ungewohnten Auffassung ergeben sich vielfache Konsequenzen in der Bewertung der menschlichen Struktur und ier individuellen Persönlichkeit. Darüber hinaus entsteht ein vollkommen neues Verhältnis zu Gott.

Wenn wir beginnen, uns als einen Teil Gottes zu begreifen, dann verlieren unsere persönlichen Eigenschaften und Eigenarten an absolutem Gewicht. Nicht unser individuelles Sein oder unsere Persönlichkeit, die sich zusammensetzt aus den unterschiedlichsten Vorlieben und Neigungen, Wünschen und Bedürfnissen, Fähigkeiten und Unzulänglichkeiten, macht unser wahres Wesen aus, sondern Gott.

Gott jedoch ist ohne Eigenschaften, Gott ist Alles und doch ist er von allem unberührt. Er steht über den Dingen der manifestierten Welt, jenseits aller Bedingtheit, unerreichbar für den im Relativen operierenden Verstand und daher unbegreifbar und unbeschreibbar.

Wenn wir uns in unserem wahren Wesen mit Gott identifizieren, dann schließt das die gleichzeitige Identifikation mit unserer persönlichen Individualität aus. Wir können nicht wirklich menschlich begrenzt und unvollkommen, aber gleichzeitig göttlich sein.

Tatsächlich betrachtet die indische Philosophie unsere Persönlichkeit als eine Maske oder einen farbenfrohen, vielgestaltigen Schleier, hinter dem der wirkliche Mensch, Atman, sich verbirgt. Es gilt, den Schleier zu zerreißen und Atman zu befreien.

Wie das Tigerjunge, das bei den Bergziegen aufwuchs, müssen wir unsere wirkliche Identität erkennen. Die Täuschung, die uns dazu veranlaßt, uns mit unserem Körper, unserem Denken, unseren Gefühlen und Empfindungen zu identifizieren, muß überwunden werden. Nur diese Täuschung ist es, die zwischen uns und unserem göttlichen Wesen steht.

Unser wahres Selbst, Atman, ist unberührt von unserem Denken und Fühlen. Atman ist der »stille Beobachter« in uns, er ist die Instanz des Bewußtseins, die Gewißheit unserer Existenz. Wenn wir Atman befreien, indem wir die Selbsttäuschung über unsere wahre Identität überwinden, dann überwinden wir gleichzeitig auch unsere Trennung von Gott.

Wir verschmelzen mit dem universalen Sein und erkennen uns als einen untrennbaren Teil des homogenen Weltganzen, das von Brahman durchdrungen und aus ihm hervorgegangen ist.

Yoga ist ein Weg, der es uns ermöglicht, unsere wirkliche Identität zu erkennen und uns ein für alle Male von der Illusion der menschlichen Begrenztheit zu befreien. Da es sich um einen *Weg* handelt, müssen wir ihn *Gehen* – oder wir müssen auf ihn verzichten.

Eine dritte Möglichkeit gibt es nicht.

Dieses Buch soll ein »Wegweiser« sein. Es soll helfen und anleiten, den yogischen Pfad zu verstehen und zu benutzen. Zu diesem Zweck ist eine Gliederung in zwei Teile vorgenommen worden:

Der erste, theoretische Teil des Buches beschäftigt sich mit dem vom westlichen Denken sehr unterschiedlichen weltanschaulichen und religiösen Ansatz der indischen Kulturen und mit den auf dieser geistigen Grundlage entstandenen yogischen Systemen. In einer kurzen Abhandlung werden die unterschiedlichen Denk- und Glaubensrichtungen vorgestellt und miteinander verglichen. Besondere Berücksichtigung finden hierbei die durchgängigen Gemeinsamkeiten; es wird das Ziel verfolgt, eine einheitliche Struktur erkennen zu lassen.

Im Anschluß an diese vorbereitenden Betrachtungen, die uns den notwendigen Eindruck von der geistigen Grundlage des Yoga vermitteln, erfolgt die Darstellung der yogischen Systeme im einzelnen.

Nach einer angemessenen Würdigung der bekannten Yoga-Praktiken werden die besonderen Grundlagen, die Wirkungsweise und die Techniken des Kundalini-Yoga ausführlich besprochen.

Der Schluß des theoretischen Teils ist dem indischen Lehrer und spirituellen Meister Yogi Bhajan gewidmet. Er brachte die in der westlichen Welt weitgehend unbekannten Techniken des Kundalini-Yoga nach Nordamerika und von dort nach Europa. Neben einer kurzen Darstellung seines Lebens und des persönlichen Werdegangs soll Yogi Bhajan selbst zu Wort kommen, um uns einen unmittelbaren Eindruck von der geistigen Quelle des Yoga zu geben.

Im zweiten, ausschließlich praktischen Teil, gibt das Buch eine ausführliche und grundlegende Einführung in die Technik des Kundalini-Yoga. Beginnend mit einfachen Atemübungen sowie Hand- und Körperhaltungen werden die einzelnen Bestandteile vorgestellt und dann zu einfachen Übungsreihen zusammengefaßt.

Hierauf aufbauend folgen Übungen zur Wiederherstellung der körperlichen Beweglichkeit und sogenannte Reinigungssets, mit deren Hilfe eine deutliche Verbesserung der allgemeinen körperlichen und geistigen Verfassung zu erreichen ist.

Den Abschluß bilden anspruchsvolle Übungsreihen, die es dem Praktizierenden ermöglichen, sein Bewußtsein zu klären und neue, erweiterte Dimensionen seiner Selbst gewahr zu werden.

Es bleibt zu ergänzen, daß das System des Kundalini-Yoga in besonderer Weise für eine grundlegende Einführung in die Yoga-Praxis geeignet ist, da es alle yogischen Elemente in ihrer ehemals vorhandenen Verbundenheit enthält. Darüber hinaus entsprechen die im allgemeinen sehr dynamischen und teilweise lebhaften Übungen ganz besonders dem westlichen Geist unserer Zeit. Sie vermitteln dem ernsthaft Praktizierenden bereits nach kurzer Zeit spürbare Ergebnisse.

Die Kundalini-Energie – die Lebenskraft im einzelnen und gleichzeitig die kosmische Kraft des Werdens und Vergehens –, die durch Kundalini-Yoga direkt angesprochen wird, entfaltet ihr unerschöpfliches Potential nur dem, der sich ihr durch praktisches Handeln aktiv zuwendet. Das bloße Verständnis und die theoretische Beschäftigung mit den yogischen Grundsätzen erfüllen diese Voraussetzung nicht! Der Weg des Yoga muß beschritten werden, und die yogischen Prinzipien müssen im täglichen Leben angewendet werden; nur dann führt diese Lehre an das gewünschte Ziel:

Das Erwachen zum wahren Selbst,
das Erleben des göttlichen Kerns im Menschen und
das Verwirklichen des gesamten menschlichen Potentials.

Somit versteht sich dieses Buch in erster Linie als eine praktische Arbeits-
anleitung zur Verwirklichung des Yoga im täglichen Leben. Die theoretischen Abhandlungen sind so knapp wie möglich und so ausführlich wie
nötig gehalten worden, wie es zur Vermittlung der notwendigen Grundlagen erforderlich war. Kundalini-Yoga beginnt aber erst dann, wenn wir das
Buch zur Seite legen und das Gelesene in unserem Leben anwenden.

Allen Lesern wird ein ausreichendes Maß an »persönlicher Kraft« ge-
wünscht, um Worte in Taten umzusetzen!

Jede neue Ausgrabung, jede versunkene Kultur, die der Spaten des Altertumsforschers im Wüstensand Ägyptens und in den Urwäldern Indiens zutage fördert, führt uns vor Augen, daß die Anfänge des Menschen als gesittetem, denkendem und schaffendem Kulturwesen weiter zurückreichen, als man noch vor kurzem glaubte.

Namhafte Vorgeschichtsforscher sind zu der Annahme gelangt, es habe vor der uns bisher vor Augen liegenden Kulturentwicklung schon Hochkulturen gegeben, deren Menschen auf eine besondere, uns kaum faßliche Weise, nämlich im Wege unmittelbarer Einfühlung und Gewißheit, tiefgehende Kunde von Aufbau und Zusammenhang des Alls gehabt haben. Es sei daran erinnert, wie sehr es der Lehre vieler Religionen entspricht, daß die Menschheit nicht etwa in fortschreitendem Aufstieg, sondern in ständigem Abstieg und Abfall begriffen sei, von Gott und von einem fernen, paradiesischen oder goldenen Zeitalter.

Der Glaube an einen Fortschritt, der im Europa des 18. und 19. Jahrhunderts lebte, ist stark erschüttert und im Grunde auch nicht beweisbarer als das Gegenteil – wenn man Fortschritt und Entwicklung nicht im äußerlichen Sinne als ein Fortschreiten der Technik und zunehmender Beherrschung der Außenwelt versteht, sondern unter Entwicklung etwas Inneres, nämlich die zunehmende Ausprägung lebendiger Form und wachsenden Reichtum an Schöpferkraft und inneren Möglichkeiten versteht.

Hans Joachim Störing

Religion und Philosophie in Indien

Die Anfänge des religiösen und philosophischen Denkens in Indien liegen im Dunkel der Vergangenheit. Alte, uns vorliegende Schriften gehen zurück bis etwa eintausendfünfhundert Jahre vor unsere Zeitrechnung. Sie gehören zu den ältesten schriftlichen Dokumenten der Menschheit. Es darf jedoch als sicher angenommen werden, daß bereits sehr lange vor diesem Zeitpunkt umfangreiche Denk- und Glaubenssysteme bestanden haben.

So bezieht sich der heute noch lebendige *Jainismus* auf eine kontinuierliche Kette von vierundzwanzig Erlöserpersönlichkeiten, die weit in die vorgeschichtliche Zeit zurückreichen. Inhaltlich mit dem Jainismus verwandt, und fraglos auf einer gemeinsamen, historisch nicht zu fixierenden Überlieferung beruhend, sind die Systeme *Sankhya* und *Yoga*.

Jainismus, Sankhya und Yoga bilden eine auch heute noch gültige Grundlage des indischen Denkens. Sie sind zu unterscheiden vom philosophisch-religiösen System der *Veden*, das von den arischen Eroberern mitgebracht wurde, die das Land ab dem 16. Jahrhundert vor Christus in mehreren Etappen besiedelten.

Der im heutigen Indien kaum noch vertretene *Buddhismus* entstand in historisch jüngerer Zeit infolge des Lehrens und Wirkens Gautama Buddhas. Buddha lebte um 550 vor Christus. Seine Lehren knüpfen an die älteren indischen Denksysteme an und stellen eine Neubelebung und Weiterführung dieser Philosophien dar.

Das System der Veden, das zunächst auf die arischen Eindringlinge beschränkt blieb, trat im Laufe der Jahrhunderte in einen regen Austausch mit den ansässigen Philosophien und wurde weitgehend von ihnen beeinflußt. Auf diese Weise entstanden die Lehren der *Upanischaden* und des *Vedanta*, in denen die anfänglichen Gegensätze zu den altüberkommenen Philosophien abgebaut und nahezu vollständig aufgehoben wurden.

Die nachfolgende grafische Darstellung gibt die unterschiedlichen religiösen Systeme im Überblick und in ihrer zeitlichen Abfolge wieder.

Während in der westlichen Welt im allgemeinen zwischen Religion und Philosophie unterschieden wird, ist eine solche Differenzierung in Indien seit jeher unbekannt. Dort waren alle philosophischen Systeme immer auch religiös, oder umgekehrt. Dies mag einer der Gründe dafür sein, daß dem philosophischen Denken des Landes die wissenschaftliche Anerkennung oder auch nur die Gleichwertigkeit neben der »klassischen Philosophie« des Abendlandes bis heute weitgehend versagt geblieben ist.

Ein weiterer und vielleicht der gewichtigere Grund liegt in der durchgängig vorhandenen Praxisbezogenheit des indischen Denkens. Anders als die europäische Philosophie, deren Hauptanliegen seit jeher das rein intellektuelle Interpretieren von Welt und Wirklichkeit gewesen ist, bieten die philosophisch-religiösen Systeme Indiens einen praktischen Weg zum Umgang mit der Wirklichkeit.

Die religiösen Lehren des Landes sind angewandte Philosophien. Sie verlieren sich, im Gegensatz zum westlichen Denken, kaum in metaphysischen Spekulationen, sondern geben dem ernsthaft Interessierten immer auch die Möglichkeit der persönlichen Nachprüfbarkeit.

Die »Wahrheit«, die die indischen Religionen verkünden, soll nicht geglaubt werden, sie kann – und sie muß! – persönlich erfahren werden. Dieser fundamentale Unterschied im religiösen Selbstverständnis führt zu einem für uns Europäer vollkommen unbekannten und fremden Umgang mit den Inhalten der religiösen Lehren.

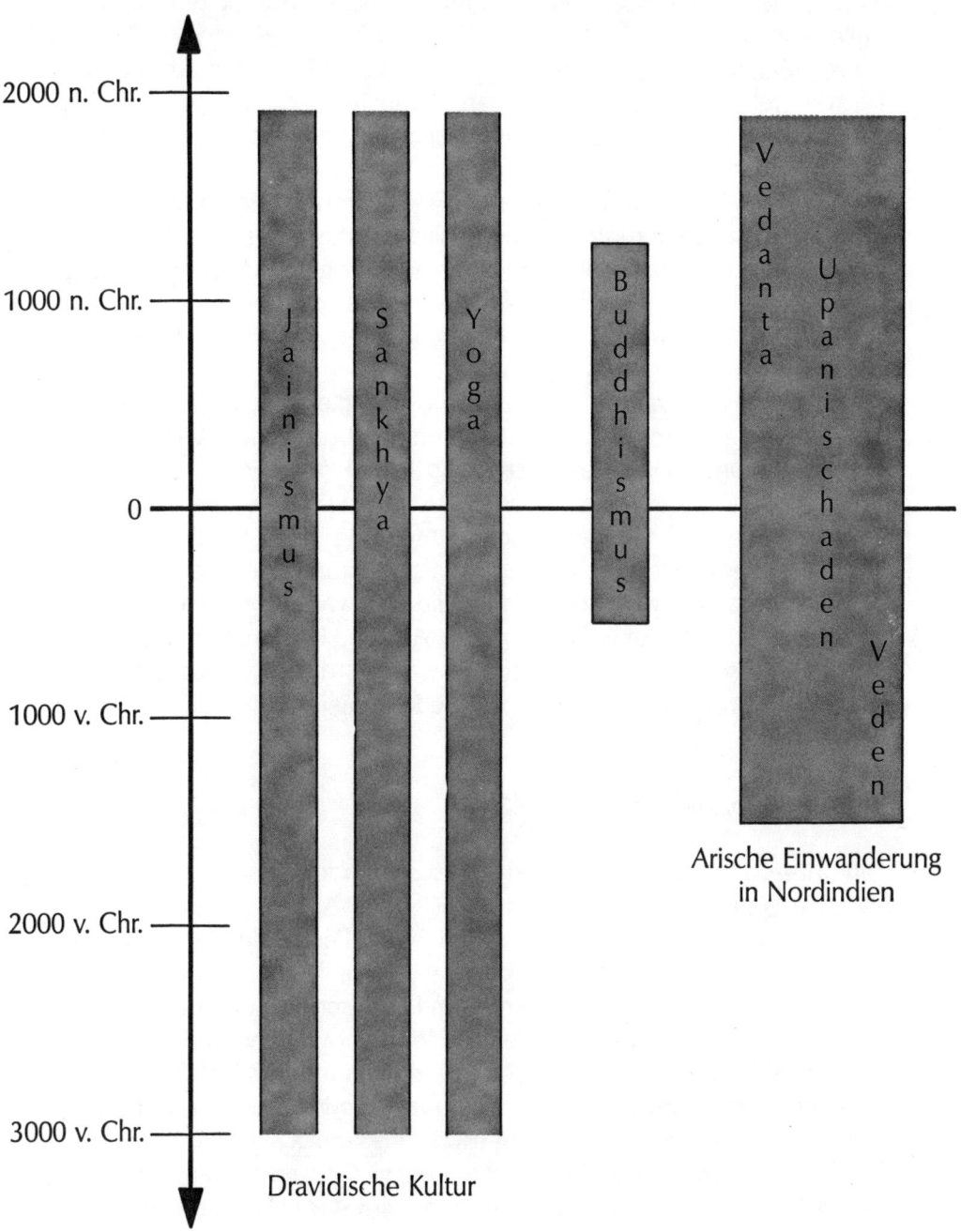

Die philosophisch-religiösen Systeme Indiens
im Überblick

2000 n. Chr.

1000 n. Chr.

0

1000 v. Chr.

2000 v. Chr.

3000 v. Chr.

Jainismus

Sankhya

Yoga

Buddhismus

Vedanta

Upanischaden

Veden

Arische Einwanderung
in Nordindien

Dravidische Kultur

Alltägliches Leben und Religion sind dort nicht getrennte Dinge, sondern sie bilden eine Einheit. Leben ist praktizierte Religion. Religion ohne die immerwährende praktische Anwendung und Umsetzung ihrer Inhalte ist wertlos, da sie dem Nur-Gläubigen ihre höchsten »Wahrheiten« nicht enthüllen kann.

Hier liegt die Ursache sowohl für die bis heute unverminderte Lebendigkeit des religiösen Lebens in Indien als auch für die Dynamik und die unmittelbare Frische, die sich die unterschiedlichen Systeme bis heute bewahren konnten.

Religiöse Lehrer waren immer auch Praktizierende dessen, was sie lehrten. Ihre Aussagen beruhten auf persönlichem Wissen und eigenen, individuellen Erfahrungen, nicht aber auf einem dogmatischen Lehrgebäude nicht nachprüfbarer »Wahrheiten«. Die religiöse Praxis belehrt niemanden, sondern leitet jedermann an, eigene Erfahrungen zu sammeln und eigenes Wissen zu erwerben.

Vor diesem Hintergrund ist es kaum möglich, die indischen Religionen als Glaubenssysteme im uns bekannten Sinne zu bezeichnen. Vielmehr handelt es sich um praktische Lebens- und Handlungsanweisungen, um die Wahrheit über uns und die Welt, in der wir leben, selbst herauszufinden.

Im Rahmen dieser grundlegenden Einführung in die Systeme des indischen Denkens erscheint es legitim, die ursprünglichen Schulen in der Behandlung zusammenzufassen und die sehr wohl vorhandenen Unterschiede größtenteils zu vernachlässigen. Auf eine Erörterung der buddhistischen Lehre soll vollständig verzichtet werden, da sie für das tiefere Verständnis des Yoga ohne unmittelbare Bedeutung ist.

Jainismus, Sankhya und Yoga

Jainismus, Sankhya und Yoga sind atheistische oder besser transtheistische religiöse Systeme mit einem rein dualistischen Ansatz. Sie unterscheiden zwischen dem Bereich der Materie und einem Prinzip des Lebens, das der Materie gegenübergestellt ist.

Aus der Verbindung zwischen diesem Lebensprinzip und der toten Materie entsteht unsere Welt mit den aus ihr hervorgehenden Beschränkungen und Abhängigkeiten des einzelnen Individuums. Das Ziel dieser Lehren ist es, die Verbindung zwischen Leben und Materie aufzuheben, um so die uneingeschränkte Freiheit des Lebensprinzips zurückzugewinnen.

Zur begrifflichen Darstellung und um die vielfältigen Vorgänge zwischen Leben und Materie zu veranschaulichen, wird das Lebensprinzip als eine unendliche Anzahl vollkommen identischer Lebensteilchen oder Monaden verstanden. Der materialistische Jainismus interpretiert diese Lebensmonaden als Kristalle, während Sankhya und Yoga in ihnen geistige Einheiten sehen. Diese geistigen Entitäten oder Kristalle machen das wahre Wesen des Lebens aus, sie sind der eigentliche Kern eines jeden Individuums, das wahre Selbst eines jeden Menschen.

Von besonderer Bedeutung für das tiefere Verständnis dieser Philosophien ist die Tatsache, daß sie von einer vollkommenen Identität aller Lebensmonaden ausgehen, die im indischen Jiva, Purusha oder Atman genannt werden.

Der wahre und eigentliche Kern des Lebens ist die Monade, ist Atman; Atman ist eigenschaftslos und unbeschreibbar. Atman ist immer gleich und keinen Veränderungen unterworfen. Er steht vollkommen abseits und außerhalb aller Lebensprozesse und jeglicher Individualität. Auf der Ebene des Atman, also im eigentlichen Kern, gibt es keinen Unterschied zwischen Pflanze, Tier und Mensch; es gibt auch keinen Unterschied der Menschen untereinander.

Die Art und die Individualität des Lebens sind lediglich Hüllen oder Schleier, die sich um den unberührbaren Kern gelegt haben oder ihn verfärben. Verantwortlich für diesen Verschleierungsprozeß ist das Zusammenspiel von Leben und Materie.

Jainismus, Sankhya und Yoga sehen in der Materie ein totes Element, das durch die bloße Anwesenheit der Lebensmonaden zur Aktivität angeregt wird. In dem Maß, in dem das Leben der Materie seine Aufmerksamkeit entgegenbringt, beginnt diese sich zu gestalten und Atman zu verhüllen.

In der Philosophie des Jainismus ist dies ein regelrecht mechanistischer Vorgang, in dem feinste elementare Partikel in die Monade eindringen und sie verfärben, während Sankhya und Yoga, gemäß ihrer Auffassung von der rein geistigen Struktur der Lebensmonade, den Prozeß als ein psychologisches Phänomen interpretieren. Ausgelöst durch das nach außen gerichtete Bewußtsein Atmans bildet sich eine ihn umgebende Hülle von feinstofflicher Natur, eine Art Seelensubstanz und Denkvermögen, die die äußeren, materiellen Reize aufnimmt und verarbeitet.

Dieses sogenannte »Innere Organ« ist das Zentrum und der Sitz all unserer Gedanken und Emotionen; in ihm entwickelt sich unsere Persönlichkeit und unsere Individualität. Doch diese Sphäre des Denkens und Fühlens ist nicht identisch mit Atman selbst, sie berührt ihn nicht einmal wirklich. Sie ist nicht mehr als eine farbenfrohe Hülle oder eine Maske, hinter der sich der wahre Kern des Lebens verbirgt.

Die Problematik des Menschen besteht darin, daß er sich nun mit dieser

Seelenebene und mit seinem Verstand, gegebenenfalls sogar mit seinem materiellen Körper, identifiziert.

Atman jedoch ist weder Denken noch Fühlen, geschweige denn der materielle Körper. Atman ist vollständig frei und ungebunden, strahlend aus sich selbst heraus und ohne jeden Anteil an unseren Gedanken und Empfindungen. Verstand und Gefühl, das «Innere Organ», umschließen ihn lediglich, ähnlich einer undurchdringlichen Blase, in deren Inneren er sich befindet. Das Erkennen dieses wahrhaft schizophrenen Zustands ist so lange unmöglich, wie die ununterbrochene Tätigkeit und Eigendynamik der intellektuellen und emotionalen Prozesse andauert, die Seelen- und Denksubstanz sich also in Bewegung befindet.

Die indische Philosophie, die sehr gerne mit Bildern und Gleichnissen arbeitet, vergleicht den Zustand des »Inneren Organs« mit einem vom Sturm und Regen aufgepeitschten See. Von den Ufern gleiten Schmutz und Steine ins Wasser und tun ein übriges, um die Oberfläche schäumend in Bewegung zu halten. Auf dem Grund des Sees befindet sich Atman, unser wahres Selbst, doch es ist uns unmöglich, ihn in seinem Glanz und seiner ruhigen Unberührtheit zu erblicken, solange das Wasser trüb und die Oberfläche von Gischt und Wellen aufgewühlt ist.

Wenn wir unser wahres Selbst erkennen wollen, dann müssen wir dafür sorgen, daß Regen und Sturm sich legen, daß die Wellen verschwinden und die Trübung sich senkt. Erst durch die spiegelglatte Oberfläche des dann kristallklaren Wassers können wir auf den Grund des Sees, auf unser wahres Wesen blicken.

In diesem Gleichnis steht der See für das »Innere Organ«, für die Denk- und Empfindungssubstanz, mit der wir uns identifizieren. Sie wird ohne Unterlaß von den Ereignissen und Eindrücken der uns umgebenden Welt, hier dargestellt als Regen, Sturm, Steine und Schmutz, in Bewegung gehalten und getrübt, so daß wir nicht auf den Grund des Wassers sehen können. Wir wissen in aller Regel nicht einmal, daß sich in unserem Inneren ein kristallener Kern befindet, daß unser eigentliches, wahres Sein Atman ist, jener stille, unberührte, erhabene Beobachter, der durch seine bloße Anwesenheit und Bewußtheit das illusionäre Spiel der individuellen Persönlichkeit erst ermöglicht hat.

Das »Nicht-Wissen« um die wahren Zusammenhänge und um unser wirkliches Sein betrachtet die Philosophie des Sankhya und Yoga als die erste und schwerwiegendste der insgesamt »Fünf Behinderungen«, die uns von der Erkenntnis der Wahrheit und damit der persönlichen Befreiung trennen. Die vier weiteren »Behinderungen« haben ihren Ursprung in diesem »Nicht-Wissen«, sie entstehen gesetzmäßig daraus.

Die Unkenntnis unserer wahren Identität führt zwangsläufig zu Identifikation mit dem »Inneren Organ«, dem persönlichen Denken und Fühlen; diese Identifikation ist die zweite »Behinderung«.

Die dritte und vierte »Behinderung« sind Symphatie und Antipathie, Liebe und Haß; auch sie ergeben sich zwangsläufig, wenn wir uns mit unseren Gedanken und unseren Emotionen identifizieren.

Als fünfte und letzte »Behinderung« wird der Lebenswille genannt, der Selbsterhaltungstrieb, der darauf abzielt, unsere individuelle Persönlichkeit durchzusetzen und zu behaupten. Dem Lebenswillen oder dem Selbsterhaltungstrieb kommt darüber hinaus eine besondere Bedeutung zu, denn er ist dafür verantwortlich, daß wir auch nach unserem physischen Tod mit all unseren individuellen Eigenschaften fortbestehen.

Gemäß der Philosophie des Sankhya und Yoga löst sich das »Innere Organ« nicht auf, solange wir uns mit ihm identifizieren; auch dann nicht, wenn der materielle Körper vergeht. Der Lebenswille trägt dafür Sorge, daß wir kurze Zeit nach unserem Tod in einem anderen Körper erneut wiedergeboren werden. So entsteht ein ewiger Kreislauf von Leben und Tod, in dem wir immer wieder, ähnlich einem Schauspieler auf der Bühne, neue, veränderte Rollen zu spielen haben. Mal leben wir als König, mal als Bettler, mal spielen wir unsere Rolle gut und mal gelingt es uns schlecht. Wir durchschreiten tausendfach diese und andere Welten, leben als Tier oder Mensch, in himmlischen Sphären oder abgründigen, höllischen Gefilden.

Unser jeweiliges Schicksal ist abhängig von unserem Karma, dem Resultat unserer guten oder schlechten Taten, die sich als spezifische Strukturen in unserer Seelen- und Denksubstanz, dem »Inneren Organ«, eingeprägt haben. Es gibt keinen Ausweg aus diesem ewigen Kreislauf der Wiedergeburten, so lange wir unser wahres Selbst nicht von der Umhüllung durch Persönlichkeit und Individualität befreit haben.

Selbst gute Taten und ein aufopferndes, hingebungsvolles Leben für den Nächsten können uns nicht retten. Sie schaffen allenfalls ein positives Karma, und wenn wir Glück haben, beschert uns das eine Periode des unbeschwerten, paradiesischen Lebens als göttliches Wesen in himmlischen Gefilden. Aber auch dies hat ein Ende und führt zwingend zu einem erneuten Eintreten in den ewig währenden Kreislauf der Wiedergeburten.

Jainismus, Sankhya und Yoga sind transtheistische Philosophien. Sie erkennen eine Ebene der Götter an, betrachten diese jedoch nur als eine bevorzugte Inkarnationsmöglichkeit für entsprechend reife Seelen, die sich dieses Verdienst in vorherigen Leben erworben haben. Nur die Struktur des »Inneren Organs« und das erworbene Karma trennt Götter und Menschen voneinander; einen anderen Unterschied gibt es nicht.

Der einzige Weg, dem Rad der ewigen Wiedergeburt ein für alle Male zu entrinnen, besteht in der Überwindung der Illusion, mit unserem Denken und Fühlen und mit unserer Persönlichkeit identisch zu sein.

Die undurchdringliche Blase, die das »Innere Organ« um unser eigentliches Sein, Atman, gelegt hat, muß vollständig zerrissen werden. Der aufgewühlte See unserer Gedanken und Emotionen muß geglättet werden, damit wir auf den Grund sehen können und unseren wirklichen, kristallklaren und unberührten Kern, unser wahres Selbst, erkennen.

Ein lebendes Wesen, das dieses Ziel verwirklicht hat, steht über den Göttern. Es allein ist wirklich frei und für ewig ungebunden, in einem Zustand des sich selbst genügenden, vollständig bewußten Daseins.

Jainismus, Sankhya und Yoga lehren einen dreifachen Weg, um dieses höchste Ziel, die Erkenntnis unseres wahren Wesens und die endgültige Befreiung, zu erreichen:

1. Die Askese zur Verminderung und letztlich zur vollständigen Unterbrechung der Beeinflussung durch die äußere Welt. Denk- und Gefühlssubstanz müssen zur Ruhe kommen, die Wellen und Trübungen im »Inneren Organ« müssen verschwinden.
2. Das Studieren der heiligen und heilbringenden Lehren und das Praktizieren der dort gelehrten Meditations- und Versenkungsübungen, damit wir unserem Selbst begegnen.
3. Die vollkommene Aufgabe der eigenen Persönlichkeit und der Individualität. Alles Wollen und Wünschen, alle Ziele, Neigungen, Vorlieben oder persönlichen Eigenarten müssen überwunden und fallengelassen werden. Eine totale Übereinstimmung mit dem, was war, was ist und was sein wird, ist gefordert. Die bedingungslose Unterwerfung unter das Leben löst die Reste des vorhandenen Karmas auf und verhindert die Ausprägung neuer Strukturen in der verhüllenden Substanz des »Inneren Organs«.

Wer ein Leben im Einklang mit diesen Prinzipien führt, erreicht einen Zustand, in dem die »Fünf Behinderungen«, also die gesamte menschliche Persönlichkeit mitsamt ihren unbewußten und animalischen Schichten, praktisch zu nichts werden.

Übrig bleibt der kristallklare Kern, Jiva, Purusha oder Atman, eigenschaftslos und auf ewig frei. Ein anonymes Diamantwesen, heiter, erhaben, allwissend und allein.

Übrig bleibt auch die Materie in ihrem nun abgesonderten, toten Zustand. Ohne die Anwesenheit und die Aufmerksamkeit der Lebensmonade verschwindet ihre Aktivität. Sie beendet ihr illusionäres Spiel, ähnlich einer Haremstänzerin, die ihren Tanz beendet, wenn der Sultan ihr seine Aufmerksamkeit entzieht.

Veden, Upanischaden, Bhagavad Gita und Vedanta

Im Gegensatz zu den vorarischen, urindischen Philosophien, deren systematischer und inhaltlicher Aufbau in all den Jahrtausenden, die wir heute überblicken, keine wesentlichen Veränderungen erfahren hat – sie bestanden bei ihrem Eintritt in die Geschichte bereits als fertig ausgebildete, mehr oder weniger statische Endprodukte –, haben wir es bei der von den Ariern mitgebrachten Religion mit einem sehr dynamischen System zu tun, das im Laufe der Zeit einem fortschreitenden Wandel unterworfen war.

Die alte arische Vedenreligion gleicht in vielerlei Hinsicht der altgriechischen Mythologie. Sie beschreibt ein Pantheon mit unterschiedlichen, guten und bösen Göttergestalten. Die Götter tragen menschliche Züge; sie sind mit übernatürlichen, kosmischen Kräften begabt, wirken unmittelbar auf die Welt und das irdische Geschehen ein, und man tut gut daran, sie durch manigfache Opfergaben wohlgesonnen zu stimmen.

Die deutliche Parallele zum griechischen Denken der homerischen Zeit ist nicht verwunderlich. Hier wie dort haben wir es mit dem kulturellen Ausfluß eines Volkes zu tun, das sich selbst als die Arier, das heißt: die Reinen, bezeichnete.

Von einem bis heute unbekannten Herkunftsgebiet, das man in Vorder- oder Zentralasien vermutet, wanderten die Arier in Indien und in Griechenland ein, und mit ihnen kamen ihre Götterscharen, um die Herrschaft in den eroberten Ländern auch auf die himmlischen Sphären auszudehnen.

Sowohl im griechischen als auch im indo-arischen Geist war jedoch damals, neben dem Glauben und der treuen Ergebenheit an die Götter, bereits ein Gedanke geboren, der hier wie dort zu einer revolutionären Veränderung der philosophischen und religiösen Auffassungen führen sollte. Es war der Gedanke und die Suche nach dem Ursprung und der Quelle allen Seins, dem nicht nur unsere Welt, sondern auch die Götter ihre Herkunft verdanken.

Anders als in Griechenland, wo diese Frage von den Naturphilosophen aufgegriffen wurde und schließlich zu einem Sturz des gesamten Götterhimmels zugunsten der sogenannten exakten Wissenschaft führte, gelang es in Indien, die Götter am Leben zu erhalten. Während sich die griechischen Denker nach außen wandten und die Struktur und den Aufbau der

Materie zu verstehen versuchten, gingen die Inder den gleichen Weg in die entgegengesetzte Richtung. Nicht die Materie interessierte sie, sondern der Geist, die Ebenen jenseits der Götterscharen und die Bereiche des unwandelbaren, nicht manifesten Seins. Die Suche nach dem eigentlichen Weltengrund tritt bereits in den religiösen Texten der Veden zutage, deren Hauptanliegen es jedoch ist, den rituellen Umgang mit den Göttern zu beschreiben und festzulegen.

Mittels magischer Praktiken, Hymnen und Formeln, sollen die Götter wohlgesonnen und gefügig gemacht werden für die eigenen Zwecke und um einen Vorteil zu gewinnen im immerwährenden Kampf gegen die zu erobernden Völker. In dem Umfang, in dem es jedoch gelingt, Fortschritte zu machen und Erkenntnisse zu gewinnen in der Suche nach dem Ursprung des Seins, verebbt diese mythologische Epoche, und ihre magischen Praktiken verlieren an Gewicht. Während das gemeine Volk nach wie vor den Göttern huldigt, entsteht eine esoterische Lehre, die sogenannten *Upanischaden*, in der die Ergebnisse der intensiven Suche nach der letzten Wirklichkeit festgehalten werden.

Die Upanischaden beschreiben den Wesensgrund des Universums als Brahman, ein gestalt- und qualitätsloses Prinzip des Seins, das die Quelle aller Manifestationen ist. Aus sich selbst heraus schafft Brahman die Ebenen des Himmels und der Erde. Er allein ist die Essenz aller Formen und Namen, alles ist mit ihm identisch. Brahman steht nicht nur hinter allen Manifestationen, er ist gleichzeitig der oder dasjenige, das sich manifestiert.

Er ist die Form, der Inhalt und das Material alles Wesenhaften in der Welt, in den Himmeln und den niederen Sphären der Dämonen. Es gibt nichts, das außerhalb oder neben ihm existiert, denn das, was ist, ist Brahman, und auch das, was nicht ist, ist Brahman in seinem unmanifestierten Aspekt. Das Reich der Formen und der Namen sind bloße Spiegelungen oder Masken, die Brahman in seinem ewig währenden Tanz des Werdens und Vergehens angenommen hat.

Die Götter sind älter als die Menschen, aber auch sie sind geboren; sie sind nicht ewig, nicht aus sich selbst seiend. Sie sind nur erste Abkömmlinge der kosmischen Kraft, frühe Selbstverkörperungen Brahmans. Und weil sie geboren wurden, müssen sie auch sterben. Es kann kein ewiges Sein geben für Geschaffenes, individuell Geformtes.

Was für Götter gilt, das gilt auch für alle anderen Wesen. Durch Geburt, Alterung und Tod halten die zahllosen Individuen auf allen Daseinsebenen die unentrinnbare Verwandlung in Gang. Sogar die leblose Materie unterliegt einem ständigen Kreislauf des Werdens und Vergehens. Alles ist eingebunden in den dynamischen Prozeß der Selbstumwandlung Brahmans.

Diese philosophisch-religiöse Anschauung des reinen Monismus und Pantheismus, die in allem einen Aspekt des einen Gottes sieht, führte zu einer lebensbejahenden, positivistischen Grundeinstellung der Indo-Arier, die im scharfen Widerspruch zum lebensverneinenden, weltabgewandten Denken der vorarischen Philosophien steht. Wenn alles aus Gott hervorgegangen ist, dann ist es unsinnig, in unserem Denken zwischen gut und schlecht, richtig oder falsch, heilig oder nicht heilig zu unterscheiden. Der einzig mögliche Schluß muß lauten: Alles, was geschieht, ist gut, denn alles ist von und durch Gott!

Es sind nun nicht mehr die einzelnen Formen oder Namen in der Gestalt von individualisierten Gottheiten, die von den eingeweihten Gläubigen verehrt werden, sondern es ist das dynamische Prinzip des Werdens und Vergehens selbst.

Und doch werden die überkommenen Götter nicht vollends von ihren Thronen gestoßen. Sie werden akzeptiert als die unterschiedlichen, manifestierten Aspekte des einen Weltengrunds. Sie gelten als Inkarnationen Brahmans, die jeweils einen bestimmten Teil oder eine bestimmte Qualität seiner an sich unbeschreibbaren, unfaßlichen und jenseits allen Denkens und Verstehens liegenden Natur verkörpern.

Doch nicht nur in der äußeren Welt, in den Erscheinungsformen des umgebenden Universums, wurde Brahman als die einzige Realität erkannt; auch hinsichtlich der eigenen Person fand man ihn nun als den eigentlichen, wahren Kern des Menschen, als seinen wirklichen Wesensgrund. Wenn alles aus Brahman hervorgegangen ist, so ist auch der Mensch aus ihm hervorgegangen, so ist auch er eine Manifestation dieser einen, einzigen, aus sich selbst schöpfenden Kraft. Und ebenso wie es in der äußeren Welt drei Stufen dieser sich selbst entfaltenden göttlichen Urkraft gibt, so gibt es sie auch im Menschen und in seinem Bewußtsein.

Der Wachzustand entspricht der Ebene der materiellen Erscheinungen, der sichtbaren und anfaßbaren Objekte in der Welt; der Traumzustand ist die Ebene der Götter und Dämonen, der Bereich der übersinnlichen Kräfte; und der Zustand des Tiefschlafs, traumlos und ohne Bewußtsein, ist Brahman in seiner nicht manifesten Form, das ewige Sein, unwandelbar, jenseits aller Polaritäten, das Eine ohne ein Zweites.

Dieser Bereich ist der eigentliche Kern des Menschen, Atman, aus sich selbst seiend, keiner Veränderung oder Beeinflussung unterworfen, ohne Anteil am persönlichen, individuellen Geschick des einzelnen, identisch mit Brahman, dem Weltengrund.

Auch wenn alles aus Brahman hervorgegangen ist, so wird doch seine eigentliche Realität nur jener nicht wesenhaften, unmanifestierten Ebene zuerkannt, dem göttlichen »Nichts«, das seine Parallele findet im bewußtlosen Tiefschlaf des Menschen. Aus diesem »Nichts« tauchen die Träume auf, aus dem »Nichts« gelangt der Mensch jäh in den Zustand des Wachbewußtseins. So müssen also die Samen der Träume und der materiellen Welt in eben diesem »Nichts« begründet sein.

Nur diese Ebene ist ewig existent, unwandelbar und zeitlos. Nur hier herrscht Einheit ohne ein Zweites. Die Welt der Gedanken und Objekte ist wandelbar und der Dynamik des Werdens und Vergehens unterworfen, nicht jedoch jener unmanifestierte Bereich, der den Kern des Menschen bildet, Brahman-Atman.

> »Der eine Gott verbirgt sich in allen Wesen. Er ist das all-durchdringende, all-erfüllende Innere Selbst aller Wesen;
> der Wächter über allem Tun, dem inneren wie dem äußeren, dem willentlichen wie dem unwillentlichen;
> der Bewohner aller Wesen.
> Er ist der Zeuge, ständig beobachtend, aber nicht verflochten in das Geschehen, der Wächter, vollkommen und einsam.«

Mit dieser in den Upanischaden entwickelten Form hat die vedischarische Religion eine Basis geschaffen zur Annäherung und schließlich zur Assimilation der älteren, vorarischen Philosophien. Obwohl sich zwei scheinbar nicht zu vereinende Systeme gegenüberstehen, hier eine monistische, pantheistische Weltanschauung des Positivismus und der Bejahung und dort ein weltverneinendes, atheistisches System des extremen Dualismus, gibt es dennoch eine Reihe von Gemeinsamkeiten und vor allen Dingen bei der vedischen Religion die großartige Möglichkeit, alle Erscheinungen und Varianten der materiellen und geistigen Welt in die Konzeption des sich manifestierenden Weltengrunds, Brahman, zu integrieren.

Die Vereinigung dieser gegensätzlichen Systeme gelang in einem der bedeutendsten Werke der indischen Philosophie, der *Bhagavad Gita*. Die Bhagavad Gita greift die vorarischen Konzepte des Jainismus, Sankhya und Yoga auf und erklärt die dort gefundenen Lebensmonaden, die den unberührbaren, ewigen Kern des Menschen bilden, als identisch mit Brahman-Atman, dem Wesensgrund eines jeden Individuums.

Auch die Materie als das versklavende und verdunkelnde Prinzip wird akzeptiert. Anders als in den alten Philosophien betrachtet man sie nun jedoch nicht mehr als eine zweite, entgegengesetzte Energie, sondern auch als eine Manifestation Gottes, die ihre wahre Ursache in Brahman, dem Urquell aller Erscheinungen, hat.

In dieser Weise interpretiert, fügt sich die vorarische Philosophie nahtlos in das übergreifende System des Brahmanismus. Sie wird gleichzeitig zu einer vom Ansatz her richtigen, jedoch vorläufigen Philosophie reduziert. In Wahrheit sind Monade und Materie ein und dasselbe. Es sind Verkörperungen des alles umfassenden, ursächlichen Seins. Unterschiedlich sind nur die Erscheinungsformen, und während der unmanifestierten, nicht wesenhaften, zeitlosen und raumlosen Ebene, dem transzendenten »Nichts«, die höchste und eigentliche Realität zukommt, ist die Materie nur eine Emanation dieser Urkraft, vergänglich und den Gesetzen des ewigen Wandels unterworfen.

Die Bhagavad Gita ist eine Hymne an diesen Wandel, an das Gesetz des ewigen Werdens und Vergehens. Sie preist den kosmischen Tanz, in dem Brahman die Geschöpfe der Welt hervorbringt und sie wieder verschlingt. Sie ist daher gleichzeitig auch eine Aufforderung für jeden einzelnen Menschen, seine Rolle und seine Aufgabe in diesem großen Theaterstück zu spielen, das von Brahman selbst inszeniert wurde. Der Mensch soll nicht mehr sein als ein Werkzeug der göttlichen Kraft. Er soll tun, was das Leben von ihm verlangt, ohne Bewertung, im festen Vertrauen auf Gott und mit vollkommener Hingabe, denn das, was geschieht, ist der Wille Gottes.

Das Weltendrama, so beeindruckend schön und herrlich oder grausam und häßlich es auch immer ist, bevorteilt oder beeinträchtigt niemanden. Das eigentliche Selbst des Menschen wird von alldem nicht berührt. Das Selbst ruht in Brahman, ja es ist mit ihm identisch. Nur das individuelle Ich, die Persönlichkeit, mag leiden und sich verwirrt fühlen. Das Selbst wird nicht einmal davon betroffen, wenn in der Stunde des Todes die irdische Maske vollständig abgelegt und eine neue für die nächste Geburt angenommen wird. Für das Selbst gibt es keinen Tod und keinen Wechsel.

Wenn der Mensch sich seiner wahren Identität bewußt ist und es ihm gelingt, die Identifikation mit seinem Denken und Fühlen und mit seinem Körper zu überwinden, dann ist er befreit von den Wirrnissen seines Schicksals. Wie ein Fels im Meer kann er das Leben und Treiben um sich her beobachten und seinen Teil dazu beitragen, ohne daß er in seinem Inneren berührt wird. Genau wie in den Lehren des Jainismus, Sankhya und Yoga wird auch hier die Erkenntnis der wahren Identität als der einzige Schlüssel zur Freiheit aufgezeigt. Nur diese Erkenntnis vermittelt uns die Einsicht, daß wir in Wahrheit nie von Gott getrennt waren. Wir haben lediglich vergessen, daß wir in unserem innersten Wesen identisch mit ihm sind.

Somit befinden wir uns in der Lage des reichen Mannes, dem es entfallen war, daß er seinen wertvollen Schmuck um den Hals trägt, und nun voller Kummer und Sorgen ist, weil er meint, ihn verloren zu haben – bis er vor einen Spiegel tritt und so des wahren Umstands gewahr wird. Äußerlich hat sich nichts verändert, und doch hat sich für jenen Mann alles geändert, denn sein Kummer und seine Not hatten ihre Wurzeln nur in seinem »Nicht Wissen«. Die Erkenntnis allein hat ihn glücklich gemacht!

In der nun folgenden letzten Periode des vedisch-arischen Denkens, in der Lehre des *Vedanta*, spielt die Erkenntnis oder die Überwindung des »Nicht-Wissens« und die daraus resultierende Befreiung eine immer größere Rolle. Der lebens- und weltbejahende Tenor der frühen Philosophie schlägt um in ein Streben nach Erlösung aus dem ewig währenden Weltentheater. Auch in dieser Beziehung gleicht sich die vedische Lehre somit den vorarischen Religionen an. Gleichzeitig vollzieht sich eine Veränderung in der Bewertung der materiellen Welt.

Während in allen zurückliegenden Epochen auch der Welt der materiellen und geistigen Erscheinungsformen das Prädikat einer objektiven Wirklichkeit zuerkannt wurde, verlagert sich die Auffassung von Realität und Wahrheit nunmehr ausschließlich auf jene nicht manifeste Ebene des Seins, auf jenes transzendente »Nichts«, das den qualitätslosen, anonymen und ewigen Urgrund des Universums bildet.

Der Vedanta vertritt somit eine rein idealistische Weltanschauung. Sowohl die materielle Welt als auch die geistigen Sphären und die seelischen Qualitäten des Menschen werden als ein unmittelbares Produkt des »Nicht-Wissens«, also als eine Illusion und Täuschung verstanden, die in dem Augenblick verschwinden, wo Erkenntnis gewonnen wird. Ähnlich der Sankhyaphilosophie, die das Selbst des Menschen, die Lebensmonade, eingehüllt sieht von einem Schleier aus subtiler Gedanken- und Empfindungsmaterie, erkennt auch der Vedanta einen Nebel des »Nicht-Wissens«, in dem Atman versunken ist und der ihn umhüllt. Jener traumlose und bewußtlose Zustand des Tiefschlafs ist das einzig Reale; alles andere ist Illusion. Das Selbst des Menschen liegt unter mehreren Schichten zunehmenden »Nicht-Wissens« verborgen. Die äußerste Schicht ist der materielle Körper und die Welt der physischen Objekte.

Unterhalb dieser Ebene liegen die feineren Schichten des Denkens und der Gefühle und im Zentrum ruht Atman, aus dem dies alles hervorgegangen ist. Durch unsere Unwissenheit hinsichtlich der wahren Zusammenhänge identifizieren wir uns mit unserem Körper, unserem Denken und Fühlen und sind daher gebunden im ewigen Kreislauf des Lebens, von Geburt zu Tod und Wiedergeburt. Befreiung ist nur möglich durch das Gewahrwerden der eigenen Identität; wir müssen die Schleier zerreißen und Atman befreien.

Nun sind wir auch hier bei der gleichen unausweichlichen Forderung angelangt, wie sie bereits der Jainismus, Sankhya und Yoga einige Jahrtausende zuvor formuliert haben. Die vedisch-arische Religion hat über mehrere Stadien der Entwicklung einen Bogen geschlagen und gipfelt mit der Lehre des Vedanta in den gleichen Erkenntnissen aller vorarischen Philosophien. Und doch gibt es einen entscheidenden, qualitativen Unterschied.

Während Jainismus, Sankhya und Yoga von einem atheistischen Standpunkt ausgehen und die Befreiung des einzelnen als einen totalen Isolationsprozeß sehen, in dem sich die Lebensmonade aus den Verstrickungen mit der Materie löst und so in eine ewig währende, anonyme Einsamkeit entschwindet, ist es das Ziel des Vedanta, durch die Erkenntnis des wahren Wesens als Atman der Welt der Erscheinungen die Grundlagen zu entziehen und einzugehen in den Urgrund allen Seins, in Brahman, das reine Bewußtsein und die unendliche Wonne. Um dieses Ziel zu erreichen, wird von dem Adepten ein strenges, diszipliniertes Leben gefordert. Körper und Sinne, Gemüt und Gedanken müssen gereinigt und gebändigt werden.

In ihren wesentlichen Teilen greift die vedantische Technik der Selbstfindung auf die bereits vorhandenen Disziplinen zur Aufgabe der individuellen Persönlichkeit zurück. Wie alle vorarischen Philosophien sieht auch sie den Schlüssel zur Erlösung in der Aufgabe unserer Individualität. Erst wenn wir die Illusion unseres individuellen Ichs überwunden haben, besteht für uns die Möglichkeit, uns unseres wahren Wesens bewußt zu werden.

In einer umfangreichen und präzisen Art und Weise untersucht der Vedanta die Ursachen und die Grundlagen, die für den Zustand der Selbsttäuschung, in dem wir uns befinden, verantwortlich sind. Er bietet uns dann einen vierstufigen Weg, um uns daraus zu befreien:

1. Studium und gründliches Erlernen der Offenbarungstexte, deren Inhalte in umfassender Weise und vollständiger Tiefe zu erfassen sind.
2. Denken, Versenken, Überlegen. Durch eine fortlaufende, ununterbrochene Konzentration auf Brahman und die heiligen Lehren sollen alle anderen Denkinhalte oder Vorstellungen aus unserem Geist entfernt werden.
3. Inbrünstige Konzentration und Meditation. Hier wird das Stadium der intellektuellen Beschäftigung mit Brahman überschritten. Im Wege der meditativen Hingabe sollen die letzten Wahrheiten direkt geschaut werden.
4. Samadhi. Wir gehen ein in das ewige Sein des Weltengrunds. Jegliches »Nicht-Wissen« ist überwunden und mit ihm der Dualismus zwischen dem Subjekt des Schülers und dem Objekt der Meditation. Atman ist gleich Brahman.

Zusammenfassung und Gegenüberstellung

Wenn wir die vielfältigen Einzelheiten der unterschiedlichen philosophischen Systeme einmal außer acht lassen und uns nur auf die zentralen Inhalte der indischen Lehren konzentrieren, so sind es in erster Linie drei gewichtige Aussagen, in denen sich das indische Denken vom europäischen Geist unterscheidet:

1. Gott, Brahman, ist der anonyme, wesenlose und qualitätslose Urgrund des Universums. Aus ihm sind Himmel und Erde mit all ihren Geschöpfen unmittelbar, in einem Akt der Selbsttransformation, hervorgegangen.
2. Das Selbst des Menschen, Atman, ist identisch mit Brahman, dem Weltengrund. Atman ist in seinem wahren Wesen vollständig frei und unberührt vom äußeren Geschehen. Er ist der stille Beobachter, der unbeteiligte Zeuge aller Lebensprozesse.
3. Das persönliche Ich, die Individualität und die Persönlichkeit des Menschen, mit der wir uns identifizieren, ist das Produkt unseres »Nicht-Wissens«. Sie hat mit unserem wahren Wesen nichts zu tun und ist eine Illusion, die wir überwinden müssen.

Im Gegensatz zu diesen pantheistischen und persönlichkeitsverneinenden Gedanken der indischen Philosophie sehen das Christentum und die aus ihm hervorgegangenen oder weiterführenden religiösen Philosophien des Abendlandes sehr wohl eine Differenzierung zwischen Gott und der materiellen Welt. Auch die unmittelbare Identität des einzelnen mit Gott, als dem Schöpfer des Universums, wird bestritten.

Es handelt sich bekanntermaßen auch hier um monistische Systeme, die den Ursprung allen Seins auf einen allmächtigen, ewig bestehenden Schöpfer-Gott zurückführen, doch gibt es grundsätzliche Unterschiede in der Beschreibung dieses göttlichen Prinzips.

Der christliche Gott ist ein Schöpfer, der seine Schöpfung durch einen einmaligen Akt der Manifestation aus sich selbst herausgestellt hat. Im Gegensatz zur indischen Auffassung gibt es hier keinen ewig währenden Prozeß der Selbsttransformation Gottes. Die Existenz des Universums hat einen klar definierten Beginn, und sie steuert einem Ende entgegen.

In der Zwischenzeit ist sie jedoch eigenständig und ihren eigenen Gesetzen unterworfen. Obwohl die Schöpfung auch gemäß christlicher Auffassung ihren Ursprung in Gott hat, ist sie doch keinesfalls mit ihm identisch. Sie besitzt von Anfang an ein eigenes Sein und steht Gott in einem Subjekt-Objekt-Verhältnis gegenüber.

Einzig der Mensch erhält so etwas wie einen Anteil an der Göttlichkeit. Ihm wird eine unsterbliche Seele gegeben, die unmittelbar der göttlichen Energie entströmt. Entsprechend der christlichen Auffassung taucht die Problematik, mit der die menschliche Existenz verbunden ist, erst zu dem Zeitpunkt auf, als er gegen die Gesetze Gottes verstößt. Er mißachtet die kosmischen Gesetze und zerstört damit die natürliche Harmonie, in der sich dieses Universum ursprünglich befindet. Die Folgen dieser Handlung sind Leid, Not und all die Beschwernisse des Lebens.

Im Rahmen dieser gegenüberstellenden Betrachtung sind jedoch weniger die Folgen der Gesetzesüberschreitung interessant, als vielmehr die Prämissen, die eine solche Tat überhaupt erst möglich machen.

Es müssen mindestens zwei Voraussetzungen gegeben sein, damit ein menschliches Wesen gegen die Gebote einer übergeordneten Instanz verstoßen kann. Erstens: ein eigenes, individuelles Bewußtsein, das die Dualität zwischen sich selbst und seinem Gegenüber erkennt. Konkret heißt das: Gott und sein Gesetz muß als etwas erkannt werden, das nicht mit mir identisch ist; ich bin hier und Gott ist dort. Zweitens muß es das Prinzip der Willensfreiheit geben, denn ohne freien Willen wäre der Verstoß, auch gegen eine außerhalb meiner Selbst bestehenden Ordnung, nicht möglich.

Folgerichtig werden diese beiden Prinzipien von den christlichen Lehren als unveräußerbare Attribute des Menschen postuliert. Der Mensch ist a priori frei, und er besitzt eine ihm eigene Identität und Individualität als ein strukturelles Merkmal seiner Existenz.

Mehr noch als das bereits sehr unterschiedliche Verständnis vom Wesen Gottes und der sich daraus ergebenden anderen Bewertung der materiellen Welt ist es diese vollkommen andersartige Auffassung von der Natur des Menschen, die den christlichen Glauben von allen indischen Religionen so fundamental unterscheidet. Während in Indien der freie Wille und die Individualität des Menschen als eine Täuschung verstanden werden, als ein illusionärer Schleier, den es zu beseitigen gilt, um den anonymen, wesenlosen, göttlichen Kern zu realisieren, versteht das Abendland eben die Individualität als das entscheidende Wesensmerkmal, das den Menschen als Ebenbild Gottes kennzeichnet.

Im strikten Gegensatz zu allen indischen Lehren wird hier nicht die Auslöschung, sondern im Gegenteil die Ausgestaltung und Entwicklung des individuellen Menschen gefordert. Selbstverwirklichung im Westen und Selbstaufgabe im Osten stehen sich als zwei polare Positionen gegenüber.

Das Ziel der christlichen Lehren besteht nicht in einem Vorgang des Eintauchens und Aufgehens im alles umfassenden, göttlichen Sein, sondern in einer neuen Begegnung mit Gott als ein vollkommen individualisierter Mensch, der all die Potentiale seiner Persönlichkeit verwirklicht und vervollkommnet hat. Die im Rahmen der Individuation gewachsene Liebe und Einsicht führt den Menschen zu Gott, und Gott wird ihn annehmen; seine Eigenständigkeit bleibt jedoch bestehen.

Die indische Anschauung ist mit diesen Gedanken unvereinbar. Dort bedeutet die Erlösung immer auch eine wesensmäßige Identität mit Gott, die die Bewahrung aller individuellen Merkmale ausschließt.

Wenn wir es in einem Bild auszudrücken versuchen, so können wir sagen: Die indischen Religionen weisen den Weg *zurück* zu Gott. Sie fordern von uns die Aufgabe des individuellen Bewußtseins und führen über ein Zwischenstadium des Gruppenbewußtseins endlich zum kosmischen oder Gottesbewußtsein.

Die christlichen Lehren dagegen weisen den Weg nach *vorne*. Nicht die Aufgabe der Individualität wird verlangt, sondern deren qualitative und quantitative Ausgestaltung und Ausweitung, bis hin zu kosmischen Dimensionen.

Wie wir gesehen haben, ist das Ergebnis dieser beiden unterschiedlichen Wege nicht identisch! Wir erreichen in beiden Fällen Gott, einmal jedoch, um uns mit ihm zu vereinigen und in ihm aufzugehen, und das andere Mal, um ihm als Individuum gegenüberzutreten und von ihm angenommen zu werden.

Die Entscheidung, welcher dieser Wege für uns der richtige ist, sollten wir unserem Herzen überlassen.

Der Weg des Yoga

Wie wir gesehen haben, ist die yogische Philosophie tief im Denken der indischen Vergangenheit verwurzelt. Ihre Quellen liegen einige Jahrtausende zurück. Sie entspringen einer vorgeschichtlichen Hochkultur, von der nicht mehr als die Ruinen einiger Städte und Dörfer geblieben sind. Es hat im Laufe der Geschichte jedoch immer wieder einzelne Persönlichkeiten oder auch Gruppen von Menschen gegeben, die sich der alten Lehre annahmen und ihr, neben der Bewahrung der historischen Überlieferung, auch eine neue, zeitgemäße Form gaben.

Daß es hierbei zu einer weitgehenden Beeinflussung des yogischen Systems durch den jeweiligen Geist des Interpreten gekommen ist, der wiederum eingebunden war in das allgemeine Denken seiner Epoche, ist nicht verwunderlich. So ist es heute schwer, wenn nicht gar unmöglich geworden, eine einheitliche Philosophie oder Struktur des Yoga zu erkennen und zu beschreiben. Yogische Disziplinen werden von beinahe allen religiösen Gruppen innerhalb der indischen Gesellschaft anerkannt und angewandt, und jede dieser Gruppen interpretiert den Sinn und Zweck der Übungen nach ihren speziellen Bedürfnissen.

Wenn es dennoch eine durchgängige Gemeinsamkeit in der Auffassung über den Wert und die Bedeutung des Yoga gibt, so liegt das in dem gemeinsamen Ziel begründet, das all die unterschiedlichen religiösen Richtungen Indiens verfolgen. Sie alle wollen zum Kern und zum eigentlichen Wesen des Menschen vordringen und ihn befreien. Alle sehen die Individualität und die Persönlichkeit als eine Täuschung an, die es zu überwinden gilt. Die meisten Systeme berufen sich auf ein allumfassendes, ursächliches Sein, auf Brahman, oder wie immer sie es nennen, mit dem es sich zu vereinigen gilt. Der Weg des Yoga wird allgemein als eine Möglichkeit anerkannt, diese Ziele zu erreichen!

Die etymologische Wurzel des Wortes *Yoga* ist der Begriff *yui* aus dem indischen Sanskrit. Das Sanskrit ist eine Hochsprache, in der die meisten der alten religiösen Texte abgefaßt sind. Yui bedeutet: anbinden, anjochen, verbinden, vereinigen. Der Begriff hat eine Entsprechung in dem deutschen Wort: Joch, eine heute nur noch wenig gebräuchliche Bezeichung für das

Geschirr, mit welchem Zugtiere vor einen Wagen gespannt oder an ihn angebunden werden. Auch eine Verbindung mit dem türkischen Wort: Yool, eine Bezeichnung für Weg oder Pfad, erscheint naheliegend. So offenbart uns bereits der Name dieser Disziplin, um was es ihr geht. Es soll eine Verbindung und Vereinigung zwischen dem Menschen und seinem göttlichen Ursprung herbeigeführt werden, und Yoga ist der Weg dazu.

Die Yoga-Sutren des Patanjali

Die allgemein anerkannte Grundlage der heutigen Yoga-Praxis sind die Sutren des Patanjali. Wir kennen keinen anderen Text, in dem die philosophischen Grundlagen und die ursprünglichen Traditionen des Yoga so klar und prägnant zusammengefaßt worden sind.

Über den Autor, Patanjali, wissen wir recht wenig. Gemäß allgemeiner Anschauung soll er in der Zeit zwischen 200 vor Christus und 400 nach Christus gelebt haben, aber auch dies ist nicht gewiß. Noch weniger ist mit Sicherheit zu sagen, ob der gesamte Text des Werkes, das heute seinen Namen trägt, auch von ihm geschrieben worden ist.

Wie dem auch sei: Wir haben mit den Yoga-Sutren ein Werk vorliegen, das all die unterschiedlichen Interpretationen und Praktiken des heutigen Yoga auf eine gemeinsame Grundlage stellt.

Patanjali hat mit Hilfe von einhundertfünfundneunzig kurzen und einprägsamen Merksätzen (Sutren), die sich in vier Abteilungen gliedern, alle wesentlichen Aussagen des Yogasystems zusammengefaßt. Auf der Grundlage der yogischen Philosophie, wie wir sie bereits kennengelernt haben, beschreiben seine Texte die grundlegende Illusion, in der wir uns befinden, wenn wir uns mit unserer Psyche und mit unserem Körper identifizieren. Auch die Ursachen für diesen Zustand der Selbsttäuschung werden aufgezeigt, und es wird ein praktischer Weg gewiesen, um uns aus all dem zu befreien. Dieser Weg der Befreiung wird als die »Achtblättrige Blüte des Yoga« oder einfacher als der »Achtfache Yoga« bezeichnet.

Patanjali schreibt (Sutren II, 26 bis 29):

26 Die Schau der unterscheidenden Erkenntnis, die nicht mehr in die Irre geht, ist der Weg, das Nicht-Wissen aufzugeben.
27 Die Weisheit, die aus dieser unterscheidenden Erkenntnis entspringt, erstreckt sich auf sieben Stufen des achtgliedrigen Yoga.
28 Wenn die Unreinheit geschwunden ist durch die Ausübung der acht

Yoga-Glieder, leuchtet die Erkenntnis auf bis hin zur Schau der Unterscheidung.

29 Äußere und innere Disziplin, Körperhaltung, Atemregelung, Zurückhalten der Sinne von den Objekten, Konzentration, Meditation und Versenkung, sind die acht Aspekte des Yoga.

Wir wollen uns nun diese acht Disziplinen im einzelnen etwas genauer ansehen. Soweit es sinnvoll und für das Verständis nützlich ist, lassen wir Patanjali bei der Interpretation selbst zu Wort kommen.

1. Yama, die äußere Disziplin
   (Sutren II, 30 bis 31, 35 bis 39)

30 Gewaltlosigkeit, Wahrhaftigkeit, Nicht-Stehlen, reiner Lebenswandel und nicht Besitzergreifen sind die Regeln der äußeren Disziplin.

31 Diese Regeln umfassen das große Gelübde, das alle Bereiche des Lebens durchdringt und unabhängig ist von den Begrenzungen durch Geburt, Ort, Zeit und Umstände.

35 Wenn man in der Gewaltlosigkeit fest gegründet ist, schafft man eine Atmosphäre des Friedens, und alle, die in die Nähe kommen, geben die Feindschaft auf.

36 Wenn man in der Wahrhaftigkeit fest gegründet ist, schafft man eine Grundlage für die Reifung der Taten.

37 Wenn man im Nicht-Stehlen fest gegründet ist, kommen einem alle Schätze von selbst zu.

38 Wenn man im reinen Lebenswandel fest gegründet ist, erlangt man große Kraft.

39 Wenn man im Nicht-Besitzergreifen fest gegründet ist, erkennt man den Wert des Lebens.

Diesen ausführlichen Beschreibungen der äußeren Disziplin ist kaum etwas hinzuzufügen. Wie wir unschwer erkennen, liegt der allgemeine Tenor in einer Loslösung aus unseren Verstrickungen und unserem Verhaftetsein mit den Dingen der uns umgebenden Welt. Zwar wird keine vollständige Zurückgezogenheit gefordert, wohl aber ein bewußtes, dosiertes und moralisch einwandfreies Leben. Wir sollen uns nicht in den folgenschweren Kreisläufen von Gewalt und Gegengewalt, Lügen und Stehlen verstricken. Auch auf Besitztümer, die geeignet wären, uns an die Welt oder an unser illusionäres Ich zu binden, sollen wir verzichten.

Unter einem reinen Lebenswandel verstehen die meisten Kommentatoren, die sich mit den Sutren Patanjalis auseinandergesetzt haben, den Zustand der Ehelosigkeit, der sexuellen Enthaltsamkeit. Tatsächlich spielt der bewußte und kontrollierte Umgang mit der Sexualität bei fast allen spirituellen Praktiken eine große Rolle. Die sexuellen Energien stellen ein großes Kraftpotential im Menschen dar, das bei entsprechender Handhabung auch im Sinne eines geistigen Wachstums genutzt werden kann.

2. Niyama, die innere Disziplin
   (Sutren II, 32, 40 bis 45)

32 Reinheit, innere Ruhe, Askese, eigenes Studium und Hingabe an Gott sind die inneren Disziplinen.
40 Aus der Übung der Reinheit entsteht eine Abneigung gegen den eigenen Körper und gegen die Berührung mit anderen Körpern.
41 Sie führt auch zur inneren Reinheit, Güte, Konzentration, Beherrschung der Sinne und macht einen fähig zur Schau des eigenen Selbst.
42 Aufgrund der inneren Ruhe erlangt man unübertreffliche Freude.
43 Die Askese führt zur Beherrschung von Körper und Sinnen, weil die Unreinheiten beseitigt werden.
44 Durch das Studium entsteht eine Verbindung mit der erwählten Gottheit.
45 Durch Hingabe an Gott erlangt man die vollkommene Versenkung.

Die Übungen zur inneren Disziplin bedürfen der Erklärung.
Wenn Patanjali von der Reinheit spricht, die eine Abneigung gegen den eigenen Körper und gegen die Berührung mit anderen Körpern hervorruft, dann ist das nicht im Sinne einer allgemeinen Körperfeindlichkeit gemeint. Ihm kommt es darauf an, die sexuellen Wünsche und Begierden zu zähmen. Die Sinnlichkeit, die uns auf unseren eigenen Körper und auf die Körper der anderen fixiert sein läßt, muß überwunden werden. Sie behindert uns bei der Schau in unser Inneres.
Innere Ruhe erlangen wir, wenn wir uns mit dem zufriedengeben, was das Leben von sich aus für uns bereithält. Wir sollen Gleichmut entwickeln hinsichtlich Angenehmem und Unangenehmem und überhaupt in bezug auf alles, was geschieht.
Die Askese ist zu verstehen als ein Zustand der allgemeinen Enthaltsamkeit gegenüber materiellen und geistigen Dingen. Wir sollen nichts begehren. Weder von den Dingen der äußeren noch der inneren Welt dürfen wir uns berühren lassen. Körperliche Bedürfnisse, Begierden und Beschwerden müssen überwunden werden.

Das Ziel ist es, den Körper und das Gemüt vollständig zu beherrschen, aber nicht von ihnen beherrscht zu werden.

Wenn wir dies erreichen, dann sind wir in der Lage, uns durch ein intensives Studium der heiligen Texte, gemeint sind die philosophischen Lehrschriften im Umfeld des Yoga, auf unsere persönliche Hingabe an Gott vorzubereiten.

Wenn Patanjali von einer erwählten Gottheit spricht, dann ist das vor dem speziellen Hintergrund der indischen Philosophie zu verstehen. Dort gibt es zahllose, sehr unterschiedliche Göttergestalten, die jeweils einen bestimmten Aspekt des ewigen und einzigen Weltenschöpfers darstellen.

3. Asana, die Körperhaltung
   (Sutren II, 46 bis 48)

46 Die Sitzhaltung soll fest und angenehm sein.
47 Diese Sitzhaltung soll man in völliger Entspannung und in einem Zustand der Betrachtung des Unendlichen einnehmen.
48 Daraus ergibt sich eine Unempfindlichkeit den Gegensatzpaaren, wie Hitze und Kälte, gegenüber.

Während die Anweisungen zur inneren und äußeren Disziplin eine allgemeine Reinigung und Beruhigung von Körper und Geist bewirken sollen und als grundlegende Vorbereitung für jeden spirituellen Weg unentbehrlich sind, beginnt mit der dritten Disziplin, der Körperhaltung, die eigentliche, spezifisch yogische Technik.

Das, was Patanjali recht einfach als Sitzhaltung beschreibt, ist das Produkt einer langwierigen praktischen Übung. Durch viele unterschiedliche Trainingstechniken müssen wir unseren Körper erst einmal entwickeln und stärken, um dann in der Lage zu sein, eine bestimmte Position über einen langen Zeitraum, im Zustand der völligen Entspanntheit, einnehmen zu können. Nur mit einem gestählten und vollkommen abgehärteten Körper besitzen wir die Grundvoraussetzung für unsere geistige Entwicklung.

Die jeweils richtige Körperhaltung ist dann ein wesentlicher Aspekt bei allen weiteren Yogaübungen. Sie ist eine Grundbedingung für jede Art der Meditation.

4. Pranayama, die Atemregelung
(Sutren II, 49 bis 53)

49 Wenn man darin feststeht (in der Körperhaltung), folgt die Atemregelung, die ein Einhalten im Rhythmus von Ein- und Ausatmen ist.
50 Die Atemregelung besteht aus den Vorgängen des Ausatmens, Einatmens und Anhaltens, und ist lang oder kurz, wenn Ort, Dauer und
Zählung beobachtet werden.
51 Die vierte Form der Atemregelung übersteigt die äußeren und inneren
Gegenstände.
52 Dadurch wird der Schleier, der die innere Erleuchtung bedeckt, entfernt.
53 Es entsteht die Fähigkeit zur Konzentration des Denkens.

Patanjali schreibt der bewußten und kontrollierten Atmung ein besonde-
res Gewicht zu. Sie soll uns direkt in den Versenkungszustand führen.

Tatsächlich beeinflussen wir mit unserem Atem unmittelbar die energeti-
schen Potentiale in unserem Körper. Wir sind ferner in der Lage, durch eine
bewußte und gelenkte Atmung durchgreifende Veränderungen in unserem
Bewußtsein herbeizuführen. Die Atmung ist somit einer der bedeutendsten
Schlüssel und eine besondere Hilfe für die nun folgenden Übungen der
Konzentration und der Meditation.

5. Pratayahara, das Zurückhalten der Sinne von den Objekten
(Sutren II, 54 und 55)

54 Wenn die Sinne sich von ihren Objekten zurückziehen und sozusagen
in das Eigenwesen des Geistes eingehen, so heißt dieser Zustand das
Zurückhalten der Sinne.
55 Daraus entsteht eine vollkommene Beherrschung der Sinne.

Wichtig an dieser Disziplin ist vor allen Dingen, daß es sich hierbei um
einen für den Yogaschüler passiven Vorgang handelt. »Wenn die Sinne sich
von ihren Objekten zurückziehen..«, schreibt Patanjali. Es ist nicht die
Rede davon, daß der Schüler seinerseits die Sinne zurückziehen soll. Der
Ausübende soll sich auf seinen Atem konzentrieren, nicht mehr und nicht
weniger; dann wird es einen Moment geben, in dem sich die Sinne ganz
von selbst beruhigen und zu ihm zurückkehren. In diesem Zustand zu
verweilen bedeutet: die Sinne zu beherrschen. Je öfter wir uns darin üben,
eine solche Situation herbeizuführen, um so besser wird es uns gelingen,
unsere Sinne nach unserem Willen zur Ruhe kommen zu lassen.

6. Dharana, die Konzentration
   (Sutra III, 1)

1 Die Verbundenheit des Bewußtseins mit dem Gegenstand der Betrachtung ist Konzentration.

7. Dhyana, die Meditation
   (Sutra III, 2)

2 Dort, in dieser Konzentration, ist das Einstimmen in einen einzigen Erfahrungsakt: Meditation.

8. Samadhi, die Versenkung
   (Sutra III, 3)

3 Nur die Meditation, die den Gegenstand allein zum Leuchten bringt und wobei man sozusagen der eigenen Identität entblößt ist, ist Versenkung.

Nachdem wir es durch die Anweisungen zur Körperhaltung, der Atemregulierung und dem Zurückhalten der Sinne gelernt haben, in einen Zustand der Stille und des nach innen gerichteten Bewußtseins einzutreten, beschreibt Patanjali mit den letzten drei Disziplinen den Vorgang und die Entwicklung der Inneren Schau.

Die erste Stufe ist die Konzentration. Wir sollen unser Denken und unser inneres Sinnesvermögen auf einen einzigen Gegenstand fixieren und dort verharren. Sofern sich andere, unerwünschte Gedanken in diesem Prozeß der ausgerichteten Konzentration zeigen, lassen wir sie kommen und gehen, wie vorbeiziehende Wolken am Himmel. Wir schenken ihnen keine Beachtung, sonern bleiben fest auf das Objekt der Konzentration fixiert.

Wenn es uns gelingt, jede andere Wahrnehmung oder Empfindung, die nicht unmittelbar dem gewählten Gegenstand entspringt, zu vermeiden und in diesem vollständigen Ausgerichtetsein zu verharren, so ist das Meditation.

Doch erst, nachdem wir die auch in diesem Zustand noch vorhandene Empfindung des Getrenntseins vom Gegenstand der Konzentration überwunden haben, wenn also die Dualität von Subjekt und Objekt schwindet, treten wir ein in die Versenkung. In der Versenkung existiert nur noch das Objekt der Betrachtung; unsere eigene Identität, unser Ich, ist verschwunden. In einem solchen Moment erfahren wir das Wesen oder das innere

Sein dessen, auf das wir uns konzentrieren. Doch wir erfahren dieses Sein nicht nur, wir sind es selbst, denn außer ihm existiert nichts mehr.

Die Versenkung kann uns das Wesen einer Blume ebenso enthüllen wie unser eigenes Wesen und unser eigenes Sein. Und da der eigentliche, wahre Kern, sowohl bei der Blume als auch bei uns, Atman ist, erfahren wir auf beiden Wegen das gleiche: Wir finden uns wieder in Brahman, dem einen, einzigen Weltengrund.

Diese eine Erfahrung ist es, die uns das Yoga vermitteln will: Wir sollen unser wahres Wesen erkennen und verwirklichen. Wir sollen erwachen aus dem Schlaf des »Nicht-Wissens« und uns unserer göttlichen Identität bewußt werden: als ein Tropfen im kosmischen Ozean des Seins und als Verkörperung Brahmans, des einen Gottes, aus dem alles hervorgegangen ist. Diese Wahrheit in uns selbst zu erkennen, das ist das Ziel all der yogischen Praktiken und all der verschiedenen Wege, die diese Disziplin im Laufe der Geschichte eingeschlagen hat.

Wir unterscheiden im heutigen Yoga eine Vielzahl unterschiedlicher Formen und Namen, und doch entspringen sie alle einer gemeinsamen Philosophie und haben alle das gleiche Ziel: die Realisation Gottes als den eigenen Wesenskern.

Wenn wir im folgenden die wesentlichen der heute praktizierten Yogadisziplinen etwas näher betrachten, so ist es wichtig, daß wir uns dabei dieser Tatsache bewußt bleiben. Lediglich der äußere Rahmen, die Methode der Meditation und der Versenkung mag wechseln, der Schwerpunkt in Theorie und Praxis mag unterschiedlich gesetzt sein, das Ziel jedoch ist immer gleich!

Bhakti-Yoga, der Weg der Hingabe

Bhakti-Yoga ist die bedingungslose, allumfassende Hingabe an Gott. Die Unterwerfung unter den Willen und die Gnade Gottes sowie das vollständige Ausrichten des eigenen Denkens, Wollens und Wünschens auf Gott ist die einzige Disziplin dieses yogischen Wegs. Gott wird zum Mittelpunkt und zum einzigen Inhalt unseres Lebens. Das Leben selbst ist ein immerwährender Gottesdienst, in dem eigene Wünsche und eigene Bedürfnisse nicht existieren.

Wenn wir Bhakti-Yoga praktizieren, verschenken wir uns selbst an Gott. Wir überantworten uns und unser Leben der göttlichen Gewalt. Die Liebe, Hingabe und Verehrung, die wir Gott entgegenbringen, macht nicht einmal Halt bei der eigenen Persönlichkeit oder unserem individuellen Ich. Unsere

Hingabe ist so umfassend und absolut, daß von uns selbst nichts übrigbleibt. Alles was wir sind, Körper, Seele und Geist, bringen wir Gott zum Opfer dar, geben wir ihm hin. So bleibt für uns nichts übrig, außer Gott!

Es ist nicht leicht, die wahre Dimension dieses Yogawegs mit Worten zu verdeutlichen. Bhakti-Yoga ist eine ausschließliche Sache des Herzens, nicht des Verstands. Vielleicht kann uns die nachfolgende, kurze Geschichte einen Eindruck von der Liebe und der Hingabe vermitteln, die mit diesem Yoga gemeint sind:

Es war einmal eine Prinzessin mit Namen Laila und ein armer Junge, der Majanu genannt wurde. Beide waren durch eine starke, leidenschaftliche Liebe miteinander verbunden. Wegen ihrer unterschiedlichen Herkunft war es ihnen jedoch verboten, zusammen zu sein oder gar zu heiraten.

So träumte der Junge den ganzen Tag von Laila, und die Prinzessin träumte von ihm. Besonders Majanu verlor sich vollständig in der Liebe zu seiner Angebeteten. Für ihn gab es auf dieser Welt nur noch Laila. Seinen eigenen Namen und seine eigene Existenz hatte er vergessen. Doch die Prinzessin lebte in einem großen Palast. Majanu dagegen stammte aus einer armen Familie und hatte keinen Zutritt zum königlichen Hof.

Eines Tages setzte er sich nahe bei der großen Mauer, die den Palast umgab, unter einen großen Baum und schloß seine Augen. Er hatte sich geschworen, nie wieder in seinem Leben irgend etwas zu erblicken außer seiner Geliebten.

Gott im Himmel, der dies alles beobachtet hatte, wollte die Liebe Majanus auf eine Probe stellen. Er verwandelte sich in eine wunderschöne junge Frau. Dann stieg er zur Erde hinab und näherte sich Majanu mit den Worten: »Mein Liebster, ich bin es, Laila!« Ohne die Augen auch nur einen Spalt zu öffnen, antwortete der Junge: »Nein, du bist nicht Laila. Ich kenne dich nicht. Laß mich zufrieden.« »Du hast Recht«, sagte Gott daraufhin. »Mach deine Augen auf und sieh mich an, in Wahrheit bin ich Gott!«

Majanu erwiderte: »Ich habe nicht das geringste Bedürfnis, Gott zu sehen. Was ich sehen möchte, ist Laila.«

»Was sagst du da?!«, sprach Gott in einem ärgerlichen Ton. »Niemand in der Welt darf so etwas jemals sagen!« Aber Majanu antwortete: »Wenn du wirklich Gott bist, dann solltest du mich kennen. Mein Gott, meine Liebe, mein ein und alles, ist meine Laila. Niemanden außer ihr möchte ich sehen. Meine ganze Hingabe gilt Laila. Ich brauche keinen Gott. Was ich brauche, ist nichts als meine liebste Laila.«

Gott war sehr erfreut, als er diese aufrichtige Liebe und Hingabe sah. Trotzdem prüfte er den Jungen noch einmal: »Ich werde dir alle Wohltaten erweisen. Ich mache dich zum König des Universums, wenn du aufhörst, an sie zu denken und mich als deinen Gott akzeptierst.« Doch ehe er in seiner Rede geendet hatte, fiel ihm Majanu ins Wort: »Deine Wohltaten möchte ich nicht und ebensowenig will ich König des Universums werden. Wenn du wirklich etwas für mich tun willst, dann komm zu mir als Laila, aber nicht als Gott.«

Nun war Gott zufrieden, denn er sah, daß die Liebe des Jungen vollkommen und völlig ergeben war. Er verneigte sich tief vor Majanu und hörte dabei die Worte, die dieser leise zu sich selbst sagte: »Meine Liebe und meine Sehnsucht haben alle Grenzen überschritten. Die ganze Welt ist für mich nur Laila. Meine Liebe ist so gewachsen, daß sie universal geworden ist. Ich kann meine Liebe vom Universum nicht mehr unterscheiden.«

Und von da an sagte er nur noch: »Laila, Laila, Laila . . .«

Diese etwas naive Geschichte versinnbildlicht recht anschaulich das Ausmaß und die Art der Hingabe, die das Bhakti-Yoga von uns fordert. Es ist eine sehr einfache, ursprüngliche Form der bedingungslosen und kompromißlosen Hinwendung zu Gott. Wenn Gott auf diese Weise alles geworden ist, oder alles zu Gott, und wir uns selbst verloren haben in dem Ausmaß unserer Liebe, dann ist das Ziel erreicht: Wir finden uns wieder in Brahman, eingetaucht in das universelle Sein, und wir erkennen in Brahman auch Atman, unser wahres Selbst.

Karma-Yoga, der Weg des selbstlosen Handelns

Karma-Yoga hat seinen Ansatzpunkt in der Erkenntnis, daß ein Leben ohne ständiges Tun, ohne das permanente Handeln des Individuums, nicht möglich ist. Leben ist ein Prozeß der ununterbrochenen Aktivität. Auch dann, wenn wir eine rein passive Haltung einnehmen, tun wir etwas, denn dann verzichten wir bewußt auf die Handlung, und eben dies ist auch eine Handlung.

Wenn wir nun das Handeln selbst zur eigentlichen und einzigen Disziplin auf unserem religiösen Weg machen, wie das Karma-Yoga es tut, dann bestimmt das unser Leben mit der gleichen Totalität, wie wir sie bereits beim Bhakti-Yoga kennengelernt haben.

Tatsächlich sind Karma-Yoga und Bhakti-Yoga enge Verwandte. Wir können sie auch als die zwei Seiten einer Münze betrachten. In einem gewissen Sinn schließen sich diese Disziplinen sogar gegenseitig ein.

Da der Begriff Karma in der indischen Philosophie eine bedeutende Rolle spielt und in der westlichen Welt oftmals mit den unterschiedlichsten Inhalten in Verbindung gebracht wird, erscheint es angebracht, eine Klärung über dieses Wort herbeizuführen, bevor wir uns der damit verbundenen Disziplin zuwenden.

Karma ist eine Wortbildung aus der Sanskritwurzel Kri, die für die Verben tun oder handeln steht. In seinem ursprünglichen Sinn geht dieses Wort über die Bedeutung von Tat oder Handlung jedoch hinaus. Karma bezieht sich auch auf das unmanifestierte Sein des Weltengrunds, auf Brahman, den Schöpfer des Universums.

In seinem wesenlosen, nicht manifesten Zustand beinhaltet Brahman zwei polare Aspekte: einen statischen, ruhenden Pol und einen dynamischen, Veränderung bewirkenden Gegenpol. Die dynamische Kraft ist dafür verantwortlich, daß sich Brahman verkörpert und sich in den Namen und Formen des Universums offenbart. Die Kraft selbst wird im indischen Shakti genannt, der Vorgang der Verkörperung jedoch ist Karma, denn es ist eine Tat, ein aktiver Vorgang der Selbstgestaltung.

Auf dieser Grundlage besteht eine unmittelbare Verbindung zwischen Shakti, der Kraft, die in diesem Universum tätig ist, und Karma, dem äußerlich sichtbaren Aspekt dieser Kraft, der in jeder Handlung oder Tat zutage tritt. Karma ist also ein Ausdruck für jede Art der Aktivität oder Veränderung, ob diese nun willentlich herbeigeführt worden ist oder nicht. Sobald in diesem Universum irgend etwas geschieht, ist das Karma.

Üblicherweise geschehen die Aktivitäten in unserem Kosmos nach dem Gesetz der Kausalität, also gemäß Ursache und Wirkung. Ein bestimmtes Resultat basiert auf einer bestimmten Handlung, die wiederum ihre ganz bestimmte Ursache hat. Karma, das, was geschieht, ist somit eingebettet in eine Kette von Ursache und Wirkung. Es wäre jedoch nicht korrekt, wenn wir das Karma mit den Gliedern der Kausalitätskette gleichsetzen würden. Karma ist weder Ursache noch ist es Wirkung. Es ist nicht mehr als das verbindende Glied zwischen diesen beiden Ereignissen, die Handlung oder der aktive Vorgang, der von einer bestimmten Ursache ausgelöst wird und zu einer entsprechenden Wirkung führt.

Doch es wäre ebenso falsch, wenn wir Karma mit der Gesetzmäßigkeit von Ursache und Wirkung gleichsetzen würden. Karma ist nicht das Kausalitätsgesetz. Wir bezeichnen mit diesem Begriff lediglich Handlungen oder Aktivitäten. Die Gesetzmäßigkeit, nach der jede Handlung sowohl eine Ursache als auch eine Wirkung hat, ist ein Naturgesetz, sie hat jedoch nichts zu tun mit dem Karma.

Und doch ist gerade diese Gesetzmäßigkeit von ganz entscheidender Bedeutung: Mit der gleichen Unausweichlichkeit, mit der konstruktive oder positive Handlungen zu einer positiven Wirkung führen, führen destruktive und negative Taten zu einem entsprechend negativen Resultat. Mit unserem Karma, also mit der spezifischen Art und Weise unseres heutigen Handelns, bestimmen wir die Wirkungen oder Ergebnisse, die uns die Zukunft zeigen wird.

Was wir heute tun, bestimmt unser Morgen!

In der gleichen Weise sind unsere heutigen Lebensumstände das Resultat unserer vergangenen Handlungen!

Vor diesem Hintergrund wird Karma zu einem Schlüsselbegriff im Rahmen unserer Lebensgestaltung. Wir können unser Schicksal unmittelbar beeinflussen, wenn wir heute bewußt und mit der notwendigen Überlegung handeln. In diesem Zusammenhang beziehen sich unsere Handlungen nicht nur auf die Vorgänge äußerer Aktivität. Gemeint sind unsere Taten in Gedanken, Worten und Werken. Der Begriff Karma umfaßt jede Art der Aktivität, hierzu gehören unsere Denkvorgänge ebenso wie unsere verbalen Äußerungen. Erst wenn wir zu einer durchgängig positiven und konstruktiven Grundeinstellung gelangen, die sich dann in unserem Denken, Sprechen und Handeln äußert, können wir erwarten, entsprechend positive Resultate für die Zukunft zu erzielen.

Auf dieser grundlegenden Einsicht baut der Karma-Yoga auf. Doch daneben spielt auch jene fundamentale Erkenntnis eine wichtige Rolle, die wir bereits als eine tragende Säule beim Bhakti-Yoga kennengelernt haben.

Dort wächst unsere Liebe zu Gott zu wahrhaft kosmischen Dimensionen. Es gibt keinen Unterschied mehr zwischen Gott und dem uns umgebenden Universum. Ein solcher Unterschied ist ja auch nicht vorhanden, denn das Universum ist nicht mehr als der manifestierte Aspekt Gottes. Die Essenz allen Seins ist Brahman. Wenn dies so ist, dann existiert auf dieser Welt nichts, das nicht durch oder von Gott bewirkt würde. Alles, was geschieht, ist gut, denn es sind immer Gottes Wille und seine Energie, Shakti, die sich uns in Form des Geschehens offenbart.

Wenn wir Karma-Yoga praktizieren, betrachten wir uns selbst als ein Werkzeug dieser göttlichen Energie. Durch unsere Handlungen und Taten wirkt Gott auf die Welt ein.

Nicht wir sind es, die handeln, sondern Gott ist es, der sich durch unser Tun offenbart. Wir sind nicht mehr als ein ausführendes Organ. Wir sind ein Rad im Getriebe des von ihm gesteuerten Weltengeschehens. Somit ist es unsere Aufgabe, den Platz, an den uns Gott gestellt hat, zu akzeptieren und unsere Pflicht zu tun. Wir haben unser Bestes zu geben, und unsere Handlungen müssen von dem Gedanken getragen sein, als ein göttliches Werkzeug perfekt zu funktionieren.

Erst wenn es uns gelingt, unseren eigenen Willen zu überwinden und unser Denken und Handeln in Einklang zu bringen mit dem göttlichen Plan, entsprechen wir unserer wahren Eigenschaft als Manifestation Gottes. Wir müssen uns als einen Kanal empfinden, durch den sich die göttliche Energie offenbart.

Wenn wir eine solche Einstellung gewinnen, ist es selbstverständlich, daß wir auf alle Erfolge verzichten, die unser Handeln mit sich bringt. Wenn Gott handelt und wir nur ein Werkzeug sind, das er für seine Handlungen benutzt, dann stehen alle Früchte, die sich aus unserem Tun ergeben, ausschließlich ihm zu.

Gott allein kommt es zu, über das Resultat seiner Handlung zu verfügen. Wir selbst haben nichts zu beanspruchen, und so ist das Geringste, das wir erhalten, ein wahrhaftes Geschenk.

Mit dem Karma-Yoga nähern wir uns unserem Ziel der Selbst- und Gotterkenntnis, sobald wir den göttlichen Willen als identisch mit unserem eigenen Willen erkennen. Wenn wir es erreichen, unsere individuellen Wünsche und Bedürfnisse zu überwinden und unsere Persönlichkeit als eine Täuschung zu entlarven, können wir übereinstimmen mit dem, was geschieht. Wir erkennen dann auch, daß es keinen Widerspruch gibt zwischen uns und Gott. Unser wahrer Kern, Atman, stimmt überein mit Brahman, dem Weltengrund.

Jnana-Yoga, der Weg der Erkenntnis

Das Ziel des Jnana-Yoga ist das gleiche wie das des Bhakti- und Karma-Yoga, aber die Methode ist eine andere.

Jnana-Yoga ist der Weg der reinen Vernunft. Wenn wir intellektuell begabt sind, jedoch weder fromme noch mystische Veranlagungen besitzen, dann bietet dieser Weg eine Möglichkeit für uns.

Die Grundlage des Jnana-Yoga ist die philosophische Schule des Vedanta. Wie wir wissen, ist der Vedanta eine monistische und idealistische Philosophie, die das Prädikat einer objektiven Wirklichkeit nur für den qualitätslosen, anonymen und ewig unveränderlichen Urgrund des Universums gelten läßt.

Brahman in seinem unmanifestierten Zustand, das transzendente »Nichts«, ist wirklich – alles andere ist eine Illusion. Hervorgerufen wird diese Illusion durch den Nebel des »Nicht-Wissens«, der unseren wahren Kern, Brahman-Atman, verhüllt.

Wenn wir Jnana-Yoga praktizieren, dann lösen wir das »Nicht-Wissen«

Stück für Stück auf und erkennen uns schließlich als Atman, identisch mit Brahman, dem Weltengrund. Es ist hierbei unsere Aufgabe, uns selbst und die Welt um uns her zu jedem Zeitpunkt rein analytisch zu betrachten. Frei von Emotionen und unabhängig von allgemein anerkanntem Wissen oder irgendwelchen Lehrmeinungen – seien diese religiös oder wissenschaftlich – haben wir mit unserem eigenen Verstand zu prüfen und zu entscheiden, worum es sich bei den Erscheinungen, die uns begegnen, handelt.

Gehen wir in dieser Weise vor und halten wir uns dabei an die philosophischen Grundlagen des Vedanta, kommen wir in jedem einzelnen Fall zu dem unausweichlichen Schluß, eine Manifestation Brahmans vor uns zu haben. Wir sehen sehr schnell, daß es neben Brahman kein weiteres Sein geben kann und erkennen mit der gleichen Deutlichkeit, daß letztlich jede Art der Differenzierung nach Form oder Namen nur eine Illusion sein muß, die aus mangelndem Wissen geboren wurde.

Wenn wir die Welt mit diesen Augen betrachten, verschwinden alle Unterschiede. Wir sehen in jedem und allem einzig Brahman und sind uns bewußt, daß die Objekte dieser Welt nur Täuschungen und daher unwirklich sind. Die mangelnde Realität, die wir den Dingen der uns umgebenden Welt zumessen, gilt natürlich auch für uns selbst und für unsere eigene, individuelle Persönlichkeit. Nicht nur die Objekte um uns herum sind unwirklich, auch unser Körper, unser Denken und unsere Gefühle sind nicht mehr als illusionäre Nebel, hervorgerufen durch »Nicht-Wissen« und ohne jeden Anspruch auf Realität.

Wenn wir diese Wahrheit selbst gesehen haben, verschwindet die Täuschung, in der wir gefangen sind. Wir gelangen auf eine Stufe des intuitiven, unmittelbaren Erfassens der Realität, und wir erkennen uns als Atman, wesensgleich mit Brahman, dem alles umfassenden Sein.

Um dieses höchste Ziel zu erreichen, fordert auch das Jnana-Yoga einen langen, hingebungsvollen Weg. Wie bei allen yogischen Systemen ist unser totales und bedingungsloses Engagement geboten, das die ganze Person und alle Bereiche des Lebens umfaßt. Die Erkenntnis Atmans geschieht nicht nebenbei, während wir in die Geschäfte der Welt verstrickt und von ihnen gefangen sind.

Jnana-Yoga fordert nicht die Abwendung von der Welt oder gar ein Asketendasein, wohl aber eine deutliche innere Distanz zu unserer illusionären Umwelt. Als Jnana-Yogis transzendieren wir die Welt. Wir betrachten sie als einen farbenfrohen, unwirklichen Tanz, hinter dem sich Brahman, die einzige Realität, versteckt hält.

Solange unser Bewußtsein in dieser Anschauung fest verwurzelt ist, kann es nicht geschehen, daß wir von den Spiegelungen des Absoluten in Bann gehalten werden. Ohne innere Anteilnahme am äußeren Geschehen gehen wir unseren Weg und lassen uns leiten von den folgenden vier Grundsätzen:

1. Wir begehren nichts außer der Wahrheit.
2. Wir beherrschen unsere Sinne vollkommen, weil wir uns des nicht realen Charakters der Objekte und aller daraus resultierenden Empfindungen bewußt sind.
3. Wir denken stets daran, daß alles außer Brahman, dem Einen ohne ein Zweites, unwirklich ist.
4. Unser einziges Ziel ist die endgültige Freiheit, und diese finden wir nur in Brahman, jenseits von Namen und Form.

Raja-Yoga, der »königliche« Weg

Ob es gerechtfertigt oder sinnvoll sein mag, eine bestimmte yogische Disziplin als besonders vorteilhaft und erfolgversprechend hervorzuheben, ist zumindest zweifelhaft. Es hängt wohl immer von der persönlichen Struktur des einzelnen ab, welche Art des Yoga für ihn die richtige ist. Letztlich können alle yogischen Systeme nicht mehr als Richtschnüre oder Wegweiser für uns sein, um unseren eigenen, persönlichen Weg zu suchen und zu finden.

Wenn wir mit dem Raja-Yoga den sogenannten »Königsweg« betreten, ist das nicht in einem qualitativen Sinn gemeint. Raja-Yoga führt uns zu dem gleichen Ziel wie alle anderen Yogadisziplinen. Dieser Weg ist weder schneller noch erfolgversprechender oder in irgendeiner anderen Weise begünstigend für uns. Und doch besitzt er eine Besonderheit, die ihn gegenüber allen anderen Systemen auszeichnet.

Raja-Yoga bezieht sich unmittelbar auf die Yoga-Sutren des Patanjali und ist im Grunde nur eine zusammenfassende Bezeichnung für den von ihm aufgezeigten achtstufigen Pfad. Wir haben somit ein System vor uns, das die Essenz der yogischen Erfahrung beinhaltet, wie sie Patanjali vor etwa zweitausend Jahren vorgefunden und zusammengetragen hat.

Auf die Sutren wurde bereits an anderer Stelle ausführlich eingegangen; wir können auf eine ins Detail gehende Erörterung hier verzichten. Lediglich der Vollständigkeit halber seien die einzelnen Schritte des achtstufigen Weges noch einmal aufgeführt:

1. Yama, die äußere Disziplin
   Gewaltlosigkeit, Wahrhaftigkeit, Nicht-Stehlen, reiner Lebenswandel, nicht Besitzergreifen
2. Niyama, die innere Disziplin
   Reinheit, innere Ruhe, Askese, eigenes Studium, Hingabe an Gott
3. Asana, die Körperhaltung
4. Pranayama, die Atemregulierung
5. Pratyahara, das Zurückhalten der Sinne von den Objekten
6. Dharana, die Konzentration
7. Dhyana, die Meditation
8. Samadhi, die Versenkung

Raja-Yoga betrachtet diesen achtstufigen Pfad als eine klar gegliederte Handlungsanweisung, die buchstabengetreu und in der aufgeführten Reihenfolge vom Schüler zu beachten ist. Schritt für Schritt, ähnlich einer Sprossenleiter, sind die einzelnen Disziplinen aufeinander aufgebaut, und jede Stufe bedarf der vollkommenen Beherrschung, bevor zur nächsthöheren weitergegangen wird. Dies gilt in besonderem Maße auch für die Übungen zur äußeren und inneren Disziplin.

Diese einführenden und grundlegenden Übungen werden allzugerne vernachlässigt oder übersehen, obwohl sie das Fundament bilden, auf dem dieser Yogaweg aufgebaut ist. Ohne die hier geforderte radikale Veränderung unserer Lebensumstände und unserer Lebensweise kann es keinen wirklichen Fortschritt für uns geben.

Es genügt absolut nicht, Körperübungen zu trainieren und den Atem zu regulieren, wenn wir andererseits in das weltliche Geschehen mit Leib und Seele eingebunden oder von ihm gefangen sind. Bevor wir beginnen, an unserem Körper zu arbeiten und uns in der Meditation zu versuchen, müssen wir innerlich zur Ruhe kommen und uns herauslösen aus unseren Fixierungen auf die äußere Welt.

Raja-Yoga akzeptiert und unterstützt die philosophischen Gedanken des Sankhya-Systems und des Vedanta. Beide Schulen lehren ausdrücklich den niederziehenden und den verdunkelnden Einfluß, den die Bindungen an die Materie auf uns ausüben. Erst wenn wir unser tägliches Leben im Sinne der inneren und äußeren Disziplin geordnet haben oder zumindest im Begriff stehen, dies zu tun, sollten wir mit den dann folgenden weiterführenden Übungen beginnen.

So fordert auch dieser yogische Weg den ganzen Menschen in allen Bereichen seines Lebens. Der Erfolg wird nicht nebenbei versprochen, sondern er ist das Produkt einer hingebungsvollen Ausübung der Lehre.

Samadhi, die Erkenntnis des eigenen Selbst und das Aufgehen in Brahman, der Quelle allen Seins, ist ein Ereignis, das auf jeder Stufe und zu jedem Zeitpunkt eintreten kann, wenn wir uns mit ganzem Herzen auf einem Weg zu Gott befinden. Wir können uns daher ausreichend Zeit nehmen für die intensiven Bemühungen, die am Anfang des Weges notwendig sind.

Mit der Betrachtung des Bhakti-Yoga, Karma-Yoga, Jnana-Yoga und des Raja-Yoga haben wir einen Überblick über die vier traditionellen Systeme gewonnen, die wir in der allgemeinen Yoga-Praxis heute unterscheiden. Neben diesen vier großen Gruppen gibt es weitere Arten des klassischen, traditionellen Yoga, auf deren Erläuterung in dieser einführenden Betrachtung jedoch verzichtet werden soll.

Lediglich die Disziplinen des Hatha-Yoga und des Laya-Yoga sollen kurz erwähnt werden, da diese Lehrsysteme mit dem Raja-Yoga verwandt sind und eine Brücke schlagen können zum Kundalini-Yoga, auf den wir im dann folgenden ausführlich eingehen wollen.

Hatha-Yoga

Es gibt wohl keine andere yogische Disziplin, die in der westlichen Welt eine auch nur annähernd große Popularität erreicht hat, wie das Hatha-Yoga. Gleichermaßen gibt es keine andere Disziplin, die in einem solchen Umfang mißverstanden und entwurzelt worden ist, wie eben dieses yogische System.

Hatha-Yoga gehört zusammen mit Laya- und Kundalini-Yoga zur großen Gruppe des Raja-Yoga. Seine Wurzeln sind zu suchen in der Sankhya-Philosophie; sie entspringen jedoch gleichermaßen dem wesentlich jüngeren Vedanta und den Sutren des Patanjali. Wie bei allen heute noch lebendigen Systemen der yogischen Praxis ist es durch die stets dynamische Entwicklung des indischen Geistes beinahe unmöglich geworden, eine einzige, ausschließliche Quelle für die jeweilige Lehre zu finden.

Wie alle anderen Formen des Yoga strebt auch das Hatha-Yoga zu dem einen gemeinsamen Ziel: dem Erkennen des wahren Selbst und der Vereinigung mit Brahman, der Quelle des Seins. Hatha-Yoga ist also ein ausschließlich religiöses oder spirituelles System. Andere Interpretationen, wie sie außerhalb des indischen Kulturkreises oftmals anzutreffen sind, sind schlicht falsch!

Die yogischen Übungen, die im Rahmen des Hatha-Yoga vorgeschrieben werden, lassen sich am einfachsten in Anlehnung an die Yoga-Sutren des Patanjali beschreiben.

Hatha-Yoga umfaßt die ersten vier Disziplinen des von ihm aufgezeigten achtfachen Pfades: äußere und innere Disziplin, Körperhaltung und Atemregulierung. Hinzu kommen zeremonielle Waschungen und eine intensive Läuterung von Körper und Geist. Erreicht werden soll eine vollständige Kontrolle über die Funktionen des Körpers und der Sinne sowie eine vollständige Lösung von den materiellen Gegebenheiten der Umwelt.

Wenn wir Hatha-Yoga praktizieren, erfordert das einen nicht minderen Abstand vom weltlichen Geschehen, wie ihn auch alle anderen Yoga-Systeme voraussetzen. Doch diese yogische Disziplin führt uns darüber hinaus in einen neuen Bereich der spirituellen Praxis, der uns auch im später folgenden Kundalini-Yoga intensiv beschäftigen wird.

Der Name Hatha ist ein künstlich geschaffenes Wort, das sich aus den Begriffen Ha und tha zusammensetzt. Beide Silben stehen für eine jeweils entgegengesetzte Form von Energie. Ha bedeutet »Mondenergie«, während tha für die »Sonnenenergie« verwendet wird. In der zusammengesetzten Form des Wortes Hatha wird die Vereinigung dieser polaren Kräfte symbolisiert. Mond- und Sonnenenergie sind nun lediglich allegorische Beschreibungen für die polaren Aspekte Brahmans. Mit der Mondenergie ist die manifeste Form des Seins, unser sichtbares und fühlbares Universum, gemeint, während die Sonnenenergie für jenes transzendente »Nichts« steht, für den form- und namenlosen Urgrund des Universums, der die Quelle aller Manifestationen bildet.

Die reich bebilderte Philosophie des Hinduismus hat beiden Aspekten des göttlichen Seins viele unterschiedliche Namen gegeben oder sie sogar mit wesenhaften Zügen versehen. So steht Shiva, bekannt in seiner Darstellung als vielarmiger tanzender Jüngling, für den nicht manifesten Aspekt Gottes, während Shakti, seine Gemahlin, die Kraft des sich verkörpernden Universums symbolisiert. Brahman als transzendentes »Nichts« ist männlich, in seiner ausgestalteten, manifesten Form als sichtbare Welt jedoch weiblich. Augenscheinlich ist die hier vorhandene Parallele zum System des Yin und Yang, wie es in der chinesischen Philosophie verwendet wird.

Im Hatha-Yoga sowie in allen anderen yogischen Disziplinen wird die Vereinigung dieser polaren Kräfte angestrebt. Wie im kosmischen Bereich wird auch in jedem Individuum die Anwesenheit männlicher und weiblicher Energien angenommen. Die Tatsache der materiellen, geistigen und seelischen Existenz gilt geradezu als ein Beweis für das Vorhandensein beider Energieformen, denn das individuelle Sein ist ein Ausdruck sowohl der ruhenden, statischen Kräfte Brahmans, der als Atman den eigentlichen

Kern bildet, als auch der dynamischen, aktiven Energien, die die individuelle Persönlichkeit aus diesem Kern hervorbringen.

Aufbauend auf einem jahrtausendealten Erfahrungswissen wird die passive, männliche Kraft und die aktive, weibliche Energie an bestimmten Orten im menschlichen Körper lokalisiert, und es wird versucht, beide Kräfte zusammenzuführen. Hatha-Yoga bedient sich hierzu des Pranayama.

Wir haben diese Atemtechnik als die vierte Disziplin im System Patanjalis kennengelernt. Mit Hilfe eines disziplinierten und umfassend kontrollierten Atmens werden die im Körper befindlichen Energien beeinflußt und schließlich zu einer Vereinigung geführt. Das Ergebnis einer solchen Vereinigung ist gleichzusetzen mit der vollständigen Erkenntnis des wahren Selbsts, Atman, und es bedeutet gleichzeitig das Aufgehen im Brahman, wie es auch von allen vorher betrachteten Yoga-Systemen angestrebt wird.

Tatsächlich ist die Vereinigung der beiden Schöpfungsenergien, Shiva und Shakti, nicht mehr als die physiologische Komponente des Erkenntnisakts, Samadhi, und findet grundsätzlich immer statt, wenn die Realisation Brahman-Atman als das eigentliche Selbst erfolgt. So entfaltet das System des Hatha-Yoga keine grundlegend neuen Dimensionen auf dem Gebiet des spirituellen Denkens, sondern verlagert lediglich den Schwerpunkt der yogischen Praxis vom psychologischen auf den physiologischen Bereich.

Die Disziplinierung der Sinne, das Abkehren von den Geschehnissen der äußeren Welt, die Beherrschung des Geistes durch die Konzentration und Meditation, wie es Jnana-Yoga und Raja-Yoga lehren, und auch die selbstlosen Handlungen des Karma-Yoga und die grenzenlose Liebe des Bhakti-Yoga sind Techniken, die die aktive, gestaltende Kraft, Shakti, zurückführen in den ruhenden, kristallklaren Kern, Shiva. Durch diese Vereinigung erkennen und erleben wir unser wahres Sein, unsere Identität mit dem Schöpfer des Universums.

Die Wirkungen und Ergebnisse des Hatha-Yoga sind somit die gleichen wie die aller anderen Yoga-Systeme, nur die Methode ist eine andere. Sie ist direkt und unmittelbar auf die energetischen Potentiale gerichtet, die, wie im Kosmos, auch im Menschen anzutreffen sind.

Laya-Yoga

Laya-Yoga greift die grundlegenden Gedanken des Hatha-Yoga auf, führt sie weiter und vervollkommnet sie. Mit geradezu wissenschaftlicher Exaktheit werden die physiologischen Vorgänge und Gegebenheiten beschrieben, die bei der Erkenntnis unserer wahren Natur von Bedeutung sind. Wie der

Hatha-Yoga geht auch diese Disziplin über die psychologischen Aspekte hinaus und sieht ihren Schwerpunkt in einer direkten Einflußnahme auf die energetischen Strukturen des Menschen.

Es soll darauf verzichtet werden, Theorie und Praxis des Laya-Yoga hier im einzelnen darzustellen, da beide Seiten dieser Disziplin mit den Anschauungen des Kundalini-Yoga mehr oder weniger identisch sind und im nun folgenden ausführlich behandelt werden.

Kundalini-Yoga

Kundalini-Yoga arbeitet an unserem Körper, an unserer Seele und an unserem Geist. Die vielfältigen, sehr unterschiedlichen Übungen sind das Ergebnis einer sehr differenzierten, beinahe wissenschaftlichen Kenntnis von den physiologischen Gegebenheiten des Menschen. Anders als im naturwissenschaftlichen Bereich bezieht sich das hier vorhandene Wissen jedoch nicht nur auf den materiellen Körper, es umfaßt gleichermaßen die subtileren Stufen unserer Existenz.

Kundalini-Yoga beschreibt den Menschen als ein vielschichtiges Wesen, das mit mehreren energetischen Hüllen oder feinstofflichen Körpern ausgestattet ist und darüber hinaus eine Reihe von subtilen Organen besitzt, die auf der materiellen Ebene nicht zu finden sind. Wir haben mit dieser yogischen Disziplin ein recht komplexes System vor uns, das ohne die genaue Kenntnis der zugrundeliegenden Gedanken und Anschauungen kaum verständlich ist.

In gleicher Wiese, wie wir den Ansatz und das Ziel aller yogischen Systeme erst dann begreifen, wenn wir uns durch eine Einführung in die indische Philosophie darauf vorbereitet haben, müssen wir auch hier zuerst die Grundlagen schaffen, bevor wir uns der eigentlichen Disziplin zuwenden können. Aus diesem Grund soll unsere Beschäftigung mit dem Kundalini-Yoga in drei Stufen verlaufen.

Der erste Schritt ist eine Einführung in die komplexen Zusammenhänge der physiologischen und energetischen Grundlagen dieses Systems. Es folgt, als zweiter Schritt, die Beschreibung der gezielten Einflußnahme und der Wirkungsweise auf unseren materiellen und energetischen Körper. Zum Schluß werden die Techniken und die technischen Hilfsmittel erläutert, die wir in diesem Yoga-System verwenden.

Obwohl alle Darstellungen stark vereinfacht werden und eine durchgehende Beschränkung auf die wesentlichen Aspekte erfolgt, die für das allgemeine Verständnis unverzichtbar sind, mag es sein, daß die notwendigen Ausführungen teilweise theoretisch und trocken wirken. Es wird daher empfohlen, eine recht offene und yogisch-gelassene Haltung gegenüber diesen nicht zu umgehenden Erörterungen einzunehmen.

Wir sollten uns jedoch gleichermaßen um ein wirkliches Verständnis bemühen, da wir ohne diesen theoretischen Hintergrund nicht wirklich in der Lage sind, den Sinn und Zweck der praktischen Übungen im zweiten Teil dieses Buches zu begreifen.

Vielleicht gelingt es uns, bereits in dieser Vorbereitung eine geistige Yoga-Übung zu sehen?!

Die Grundlagen

Die Körper des Menschen

Wie alle yogischen Disziplinen steht auch der Kundalini-Yoga fest auf den Grundlagen der Sankhyaphilosophie und des Vedanta. Wir haben es also mit einem rein idealistischen System zu tun, das die Materie als eine bloße Erscheinungsform oder als eine Verkörperung der dahinterstehenden geistigen Ursache betrachtet. Anders ausgedrückt bedeutet das: Jenseits der materiellen Welt existiert eine geistige Ebene der Ideen, Gedanken und Formen; dieser Bereich ist die eigentliche Realität und die Ursachenebene, die das Vorhandensein der materiellen Welt erst möglich macht. Materielle Objekte sind nicht mehr als Verkörperungen der ihnen zugrundeliegenden, ursächlichen Ideen. Die Materie ist ein Produkt des Geistes.

Diese idealistische Einstellung wird verständlich, wenn wir uns an das Konzept der Selbstverkörperung Brahmans erinnern. Sein eigentliches wahres Sein ist jenes transzendente »Nichts«, das den Urgrund des Universums bildet. Aus diesem »Nichts« tritt die Welt der Erscheinungsformen in einem Prozeß zunehmender Verdichtung und zunehmender Materialisierung hervor. Die Ideen, die dem »Nichts« entspringen, konkretisieren und verfestigen sich mit wachsender Entfernung von ihrem Ursprung immer mehr, bis sie schließlich materielle Qualitäten annehmen und die Objekte bilden, die wir sehen und fühlen können.

Doch auch dann, auch im Zustand des körperlichen Seins, bleibt die Verbindung der materiellen Erscheinigungsform mit der Quelle ihrer Existenz, mit dem geistigen und energetischen Bereich der Ideen und mit dem nicht wesenhaften Urgrund, Brahman, bestehen.

Wir können dieses Phänomen mit einem Sonnenstrahl vergleichen, der mit zunehmender Entfernung von der Sonne immer fester werdende und schließlich materielle Strukturen annimmt. Ein solcher Strahl ist immer in seiner gesamten Länge existent. Die von ihm verkörperte Idee existiert zu jedem Zeitpunkt, auf allen Stufen der zunehmenden Verfestigung.

Mit anderen Worten: Jeder materielle Gegenstand besitzt neben seiner sichtbaren und fühlbaren körperlichen Erscheinungsform viele Stufen der Existenz, die sich immer mehr verfeinern. Über einen zunächst feinstofflichen oder energetischen Bereich reichen sie zurück in die Ebene der Ideen und schließlich bis zu Brahman, der Quelle allen Seins.

Vor diesem Hintergrund wird es verständlich, wenn der Kundalini-Yoga den Menschen als ein vielschichtiges Wesen betrachtet, das mit unterschiedlichen Körpern ausgestattet ist. In einer schalenförmigen Anordnung ist der materielle Körper von einer Reihe unterschiedlicher energetischer Körperhüllen umgeben, die sich stufenweise immer mehr verfeinern und schließlich rein geistige oder ideelle Formen annehmen. Die materielle Existenz ist nicht mehr als die zuunterst liegende Schicht des Menschen, die Stufe seiner größten Verfestigung.

Die Struktur und die Anzahl der energetischen und geistigen Körperhüllen wird in den unterschiedlichen Schriften, die sich mit diesem Thema befassen, nicht einheitlich wiedergegeben. Je nach Art der Betrachtungsweise und der gewählten Gewichtung werden fünf, sieben oder zehn derartige Körperhüllen unterschieden. Im Rahmen dieser einführenden Betrachtung kann auf eine nähere Erörterung jedoch verzichtet werden, da die detaillierte Kenntnis dieser Anschauungen für ein grundsätzliches Verständnis der yogischen Praxis nicht wesentlich ist.

Lediglich der sogenannte Äther- oder Pranakörper soll uns interessieren. Er ist die erste den materiellen Körper umgebende Energiehülle.

Der Pranakörper kann mit Hilfe spezieller fotografischer Verfahren, der sogenannten Kirlian-Fotografie, teilweise sichtbar gemacht werden und wird von entsprechend befähigten Menschen unmittelbar optisch wahrgenommen. Dieser feinstoffliche energetische Leib ist der Sitz und das Zentrum unserer Lebensenergie und unserer Lebenskraft. Er ist für unsere Existenz und den Erhalt des materiellen Körpers unmittelbar verantwortlich. Die Pranahülle wird auch als der Lebensleib bezeichnet, da er das eigentliche Prinzip des Lebens darstellt, ohne das die tote Materie keinen funktionierenden Organismus bilden könnte.

Die Chakras

Die besondere Bedeutung, die dem Pranakörper im Kundalini-Yoga zukommt, beruht auf mehreren speziellen Kraft- oder Energiezentren, die sich in ihm befinden. In ihrer indischen Bezeichnung heißen diese Zentren Chakras; das bedeutet in der Übersetzung: Rad beziehungsweise Räder. Der Name ist aus dem visuellen Eindruck entstanden, den die Energiezentren hervorrufen, wenn man die Fähigkeit besitzt, sie zu sehen.

Sie werden beschrieben als kreisrunde Vertiefungen oder Wirbel, die in verschiedenen Farben erstrahlen und an der Oberfläche des Pranakörpers strudelförmig rotieren. Sie reichen tief bis in das Zentrum des Lebensleibs hinab und durchdringen somit auch den physischen Körper, der von dieser Hülle umschlossen wird.

Insgesamt werden sieben Chakras unterschieden, die in einer ganz bestimmten Anordnung zum Körper und zueinander stehen und jeweils eine ganz besondere Bedeutung haben. Die nachfolgende grafische Darstellung zeigt den Sitz der Chakras, projiziert auf den materiellen Körper. Wir dürfen jedoch nicht vergessen, daß es sich bei diesen Kraftzentren um Organe des Pranakörpers handelt, die auf der materiellen Ebene nicht zu finden sind.

Ähnlich wie die energetischen Körper selbst werden auch die Chakras in der einschlägigen Literatur nicht einheitlich beschrieben. Die hier verwendeten weiteren Angaben und auch die zeichnerische Darstellung entsprechen jedoch der recht einheitlichen indischen Auffassung. Sie können für den Kundalini-Yoga als verbindlich angesehen werden.

Während der Pranakörper im ganzen die Lebenskraft des Menschen bestimmt, ist es die Aufgabe der Chakras, ihn mit ganz speziellen Energien zu versorgen. Die durch sie zuströmenden Kräfte sind verantwortlich für unsere physische Gesundheit und für unser körperliches Wohlbefinden. Sie regulieren darüber hinaus unser Denken und Empfinden, und sie bestimmen das Bewußtsein, das wir besitzen.

Je nachdem, welches dieser Zentren im besonderen Maße aktiviert ist, wird die uns zufließende Kraft in unterschiedliche Bereiche unseres Seins gelenkt und hat eine entsprechend andere Wirkung.

Wenn wir im folgenden die Energiezentren nacheinander betrachten, soll der Schwerpunkt vor allem auf den emotionalen und psychologischen Aspekten liegen, die mit der Aktivität des jeweiligen Chakras verbunden sind.

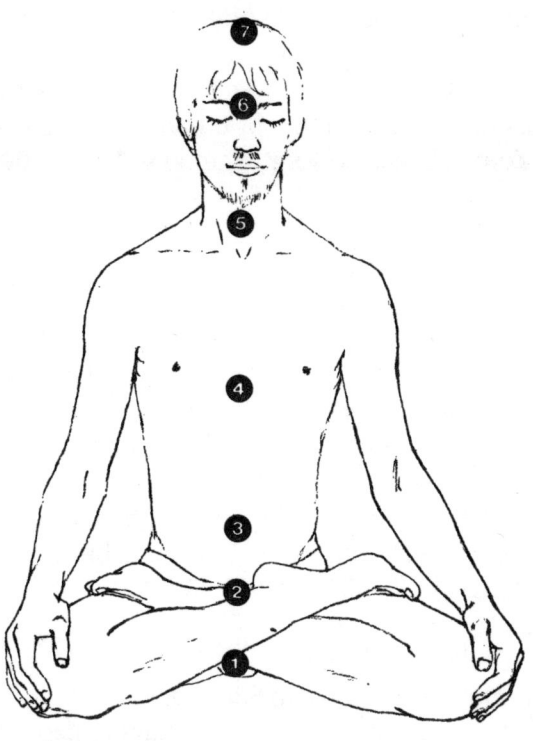

1. Muladhara-Chakra, das Wurzelzentrum

Das erste Chakra steht in Beziehung zu unserem Überleben als Individuum oder auch zu unserem Selbsterhaltungstrieb.

Wenn wir die Aktivität dieses Zentrums entwickeln, stärkt das unsere Abgrenzungsfähigkeit gegenüber der Umwelt und unsere Unabhängigkeit. Mangelnde Aktivität des ersten Chakras äußert sich als ein Mangel an Eigenständigkeit und Individualität, während die Überbetonung eine egoistische Einstellung zur Folge hat und uns auf die materiellen Dinge der Umwelt fixiert.

2. Svadhisthana-Chakra, das Geschlechtszentrum

Das zweite Chakra reguliert unsere Kreativität und unsere Sexualität.

Eine zu geringe Aktivität führt zu sexuellen Problemen, wie etwa Impotenz oder Frigidität, während die Überaktivität zu einer völligen Dominanz der Körperlichkeit und Sexualität führen kann.

3. Manipura-Chakra, das Nabelzentrum

Das dritte Chakra ist das Kraft- und Willenszentrum im Körper.

Wenn es hier einen Mangel gibt, fühlen wir uns kraft- und lustlos und besitzen keine persönliche Energie oder Durchsetzungsfähigkeit. Ein Überschuß dieser Kraft führt zu einem extremen Aktivitätsdrang oder auch zu Aggressivität, die sich in Gier und Machtgelüsten äußern kann. Die Ausgewogenheit des dritten Zentrums gibt uns auch eine persönliche Ausgewogenheit und Zentriertheit. Sie sorgt für eine stabile Motivation bei unserem Tun.

4. Anahata-Chakra, das Herzzentrum

Das vierte Chakra bestimmt das Ausmaß unserer Liebesfähigkeit. Es ist verantwortlich für die individuelle Möglichkeit, unser Herz zu öffnen und anderen Menschen in selbstloser Weise etwas zu geben.

Eine geringe Aktivität führt zu mangelnder Sensibilität gegenüber unseren Mitmenschen, während eine Überbetonung Hypersensibilität zur Folge hat. Wenn dieses Zentrum blockiert ist, dann empfinden wir Kälte oder starke persönliche Hemmungen im Umgang mit anderen Menschen. Das Herzzentrum regiert auch unsere allgemeine Lebenseinstellung und ist das kontrollierende Organ für all unsere Gefühle.

5. Vishuddha-Chakra, das Halszentrum

Das fünfte Chakra reguliert unsere Stimme.

Wenn wir eine schwache, leise Stimme haben, dann ist das ein Zeichen für eine entsprechend geringe Aktivität dieses Zentrums, eine starke, kräftige Stimme dagegen drückt auch eine große Aktivität des Chakras aus. Diese mehr äußerlichen Symptome stehen in einem Zusammenhang mit unserer Kommunikationsfähigkeit und der Möglichkeit, uns selbst auszudrücken. So bedeuten eventuelle Schwierigkeiten in der persönlichen Selbstdarstellung und in der Kommunikation mit unseren Mitmenschen, daß eine gewisse Blockierung dieses Zentrums vorhanden ist.

6. Ajna-Chakra, das Stirnzentrum (Drittes Auge)

Das sechste Chakra hilft uns dabei, unsere Intelligenz und unsere Intuition zu entwickeln.

Eine Beeinträchtigung der Chakra-Aktivität hat unklare, verworrene Gedanken zur Folge und einen Mangel oder sogar die vollständige Unfähigkeit, auf direktem, intuitivem Wege Sachverhalte wahrzunehmen. Die vollständige Entwicklung und Öffnung dagegen verhilft zu größtmöglicher Intuition und darüber hinaus auch zu einer Wahrnehmung bestimmter Bereiche der feinstofflichen oder energetischen Ebenen dieser Welt, die uns mit unseren normalen Sinnen nicht zugänglich sind.

Die oben beschriebene Fähigkeit, sowohl den energetischen Körper des

Menschen als auch die in ihm befindlichen Chakras optisch wahrzunehmen, ist auf eine Öffnung dieses Zentrums zurückzuführen.

7. Sahasrara-Chakra, das Scheitelzentrum

Das siebte Chakra kontrolliert das kosmische Bewußtsein.

Wenn wir dieses Zentrum an der Spitze unseres Kopfes vollständig geöffnet haben, sind unsere Begrenzungen durch Zeit und Raum überwunden.
Wir erkennen unmittelbar unseren göttlichen Kern und erleben uns identisch mit Gott und in einer Einheit mit dem gesamten Universum.

Die Nadis

Neben den Chakras beinhaltet der uns umgebende Pranakörper eine andere Art von subtilen Organen, mit denen wir uns wegen ihrer Bedeutung
im Kundalini-Yoga zu beschäftigen haben. Es sind die sogenannten Nadis.
Dieser indische Ausdruck bedeutet in der Übersetzung Kanal oder Röhre;
er wird benutzt zur Bezeichnung von feinstofflichen oder energetischen
Kanälen, deren Aufgabe es ist, den ununterbrochenen Strom der Lebensenergie zu führen und zu leiten.

Die indische Literatur unterscheidet mehrere Tausend dieser subtilen,
nicht materiellen Leitungen, die den energetischen Körper, ähnlich den uns
bekannten Nervenbahnen, durchziehen. Wir dürfen jedoch auch hier die
pranischen Organe unseres Energiekörpers nicht mit den materiellen Be-
standteilen unseres physischen Körpers verwechseln. Wohl durchdringt die
feinstoffliche Ebene unserer Existenz auch unseren festen Körper; sie tritt
gleichsam aus ihm heraus und nimmt, wenn wir es physikalisch betrachten,
mehr oder weniger den gleichen Raum ein, jedoch auf einer anderen,
energetisch höheren Ebene.

Ihm Rahmen unserer Betrachtungen ist es nicht erforderlich, die vielfältigen Funktionen und Bedeutungen der einzelnen Nadis, die im Körper ein
dichtes Netzwerk bilden, zu erläutern. Wir können uns beschränken auf die
drei wichtigsten dieser Energiekanäle und auf deren spezielle Bedeutung
im Rahmen der yogischen Praxis.

Die für uns wichtigen Kanäle heißen: Sushummna, Ida und Pingala. Sie
sind, projiziert auf den materiellen Körper, längs der Wirbelsäule angeord-
net oder verlaufen, wie einige Schriften meinen, innerhalb unseres Rückenmarks. Die nachfolgende Zeichnung stellt diese drei Kanäle in ihrer charak-
teristischen Erscheinung dar.

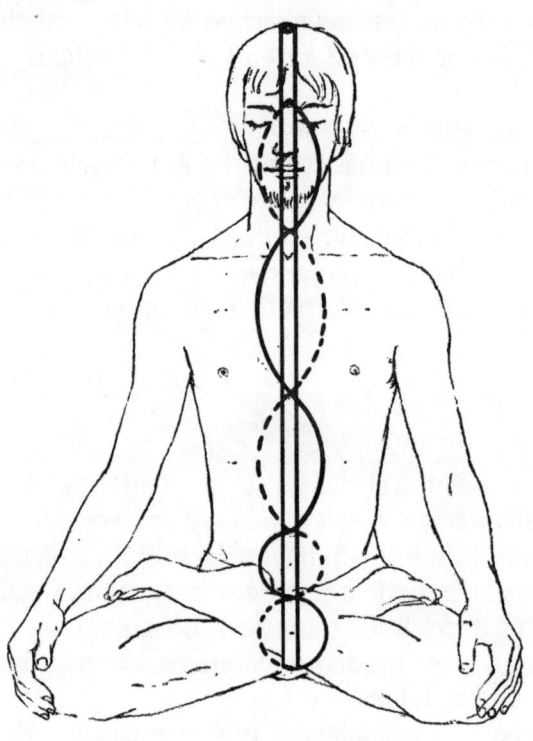

Sushummna bildet den geraden, senkrechten Zentralkanal, während Ida und Pingala in einer gewundenen Anordnung links und rechts davon verlaufen. Das System dieser Kanäle bildet den zentralen Kern aller energetischen Leitungen unseres Pranakörpers, und natürlich sind auch unsere Chakras mit diesem Zentralsystem verbunden.

Die indische Lehre versucht dies zu verdeutlichen, indem sie die Energiezentren mit sieben Lotusblumen vergleicht, deren Blüten an der Oberfläche des energetischen Körpers schwimmen, während die Stiele hinabreichen in den pranischen Leib und im Zentralkanal, Sushummna, verwurzelt sind (siehe Zeichnung auf Seite 65).

Die Kundalini-Shakti

Neben einer gewissen Kenntnis der Beschaffenheit und der Organe unseres energetischen Körpers ist im besonderen jene Kraft für uns von Interesse, die dem Kundalini-Yoga ihren Namen geliehen hat: die Kundalini-Shakti. Kundalini heißt die Zusammengerollte, und in der Verbindung mit dem Begriff Shakti lautet die Übersetzung: Schlangenkraft. Auch wenn dieser

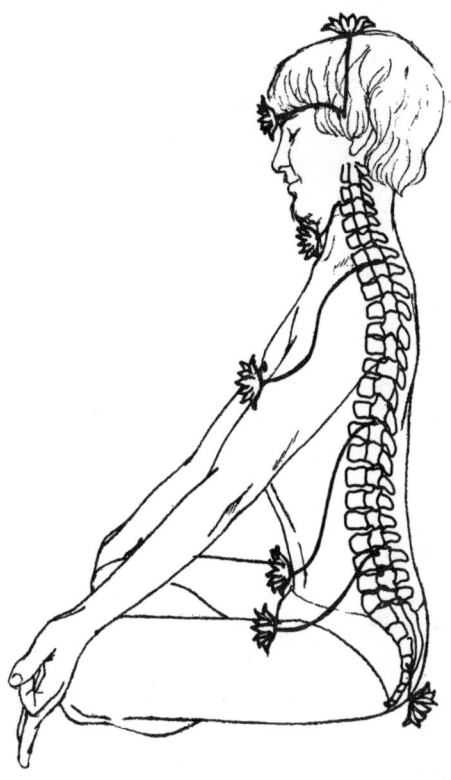

Name neu für uns ist, so sind wir der damit bezeichneten Kraft an anderer Stelle bereits begegnet.

Im Rahmen der Betrachtungen über die Technik des Hatha-Yoga wurden zwei polare Energien beschrieben, die in diesem Universum tätig sind und als die unterschiedlichen Aspekte Brahmans aufgefaßt werden müssen. Da ist zum einen der ruhende, männliche Pol, das transzendente »Nichts« des Weltengrunds, symbolisiert als Shiva, der tanzende Jüngling; und da ist Shakti, seine Gemahlin, als dynamische, weibliche Kraft, die die Manifestationen des Universums hervorbringt. Wie wir beim Hatha-Yoga gesehen haben, geht die yogische Anschauung davon aus, daß diese sich entgegenstehenden Energien wie im Universum auch im Menschen vorhanden sind.

Das Kundalini-Yoga sieht Shiva im Scheitelzentrum, an der Spitze unseres Kopfes wohnen, während Shakti in einer Höhlung am unteren Ende der Wirbelsäule angenommen wird. Sie erhält hier den Namen Kundalini. Die Literatur beschreibt die Kundalini-Energie sehr bildhaft als eine zusammengerollte Schlange, deren Leib in dreieinhalb Windungen ruht und deren Kopf den Zugang zum senkrecht nach oben steigenden Sushummna-Kanal versperrt. Die Schlangenkraft befindet sich in einem schlafenden Zustand. Es ist eine latente Energie, die von uns erweckt werden muß, um ihre heilsame Wirkung zu entfalten.

Prana und Apana

Der letzte physiologische Aspekt, der zum allgemeinen Verständnis einer Erklärung bedarf, ist verbunden mit den Begriffen Prana und Apana. In der gleichen Weise, wie der Ausdruck Kundalini eine bestimmte Form oder einen bestimmten Daseinszustand der göttlichen Schöpfungsenergie Shakti kennzeichnet, stehen Prana und Apana für weitere, nun jedoch sekundäre Manifestationen dieser dynamischen Kraft.

Solange die Kundalini-Shakti in uns schläft, sie also nicht durch eine bewußte Einwirkung von uns aktiviert worden ist, sind es diese sekundären Kräfte, die uns am Leben erhalten und unser körperliches Dasein ermöglichen. Auch Prana und Apana sind polare Energien, die sich in Form von aktiven und passiven Potentialen gegenüberstehen. Sie sind die uns bekannten Lebenskräfte, die die Funktionen unseres physischen Körpers und unseres Geistes aufrechterhalten.

Sowohl auf der energetischen als auch auf der materiellen Ebene nehmen wir diese Kräfte auf und versorgen uns so mit der kosmischen Energie, die für unsere körperlichen und geistigen Prozesse notwendig ist. Im ätherischen Bereich erfolgt die Energieaufnahme über unsere Chakras, während auf der materiellen Ebene Nahrung, Sonnenlicht und Atmung zur Kraftaufnahme dienen. Es ist zu beachten, daß auch auf der körperlichen Ebene eine Verwechslung zwischen dem materiellen Träger und der Lebenskraft als solcher unterbleibt.

Prana ist nicht identisch mit dem Sauerstoff, den wir für unsere Verbrennungsprozesse brauchen; ebensowenig besteht eine Identität zwischen unserer Nahrung und der Lebensenergie. In beiden Fällen handelt es sich lediglich um Transportmittel, die mit Prana und Apana gleichsam angereichert sind.

Wir müssen diese Kräfte als subtile Energien verstehen, die den gesamten Kosmos um uns her erfüllen und allen Lebewesen in einem ständigen, nicht abreißenden Strom zufließen. Die Energieaufnahme erfolgt sowohl unmittelbar, über die subtilen Organe unseres energetischen Körpers als auch im Umweg über die Materie.

Die Wirkungsweise des Kundalini-Yoga

Der physiologische und energetische Prozeß, der mit Hilfe des Kundalini-Yoga in uns ausgelöst werden soll, ist ein recht komplexes Geschehen, in dem all die zuvor erläuterten Komponenten eine wichtige Rolle spielen. Bevor wir uns diesem zentralen Vorgang zuwenden, muß darauf hingewiesen werden, daß es sich hierbei um das *letzte Ziel* und um den eigentlichen *Gipfelpunkt* dieses yogischen Weges handelt, dem eine lange Wegstrecke der Vorbereitung voranzugehen hat.

Kundalini-Yoga ist ein langsamer, stetig steigender Pfad der Selbstumwandlung, und gerade weil es für sich in Anspruch nimmt, ein direkter und effektiver Weg zur Selbst- und Gotterkenntnis zu sein, fordert es, mehr noch als alle vorher betrachteten yogischen Disziplinen, unser totales Engagement.

Wir werden an anderer Stelle ausführlich darauf eingehen, warum es wenig wünschenswert, ja sogar gefährlich für uns sein kann, wenn wir das Ende dieses Weges erreichen, ohne in angemessener Weise darauf vorbereitet zu sein.

Das Ziel des Kundalini-Yoga ist die Erkenntnis des eigenen Selbsts als Atman und das Erleben der Wesensidentität mit Brahman, dem alles umfassenden, göttlichen Sein. Übertragen auf den physiologischen und energetischen Bereich bedeutet dies: die Vereinigung der in uns befindlichen, göttlichen Energien Shiva und Kundalini-Shakti, die im ersten und im siebten Chakra unseres Pranakörpers wohnen.

Wir erreichen diese Vereinigung durch folgenden Prozeß:

Wir sitzen in der für diese Übung vorgeschriebenen Haltung und konzentrieren uns auf unser sechstes Chakra; das ist die Stelle zwischen unseren Augenbrauen.

Nach einem kräftigen und langen Einatmen durch die Nase halten wir die Luft ein und ziehen den oberen Teil unseres Körpers zusammen. Gleichzeitig kontrollieren wir die durch den Atem zugeführte pranische Energie. Durch das kräftige Zusammenziehen unseres Oberkörpers versucht die eingeatmete Luft und das ebenfalls enthaltene Apana nach unten in den Bauchraum und in die unteren Regionen des Körpers zu entweichen.

Wir kontrollieren auch diese energetische Strömung und ziehen gleichzeitig den unteren Körperteil zusammen. Dies geschieht durch ein kräftiges Zusammenpressen unseres gesamten Unterleibs und durch ein Anziehen der Geschlechtsorgane und des Schließmuskels.

Das auf diese Weise gesammelte und konzentrierte Prana und Apana lenken wir durch unseren Willen und mit Hilfe unserer stetigen Konzentration zu der am unteren Ende der Wirbelsäule ruhenden Kundalini-Shakti.

Die fest zusammengepreßten pranischen und apanischen Energien erzeugen eine große Reibungswärme und erwecken dadurch die Schlangenkraft.

Sobald die Windungen der Kundalini entrollt sind, beginnt diese durch den Zentralkanal Sushummna nach oben zu steigen.

Über die exakten physiologischen Gegebenheiten beim Aufstieg der Schlangenkraft gibt es in der Literatur unterschiedliche Darstellungen. So lehren einige Schulen, daß die Aufwärtsbewegung der Energie nicht nur durch Sushummna, sondern gleichzeitig auch durch die Nadis Ida und Pingala erfolgt. Bei diesem Vorgang differenziert sich die Kundalini-Energie in einen positiv geladenen Strom, der als »männliche« Kraft durch Pingala nach oben steigt, und einen negativ geladenen »weiblichen« Strom, der sich durch Ida aufwärts bewegt. Der durch Sushummna aufsteigende Teil behält den ursprünglichen neutralen Zustand bei.

Während sich die Kundalini-Energie, geführt von unserer stetigen Konzentration, nun nach oben bewegt, durchläuft sie nacheinander die im Sushummna-Kanal entspringenden Chakras und regt sie zu einer optimalen Aktivität an. Letztlich erfolgt der Eintritt in das siebente Chakra an der Spitze unseres Kopfes.

Wir erleben jetzt die Vereinigung von Shiva und Kundalini-Shakti. Dies ist der Moment der vollständigen und direkten Erkenntnis. Wir sehen die Wahrheit über das wirkliche Wesen unserer Existenz, und wir erkennen all die Zusammenhänge, nach denen diese Welt und das gesamte Universum aufgebaut sind.

Über den Erkenntnisakt, Samadhi, und über die damit verbundene Befreiung, Moksha, ist sehr viel geschrieben worden. Es liegen unzählige Berichte von den überwältigenden Geschehnissen, persönlichen Eindrücken und Empfindungen vor, die damit verbunden sind. An dieser Stelle soll darauf verzichtet werden, derartige Beschreibungen zu wiederholen.

Tatsächlich sind diese individuellen Erfahrungsberichte auch nur bedingt von Interesse. Durch die persönliche Interpretation des Erlebenden können sie uns nur einen subjektiv gefärbten Eindruck vom wirklichen Geschehen vermitteln und uns die eigentliche Dimension der Erkenntnis ohnehin nicht nahebringen.Die Wahrheit, die wir im Moment des Samadhi erfahren, ist nicht kommunizierbar, denn die übersteigt die Grenzen des dualistischen, rationalen Denkens. Es ist ja gerade die Aufhebung der zum Denken notwendigen Subjekt-Objekt Dualität, die das eigentliche Wesen der yogischen Erkenntnis ausmacht.

Nachdem wir einen kurzen Blick auf die sehr vereinfacht dargestellte Technik zur Erweckung der Kundalini-Energie geworfen haben und uns somit ein Eindruck vom letzten und endgültigen Ziel dieses yogischen Weges vermittelt wurde, ist es notwendig, zum Hier und Jetzt zurückzukehren. Wir dürfen nicht vergessen, daß der oben beschriebene Erweckungsprozeß den krönenden Abschluß eines langen Weges bildet, der unser ganzes Leben in Anspruch nehmen kann.

Ohne eine systematische Vorbereitung von Körper und Geist ist die willentliche Erweckung der Kundalini nicht möglich – sie wäre darüber hinaus gefährlich. Die Kundalini-Energie ist die machtvollste Kraftquelle in diesem Universum; die unmittelbaren Auswirkungen ihrer Aktivierung übersteigen unsere allgemeine Vorstellungskraft. Ihr Einfluß erstreckt sich auf Körper, Seele und Geist. Sie transformiert unser gesamtes Sein. Die Umformung unserer energetischen und physiologischen Strukturen ist allumfassend. Wir werden zu einem wahrhaft neuen Menschen, nicht nur hinsichtlich unserer Gefühle und Gedanken, sondern auch in bezug auf unseren materiellen Körper.

Ohne eine intensive Vorbereitung ist es uns nicht möglich, diesen Umwandlungsprozeß in positiver Weise zu nutzen oder ihn auch nur zu bestehen. Neben einem ausführlichen geistigen Training, das vor allem die Disziplinen der Konzentration und der Meditation umfaßt, ist eine intensive Reinigung und Stärkung unseres Körpers notwendig.

Wir müssen unser Drüsen- und Nervensystem harmonisieren und entwickeln, die vegetativen Prozesse der Verdauung und des allgemeinen Stoffwechsels müssen ins Gleichgewicht gebracht und aktiviert werden. Nicht zuletzt benötigen wir gut trainierte Muskeln, eine elastische Wirbelsäule und eine allgemeine körperliche Gesundheit und Flexibilität.

Selbstverständlich beinhaltet unsere Vorbereitung auch die von Patanjali aufgestellten Regeln zur inneren und äußeren Disziplin. Ohne eine gewisse geistige Losgelöstheit von den Wirrnissen des alltäglichen Lebens, ohne meditative Besinnung auf die eigene Person und ohne die persönliche Ausrichtung auf Gott ist weder Kundalini-Yoga noch irgendeine andere yogische Disziplin möglich.

Die Techniken des Kundalini-Yoga

Wenn wir den Kundalini-Yoga im Hinblick auf die damit verbundenen Techniken betrachten wollen, müssen wir zuvor eine gewisse Definitionsarbeit leisten. Wir müssen uns darüber klar werden, wie eng oder wie weit wir das Gebiet fassen wollen, das durch diese Disziplin bezeichnet wird. Die einschlägige Literatur beschränkt sich bei der Beschreibung dieses Yogawegs auf die spezifischen Voraussetzungen und Modalitäten im unmittelbaren Zusammenhang mit der Erweckung der Kundalini-Energie. Die dortigen Ausführungen geben also in etwa das wieder, was wir in den vorangegangenen Abschnitten über die Grundlagen und die Ziele des Kundalini-Yoga gesagt haben.

Eine solche Darstellungsform ist sicher nicht falsch. Sie umfaßt genau jenen speziellen Bereich, der den eigentlichen Kern und das Herzstück dieser yogischen Disziplin bildet. Und doch ist eine solche Beschränkung, die sich allein auf die physiologischen und energetischen Prozesse des Erkenntnisakts konzentriert, recht problematisch; sie vernachlässigt die vielfältigen Voraussetzungen und Vorbereitungen, die für diesen Prozeß notwendig sind. Um dem wirklichen Wesen des Kundalini-Yoga gerecht zu werden und um einen Überblick über den Weg im ganzen zu gewinnen, erscheint es daher angebracht, eine wesentlich weiter gefaßte Auslegung heranzuziehen.

In dieser Weise betrachtet, umfaßt das Kundalini-Yoga die Gesamtheit aller yogischen Disziplinen, wie wir sie im vorangegangenen Kapitel bereits kennengelernt haben. Neben den Grundsätzen des Bhakti-Yoga und Karma-Yoga finden wir auch die Techniken des Raja-Yoga und Jnana-Yoga wieder. Kundalini-Yoga ist ein allumfassendes System, das die spezifischen Gegebenheiten der unterschiedlichen Disziplinen in sich vereint.

Dies wird verständlich, wenn wir uns vor Augen führen, daß dieser Weg für sich in Anspruch nimmt, die historisch älteste Quelle und die eigentliche Wurzel aller Spielarten des heutigen Yoga zu sein. Kundalini-Yoga bezeichnet sich als letzten Repräsentanten eines ehemals einheitlichen, ganzheitlichen Systems der Selbst- und Gotterkenntnis und sieht in allen anderen yogischen Disziplinen lediglich Spezialisierungen, die sich jeweils einen ganz bestimmten Aspekt herausgegriffen haben. Auch wenn es für diese Selbstdarstellung keine geschichtlichen Nachweise gibt, so läßt sich die Vielfältigkeit dieses Yoga hiermit recht gut erklären.

Wenn wir uns nun den Techniken im einzelnen zuwenden, dann soll auf eine Wiederholung der vorangegangenen Ausführungen verzichtet werden. Wichtig ist allerdings, daß wir uns der gleichzeitigen Gültigkeit der anderen Disziplinen bewußt sind und diese in unserem täglichen Leben auch anwenden. Kundalini-Yoga ist ohne die persönliche Hingabe an Gott (Bhakti-Yoga), ohne einen Verzicht auf die Früchte unseres Handelns (Karma-Yoga) und ohne die intellektuelle Beschäftigung mit den yogischen Schriften (Jnana-Yoga) nicht wirklich möglich!

Auch die Lehren des Patanjali und das daraus abgeleitete Raja-Yoga müssen beachtet werden. Ohne eine strikte Einhaltung der Regeln zur inneren und äußeren Disziplin, ohne Körper- und Atemübungen und ohne das Beherrschen der Meditation kann es auch auf diesem Yogaweg keinen Erfolg geben! Wir müssen ein ganzheitliches, yogisches Leben führen. Hierzu ist die Loslösung von den Verstrickungen in die alltägliche Welt ebenso notwenig wie eine gesunde, natürliche, möglichst vegetarische Ernährung und der Verzicht auf Drogen und Alkohol.

Yoga ist immer eine allumfassende Disziplin, die jeden Aspekt unseres Lebens prägt; hier macht auch das Kundalini-Yoga keine Ausnahme. Im Gegenteil: Mehr noch als in vielen anderen Systemen wird hier die ganzheitliche Sicht des Menschen betont. Es werden alle Ebenen seines Seins angesprochen.

Ein bewußtes Leben im Sinne der yogischen Disziplin gibt uns persönliche Kraft und Stärke, die sich im täglichen Leben äußert und die als Vorbereitung auf die Meditation unentbehrlich ist.

Neben diesen allgemeinen Hinweisen, die uns den umfassenden Anspruch dieses Yoga-Systems vermitteln sollen, haben wir zum tieferen Verständnis der praktischen Übungen im zweiten Teil des Buches einige wenige technische Begriffe zu klären:

Asana

Unter dem Begriff Asana werden bestimmte, klar definierte Körperstellungen und Bewegungsabläufe verstanden.

Das Kundalini-Yoga bedient sich dieser Asanas und faßt sie in der Regel zu einer aus mehreren Teilen bestehenden Übungsreihe oder einem Set zusammen. Ein solches Set wird in der speziellen yogischen Terminologie Kria genannt. Die Krias des Kundalini-Yoga sind gerichtete Trainingsabläufe, die sowohl ein körperliches als auch ein geistiges oder energetisches Resultat hervorbringen.

Vor dem Hintergrund einer komplexen Verbindung und gegenseitigen Beeinflussung von Körper und Geist wird bei jeder körperlichen Übung auch eine rein geistige Entsprechung angenommen. Dies wird verständlich, wenn wir uns den idealistischen Ansatz des Yoga-Systems noch einmal in

Erinnerung rufen. Wenn alle materiellen Erscheinungsformen auf eine rein geistige Ursache zurückzuführen sind, hat auch jede körperliche Aktivität ihre entsprechende geistige Qualität.

Die Übungen des Kundalini-Yoga haben demzufolge eine zweifache Wirkung. Zum einen stärken, harmonisieren oder kräftigen sie ein spezielles körperliches Organ oder einen bestimmten Körperabschnitt, zum anderen verändern sie unser Bewußtsein.

Wir kennen eine solche Entsprechung auch aus dem Bereich der naturwissenschaftlich begründeten westlichen Medizin. Dort wird unter dem Begriff »Psychosomatik« die materielle Manifestation eines rein geistigen oder psychischen Defekts verstanden. Kundalini-Yoga dreht diesen Prozeß um und wirkt über die körperliche Übung auf das Bewußtsein ein.

Die einzelnen Übungen, Asanas, und die zusammengestellten Übungsreihen, Krias, entspringen einer langen Erfahrung und Tradition. Wir können uns auf ihre positive und gezielte Wirkung verlassen, auch wenn es uns nicht in jedem Einzelfall ohne weiteres eingängig erscheinen mag, warum ihnen diese oder jene spezielle Wirkungsweise zugeschrieben wird.

Mudra

Ein Mudra ist eine bestimmte, eindeutig definierte Hand- und Fingerstellung oder eine Handbewegung.

Das System der Mudras, von denen in der yogischen Praxis einige tausend unterschieden werden, ist mit einer Zeichensprache zu vergleichen, die sich auch in den Gebärden und Handbewegungen des indischen Tempeltanzes wiederfindet. In gleicher Weise wie mit den Asanas soll auch mit Hilfe der Mudras auf unsere geistige Struktur und auf unsere Psyche Einfluß genommen werden. Die vorgeschriebenen Hand- und Fingerstellungen sprechen bestimmte Bereiche unseres Gehirns sowie unserer Psyche an und üben eine energetische Beeinflussung aus.

Das Kundalini-Yoga geht hierbei davon aus, daß jeder Bereich der Hand eine Reflexzone für einen zugehörigen Teil des Körpers und des Gehirns bildet. In dieser Weise lassen sich die Hände als ein Spiegel für unseren Körper und unseren Geist betrachten.

Durch Krümmen, Kreuzen, Strecken oder Berühren der Finger mit anderen Fingern und Bereichen können wir unseren Körper und unseren Geist wirksam ansprechen. Jedes Mudra ist eine unmißverständliche Information, die wir unserem Körper-Geist-System eingeben.

Mantra

Bestimmte Silben, Wörter, Laut- und Tonfolgen, deren Aufgabe es ist, unseren Geist zu beruhigen und zu zentrieren, werden Mantra genannt. Es handelt sich um akustische Hilfsmittel zur Lenkung unserer Aufmerksamkeit. Wie bei den Mudras werden einige tausend Mantras unterschieden, von denen wir nur wenige kennenlernen werden.

Die grundlegende Idee bei der Verwendung eines Mantras ist neben der Konzentrationshilfe auch die gezielte Beeinflussung unseres Bewußtseins, die durch entsprechend ausgewählte Töne und Laute zu erreichen ist. Ein Mantra ist niemals eine willkürlich gewählte Tonfolge, sondern es handelt sich immer um einen Klangstrom, der mit einem ganz bestimmten Inhalt oder einem Objekt in Beziehung steht.

Auf der Grundlage der idealistischen Weltanschauung entspricht die Welt der Töne und der energetischen Schwingungen einer nicht manifesten Ebene der Realität. Der Bereich der Töne und Vibrationen ist näher am Ursprung des Seins, als die Welt der festen Objekte. Eine jede Schwingung steht für eine bestimmte Idee und gleichzeitig auch für ein Objekt.

Wir haben somit die Möglichkeit, über diese Schwingungen oder Töne mit der Welt der Ideen und der Welt der Objekte in Verbindung zu treten. Dies setzt allerdings voraus, daß wir die spezifische Schwingung eines jeden Objektes und der dazugehörigen Idee kennen. Wenn die dem Klang eines Wortes innewohnende Vibration mit dem Objekt übereinstimmt, auf das es sich bezieht, ist diese Bedingung erfüllt, und wir sprechen von einem heiligen Wort oder einem heiligen Namen.

Mantras sind derartige heilige Wörter und stehen daher an der Stelle konkreter Objekte oder Ideen. Auf einer bestimmten Ebene sind sie sogar mit diesen identisch, denn sie besitzen die gleiche energetische Vibration. Das Aussprechen oder das Singen eines Mantras ist daher die schnellste und einfachste Möglichkeit, mit einem beliebigen »Objekt der Konzentration« in unmittelbare Verbindung zu treten.

Mit dem gewählten Mantra bestimmen wir auch unsere Bewußtseinsebene. Mantra-Worte, die sich auf unser wahres Selbst oder auf die Unendlichkeit Gottes beziehen, treten mit diesen Frequenzen in Verbindung und stellen eine Brücke dar, die wir für unseren Geist benutzen können.

Die Effektivität eines Mantras ist natürlich abhängig vom Ausmaß unserer Versenkung und Konzentration. Das alleinige Aussprechen eines solchen Wortes ohne die notwendige andächtige Besinnung ist wenig wirksam.

Zusammenfassung

Kundalini-Yoga verbindet die Techniken der unterschiedlichen yogischen Wege zu einem einheitlichen System. Es ist eine allumfassende Disziplin, die den Menschen in einer ganzheitlichen Weise sieht und ihn auf allen Ebenen seiner Existenz zu erreichen versucht.

Als Voraussetzung für die gezielten Übungen zur Erweckung der Kundalini-Energie wird ein diszipliniertes yogisches Leben gefordert und eine ausreichende Praxis an Körperübungen erwartet. Körper, Seele und Geist müssen gereinigt und gestärkt sein, um den Anforderungen, die mit dem Erwachen der Kundalini-Shakti verbunden sind, gerecht zu werden. Dies wird erreicht durch eine Reihe von Übungstechniken, Asanas, Mantras und Mudras, die im Kundalini-Yoga zu einzelnen Übungen kombiniert und zu sogenannten Krias zusammengefaßt werden.

Mehr noch als alle anderen Yoga-Systeme setzt der Kundalini-Yoga unseren bedingungslosen Einsatz und unsere vollständige Konzentration voraus. Es ist ein Weg, der alle Ebenen unseres Seins umfaßt und keinen Bereich unseres Lebens verschont.

Wenn wir diesen Yoga mit Erfolg betreiben wollen, müssen wir uns ihm hingeben; andernfalls werden die Resultate mäßig sein. Erinnern wir uns der Worte Yogi Bhajans, die diesem Buch als Motto vorangestellt sind:

»Freiheit gibt es nicht umsonst und
Befreiung kostet Arbeit!«

Yogi Bhajan

Am 5. Januar 1969 wird Kundalini-Yoga zum ersten Mal öffentlich unterrichtet. Ort der Veranstaltung ist Los Angeles in den Vereinigten Staaten von Amerika. Es ist die erste öffentliche Lehrveranstaltung dieser Disziplin in der westlichen Welt. Bis zu diesem Zeitpunkt beschränkte sich die Weitergabe des Wissens auf das in Indien traditionelle Lehrer-Schüler-System, das eine intime gegenseitige Kenntnis und ein Verhältnis des vollkommenen Vertrauens voraussetzt.

Der Mann, der im Januar 1969 den Schritt an die Öffentlichkeit wagt und damit die herbe Kritik der traditionellen Meister in Indien auf sich zieht, heißt Harbhajan Singh. Wie uns der Name verrät, gehört Harbhajan Singh zur Religionsgemeinschaft der Sikhs. Zum Zeitpunkt seines ersten öffentlichen Auftretens ist er neununddreißig Jahre alt. Sein Heimatland Indien hat er ein halbes Jahr zuvor verlassen; er nennt sich jetzt Yogi Bhajan.

Yogi Bhajan ist in den Westen gekommen, um sein religiöses und spirituelles Wissen an die suchenden Menschen unserer Kulturen weiterzugeben. Doch sein Ziel ist es nicht, Schüler um sich zu sammeln. Nach seinen eigenen Worten will er Lehrer ausbilden, die dann ihrerseits andere Menschen unterrichten.

Mit einer großen Energie und Zielstrebigkeit baut er in den nun folgenden Jahren einen Kreis von Yoga-Lehrern auf, die ihm die persönliche Unterrichtstätigkeit schon bald abnehmen. Parallel dazu gründet er die »Sikh-Dharma-Brüderschaft der Westlichen Welt« und erhält im Jahr 1971 einen entsprechenden Lehrauftrag von seinen religiösen Führern in Indien.

In seiner Eigenschaft als Vertreter und erster Repräsentant der von ihm gegründeten Religionsgemeinschaft wird er im Juli 1972 von Papst Paul VI. empfangen. Im Mai 1973 erkennt die Regierung der Vereinigten Staaten von Amerika die Sikh-Dharma-Brüderschaft offiziell als eine selbständige religiöse Gruppe an. Ein gutes Jahr später, im November 1974, wird Yogi Bhajan zum Vorsitzenden des Weltparlaments der Religionen mit Sitz in Indien gewählt. In den folgenden Jahren häufen sich Ämter und Titel. Heute umfassen die von ihm gegründeten Organisationen einige zehntausend Menschen in Europa und Amerika.

Das Kundalini-Yoga bildet nach wie vor den zentralen Aspekt der von ihm gelehrten spirituellen Praxis. Yogi Bhajan hat es verstanden, dem praktischen Yoga eine zeitgemäße Form zu geben, die dem abendländischen Geist und dem europäischen Denken entspricht. Alle praktischen Übungen, die in diesem Buch enthalten sind, gehen unmittelbar auf seine Lehrtätigkeit zurück.

Obwohl die anfängliche Skepsis der indischen Yogis inzwischen aufgehoben erscheint, so ist er doch bis zum heutigen Tag der einzige anerkannte »Meister des Kundalini-Yoga« geblieben, der in der westlichen Welt öffentlich unterrichtet.

Die besondere Bedeutung Yogi Bhajans für die heutige Praxis des Kundalini-Yoga und das Verdienst, das sich dieser Mann um die Verbreitung der Disziplin erworben hat, sind hoch einzuschätzen. Ohne ihn wäre uns dieses machtvolle System zur Selbst- und Gotterkenntnis nach wie vor unbekannt und unzugänglich.

Bevor wir Yogi Bhajan nun selbst zu Wort kommen lassen, wollen wir einen kurzen Blick zurückwerfen auf die Stufen seines Lebens bis zu jenem Tag, als er in Los Angeles seinen ersten öffentlichen Unterricht gab:

Harbhajan Singh wird am 26. August 1929 in Kot Harkarn, einem kleinen Ort im heutigen Pakistan, geboren. Er ist der erste Sohn einer recht wohlhabenden Familie. Sein Vater, Kartar Singh, ist Doktor der Medizin. Er interessiert seinen Sohn schon sehr früh für medizinische Fragen und weckt sein Interesse für Yoga und natürliche Therapien. Seine Mutter, Harkrishan Kaur, wird als eine willensstarke und prinzipientreue Frau beschrieben, die ihren Sohn mit liebender Strenge erzieht.

Harbhajan Singh besucht die in der Nähe seines Heimatorts gelegene Konfessionsschule, die von katholischen Ordensschwestern geleitet wird. Erste religiöse und spirituelle Unterweisungen erhält er von seinem Großvater und einem religiösen Lehrer namens Sant Ranjit Singh. Im Alter von sechzehneinhalb Jahren legt er seine erste Prüfung im Kundalini-Yoga vor einem ansässigen »Meister des Kundalini-Yoga« und »Mahan Tantric« ab.

Es folgen Jahre der strengen spirituellen Erziehung durch seinen Lehrer Sant Hazara Singh. Gleichzeitig besucht Harbhajan Singh eine weiterführende Schule und wechselt schließlich auf die Pandjab Universität, die er im Jahr 1950 mit einem Diplom im Bereich der Wirtschaftswissenschaften verläßt. Seine spirituelle Ausbildung wird fortgesetzt durch intensive Studien im Bereich des Vedanta und durch ein ausgiebiges Training im Hatha-Yoga unter seinem Lehrer Achraya Narinder Dev.

76

1953 heiratet er Sardarni Inderjit Kaur. Seine Frau schenkt ihm in den folgenden Jahren drei Kinder.

Harbhajan Singh hat nach dem Verlassen der Universität die Beamtenlaufbahn eingeschlagen und lebt jetzt als treusorgender Ehemann und Familienvater.

Im Jahr 1960 wird er in die Nähe der nordindischen Stadt Amritsar versetzt. Für ihn als gläubigen und praktizierenden Sikh hat diese Stadt eine besondere Bedeutung, denn hier steht der »Goldene Tempel«, das zentrale Heiligtum der Sikhreligion. Auch in den letzten zurückliegenden Jahren hat Harbhajan Singh sein religiöses und spirituelles Wachstum nicht vernachlässigt. Er nutzt auch jetzt jede Gelegenheit, sich an den traditionellen Pflichten und Bräuchen zu beteiligen. So hilft er täglich bei der zeremoniellen Reinigung des »Goldenen Tempels« und hält Ausschau nach einem persönlichen spirituellen Lehrer.

Der erste Vorbote für eine radikale Veränderung seiner Lebensumstände erreicht ihn im Jahr 1964. Bei dem zufälligen Besuch eines Astrologen wird ihm vorausgesagt, daß er seinen momentanen Beruf in Kürze aufgeben wird, um in fernen, westlichen Ländern die Menschen spirituell und religiös zu unterrichten. Als er daraufhin einen heiligen Wallfahrtsort und den dortigen Tempel der »Göttlichen Mutter« besucht, erhärtet sich diese Vorhersage durch ein persönliches spirituelles Erlebnis für ihn zur Gewißheit.

Vier Jahre später, im Sommer 1968, macht man Harbhajan Singh das Angebot, nach Kanada zu reisen, um an der Universität von Toronto Yoga und yogische Philosophie zu unterrichten. Er nimmt den Auftrag an, kündigt seine bisherige Stellung und reist Ende 1968 nach Toronto. Die dortigen Umstände veranlassen ihn jedoch, bereits im Dezember desselben Jahres der Einladung eines Freundes zu folgen und Kanada wieder zu verlassen. Er fährt nach Los Angeles und nimmt dort im Januar 1969 seine Lehrtätigkeit auf.

Der nachfolgende Vortrag, den Yogi Bhajan im Jahr 1971 gehalten hat, soll uns einen Eindruck vom Wesen des Mannes geben, der sich um die Verbreitung des Kundalini-Yoga so verdient gemacht hat. Er erwähnt in seiner Rede das Kundalini-Yoga nicht, und doch beziehen sich alle seine Ausführungen ausschließlich auf diese Disziplin. Yoga wird von ihm als eine umfassende Lebensphilosophie verstanden, die unser gesamtes Dasein erfaßt.

Für die Auswahl des Vortrags habe ich der 3H-Organisation Deutschland e.V. zu danken, die auch die Übertragung aus dem Amerikanischen vorgenommen hat. Bis auf wenige und geringfügige Veränderungen ist das gesprochene Wort ohne Korrekturen abgedruckt, um für den Leser einen möglichst authentischen Eindruck zu gewährleisten.

Auf der Schwelle zum Neuen Zeitalter

Ich möchte zu euch über das Wassermannzeitalter sprechen und über unsere Verantwortung uns und der nächsten Generation gegenüber. Vorab bitte ich um Entschuldigung, wenn das, was ich zu sagen habe, etwas hart und direkt klingen sollte. Manchmal hat die Wahrheit einen bitteren Geschmack. Mir liegt im allgemeinen viel daran, die Dinge so gefällig wie möglich darzustellen, doch manchmal können schöne Worte den Tatbestand nicht verschleiern.

Wir alle haben in unserem Leben schon die Erfahrung gemacht, daß wir uns um bestimmte Dinge sehr intensiv kümmern müssen. Nehmen wir als Beispiel, wir hätten uns dazu entschlossen, eine Rose zu pflanzen. Zunächst müssen wir uns um einen guten Boden bemühen. Wir brauchen gute, fruchtbare Erde und den richtigen Dünger. Natürlich brauchen wir auch einen tadellosen, kräftigen Setzling. Wenn all diese Dinge gegeben sind, dann ist noch unsere Liebe und Fürsorge notwendig, und natürlich unsere Geduld. Die Pflanze braucht Zeit, damit sie in Ruhe wachsen kann.

Wenn all diese Bemühungen zu einem Erfolg führen, dankt uns die Blume das, indem sie für ein paar Tage im Jahr einige Blüten hervorbringt, an denen wir uns erfreuen können.

Wenn wir uns vor diesem Hintergrund selbst betrachten, dann können wir prüfen, inwieweit wir bewußte und verantwortungsvolle Eltern sind. Dies ist eine sehr wichtige Frage!

Vergleichen wir einmal zwischen der Pflege, die wir einem Rosenstrauch angedeihen lassen, und der Aufmerksamkeit, die wir unseren Mitmenschen oder, als Vater oder Mutter, unseren Kindern entgegenbringen. Wie genau nehmen wir es damit? Wir säen eine neue Saat in der Geschichte der Menschheit aus, aber was tun wir in Wirklichkeit dafür? Wir müssen die fundamentale Wahrheit begreifen, daß es von uns und unserem heutigen Handeln abhängt, was die Zukunft uns bringen wird!

Üblicherweise wird ein Kind heutzutage ohne die bewußte Einbeziehung der göttlichen Energie empfangen. Es wächst auf, ohne mit Gott in Berührung zu kommen, und tritt hinaus ins Leben –; auch hier trifft es nicht auf göttliche Einflüsse. Niemand bringt dem Kind die Anwesenheit Gottes nahe.

Schon in den alten Schriften heißt es: Die Mutter ist der erste und der Vater der zweite Lehrer im Leben eines Kindes. Als nächstes kommen die Verwandten und viertens die Lebensumstände. An fünfter Stelle kommt der »Param Eshram«, ein Mensch, der Gott angehört. Der spirituelle Lehrer ist also der fünfte Lehrer im Leben eines Menschen. Oftmals ist der Boden nicht gut vorbereitet – vier Lehrer haben bereits versagt.

Seid einmal ehrlich mit euch selbst und denkt darüber nach, wieviele Mütter es heute gibt, die in ihren Gebeten darum bitten, daß ein Heiliger, ein Wohltäter der Menschheit, aus ihrem Sein geboren werden möge? Und wieviele von euch, die ihr hier sitzt, wären bereit, zu dem Retter zu werden, den diese Welt braucht? Wieviele Väter sind bereit, durch ihre Meditation, durch ihr Gebet jenen Samen in sich zu bereiten, der morgen wachsen und gedeihen muß, um die Menschheit zu retten?

Trotzdem sprecht ihr davon, daß ihr ein Teil des Neuen Zeitalters seid, des Wassermannzeitalters, das uns Frieden, Glück und Wahrheit bringen wird. Im stillen muß ich lachen.

Ich höre mir an, was ihr sagt, und sehe gleichzeitig, wie wenig ihr bereit seid, den Ansprüchen dieses Zeitalters gerecht zu werden.

Denkt bitte einmal darüber nach, was ihr der Welt gebt, auf das ihr wirklich stolz sein könnt. Was tut ihr heute, um eure Zukunft und die eurer Mitmenschen zu retten? Dies ist eine Frage, die sich jeder Mensch heutzutage stellen muß!

Heutzutage wollen die Frauen wie die Männer werden. Aber dieser Wunsch wird nicht in Erfüllung gehen. Sie werden auch in Zukunft unter dem Einfluß des Mondes stehen, und ihr mütterlicher Instinkt wird erhalten bleiben.

Wenn du das jedoch einer Frau erzählst, fühlt sie sich diskriminiert. Dabei ist es alles andere als diskriminierend. Ihr Frauen kämpft heute um eure Befreiung. Nur, von wem wollt ihr euch befreien? Von euren Söhnen? Von euren Männern?

Wenn jede Frau sich heute entscheiden würde, einem Heiligen das Leben zu geben, würdet ihr in fünfundzwanzig Jahren in einer Gesellschaft leben, in der die Söhne wie gute Söhne handeln und sich nach euch richten. Dies würde das Leben und die Gesellschaft verändern, sogar bis in die Bereiche der Regierung.

Aber der Boden und die Basis dafür müssen heute geschaffen werden!

Ihr müßt dieser Welt Kinder mit einem höheren Bewußtsein geben. Was tut ihr stattdessen? Ihr gebt der Welt Rechtsanwälte und Ärzte! Ihr empfangt und gebärt eure Kinder mit dem Bewußtsein: »Mein Kind soll einmal viel Geld verdienen!«

Was gibt euch die Natur zurück? Krankheit, Unglück und Sorgen. Das Ziel einer jeden Mutter scheint es offenbar zu sein, daß ihr Sohn Rechtsanwalt wird. Soll sich denn die ganze Welt mit Rechtsproblemen herumschlagen? Es ist ein Naturgesetz, daß jede Bewußtseinsschwingung in zehnfacher Stärke zu euch zurückkkehrt!

Jede Mutter will, daß ihr Sohn Arzt wird. Da müßt ihr aber sehr krank sein, um so vielen Ärzten Arbeit zu geben!

Durch die Mutter wirkt die »Adi Shakti«, die gebende, gestaltende Schöpfungskraft. Das, was eine Mutter denkt, wird die Generation ihrer Kinder in zehnfacher Weise verwirklichen. Es ist das Gesetz der Shakti, der Schöpfungskraft.

Wenn ihr das Mantra »Ek Ong Kar Sat Nam Siri Wahe Guru« singt, dann wendet ihr euch an die Unendlichkeit des Weltenschöpfers. Dieser Schöpfer ist weder männlich noch weiblich. Es ist einfach die Unendlichkeit, deren Name Wahrheit ist. Ihr liebt diese Unendlichkeit. Und warum liebt ihr sie? Weil ihr aus der Unendlichkeit gekommen seid und in die Unendlichkeit zurückkehren werdet.

Diese Welt ist ein Übergangsstadium. Ihr seid gekommen, um wieder zu gehen. Wieviele von euch sind wirklich darauf vorbereitet, wieder zu gehen?

Darüber sollten wir nachdenken! Jene, die nur kommen, aber nicht wieder gehen wollen, werden in dieser Welt bleiben. Sie werden wiedergeboren werden. Das ist das Gesetz des Bewußtseins, das weder von dir noch von mir verändert werden kann.

Wir müssen im Bewußtsein an die Unendlichkeit, zu der wir einmal zurückkehren werden, heute den Grundstein für eine Neue Welt legen, für eine Welt mit Licht und Wahrheit, für das Zeitalter des Wassermanns. Wo ist die Hingabefähigkeit, wo die Opferbereitschaft und wo die Liebe, die für die Geburt des Neuen Zeitalters notwendig ist?

Liebe ist die Erfahrung der Selbstlosigkeit in dir selbst. Das ist Liebe! Heute verwechseln wir die Liebe mit der Begierde. Liebe jedoch ist unsterblich. Liebe ist Gott. Wie kannst du heute jemanden lieben und ihn morgen hassen? Wenn wir es nicht lernen, richtig und aufrichtig zu lieben dann wartet das Desaster auf uns. Und es wird einen jeden von uns treffen.

Ich weiß, daß ihr die Katastrophe nicht wünscht – ich wünsche sie auch nicht. Es ist sehr schmerzvoll, die gesamte Menschheit leiden zu sehen. Es ist nicht das, was wir wollen.

Aber was tun wir dafür, es zu verhindern? Wo ist eine solche Mutter, die einen Jesus gebären könnte oder einen Buddha, einen Guru Nanak, Krishna oder Mohammed?

Wenn wir eine solche Mutter nicht finden können, dann kann die Welt nicht gerettet werden. Retter müssen geboren werden. Sie werden von Frauen geboren, und darum muß eine Frau Anmut und Würde besitzen. Sie muß ihre Würde erkennen und verinnerlichen, und sie muß wie die Anmut und Würde Gottes handeln.

Ihr Frauen braucht euch nicht zu befreien, ihr müßt nur aufhören, euch zu prostituieren! Ihr müßt aufhören, nach der Flöte des Teufels zu tanzen! Nur dann wird der Retter kommen! Es gibt keinen anderen Weg. Mit einem unreinen Bewußtsein und Handlungen voller Begierde kann man dieser Welt keinen Retter geben.

Diese Zeit ruft nach dem »Neuen Menschen«. Ich übermittle euch dieses Rufen nur. Jetzt ist es an der Zeit, das Höhere Bewußtsein zur Erde zu bringen! Morgen kann es zu spät sein!

Ich möchte den Mann sehen, der mir sagen könnte: Du, es macht mir nichts aus, ob meine Frau oder Schwester in einer Oben-Ohne-Bar arbeiten. Welcher Glauben an die Menschheit ist erforderlich, einen Mann, dessen Frau oder Schwester sich in einem zweifelhaften Lokal präsentiert, als einen Menschen zu bezeichnen?

Ist das nicht der Nackttanz unseres eigenen niederen Bewußtseins? Und dennoch wollen wir, daß es uns gut gehe und daß wir keine Probleme haben. Alles soll so geschehen, wie wir es wollen.

Wir stehen an der Schwelle zum Wassermannzeitalter, und die Zeit vergeht. Wir haben noch dreißig Jahre. Wenn wir uns nicht durch uns selbst verändern, werden die Zeiten uns ändern. Und das wird schmerzlich sein.

In der Bhagavad Gita können wir von der Geschichte eines großen Krieges lesen, der dadurch ausgelöst wurde, daß der Herrscher eines Landes einen anderen König beleidigen wollte, indem er dessen Frau zwang, sich vor der Versammlung des Volkes zu entkleiden. Die Frau betete zu Krishna, um die Schmach zu vermeiden, und Krishna entzog sie der Demütigung. Und er prophezeite, daß die Kultur Indiens ausgelöscht werden würde, weil »Mutter Natur« eine solche Demütigung nicht hinnehmen werde.

Dies passiert, wenn die Frau erniedrigt wird oder sich selbst erniedrigt.

Dies passiert auch, wenn der Boden erniedrigt wird. Ihr alle sprecht über die Ökologie des Landes. Warum sprecht ihr nicht über die Ökologie des Menschen? Denkt darüber nach, was die Menschheit falsch gemacht hat. Die Grundlage und der Boden, der den Menschen hervorbringt, ist vergiftet.

Du mußt dort, wo du jetzt bist, arbeiten und dort Abhilfe schaffen. Du kannst doch nicht erwarten, daß ein Apfelbaum, das Neue Zeitalter, auf einem sandigen Boden wächst!

Wir leben heute in einer äußerst wichtigen Zeit. Die Wege überkreuzen sich. Wir haben die Wahl, entweder in wirklicher Opferbereitschaft zu leben oder uns weiterhin unseren Begierden und Gelüsten hinzugeben. Wenn wir uns unseren Gelüsten hingeben, werden wir schwächer und schwächer werden, und wenn wir uns unseren Ängsten hingeben, werden wir tief fallen.

Das Zeitalter des Wassermanns kommt! Und wenn wir uns nicht zuvor für die wahre Liebe entschieden haben, wird es schwer für uns sein, uns oder irgend jemanden zu retten.

Aber wenn wir uns heute dazu entschließen, der Welt eine bessere Menschheit zu geben, eine Gemeinschaft mit einem reinen Bewußtsein, dann wird es nicht einmal fünfundzwanzig Jahre dauern, und wir werden auf diesem Planeten menschliche Göttinnen und Götter haben!

Dies ist die Wahrheit.

Die heutige Menschheit gehört zu den Generationen, die die Fehler der Vergangenheit wieder gutmachen müssen. Wir müssen die alten Schulden bezahlen und für die Zukunft arbeiten. Wenn wir unsere Pflicht erfüllen und uns bewußt vorbereiten, wird das Wassermannzeitalter so sanft kommen, wie wir es alle möchten. Wenn nicht, so ist es besser, nicht einmal darüber zu reden.

Es gibt viele unterschiedliche Sichtweisen und Spekulationen. Ich spreche nicht gerne in Spekulationen oder Prophezeiungen. Sie mögen sich bewahrheiten oder auch nicht. Ich spreche zu euch! Ihr alle seid die Kinder Gottes. Ihr alle seid herrliche Menschen. Ihr alle seid auf der Suche nach Gott. Es ist euer tiefster Wunsch, Gott zu erkennen. Aber bevor du Gott erkennst, solltest du dich erkennen. Bevor du weißt, wer Gott ist, solltest du wissen, wer du bist.

Denk daran: In deinem Leben haben dir bereits zwei, drei, vier oder auch alle fünf Lehrer einen schlechten Dienst erwiesen. Darum mußt du dein eigener Lehrer sein. Du mußt in dir die Rechtschaffenheit erwecken. Du mußt in dem Licht deiner Seele leben – selbst wenn es niemanden für dich gibt, der dich führen und dir den Weg weisen kann –, denn du bist ein wunderbarer Teil jenes Schöpfers, der dieses ganze Universum erschaffen hat.

Wenn die Menschen es nicht lernen, in Würde und Anmut zu leben, dann werden sie diese Würde und Anmut auch niemals in ihrer Umgebung finden. Dies ist ein Naturgesetz, das du nicht verändern kannst, weil es über dir steht.

Wenn jemand keine Dankbarkeit besitzt und darüber erzürnt ist, wenn von seinen gesunden Augen eines verletzt wird, dann scheint er sich nicht bewußt zu sein, daß es viele Menschen gibt, die überhaupt nicht sehen können. Wir sind undankbar geworden. Wir wissen nicht mehr, wie man es macht, einen Tag mit Dankbarkeit zu beginnen.

Ist es nicht so, daß wir die Dinge, die wir besitzen, als unser Eigentum betrachten? Sagen wir nicht: Es ist meins! Ich habe es mir geschaffen!? Und wenn uns etwas genommen wird, jammern und klagen wir dann nicht: Ich habe mein Eigentum verloren?

Es gibt vier Dinge in deinem Leben, die du nicht bestimmen kannst:

1. Wann und wo du geboren wirst;
2. wann, wo und warum du stirbst;
3. wann, was und wieviel du gewinnst;
4. wann, was und wieviel du verlierst.

Diese vier Dinge gehen über uns hinaus. Wir können sie nicht beeinflussen. Und weil das so ist, haben wir Angst. Wir haben Angst vor dem Tod, Angst, nicht genug zu bekommen, und Angst, etwas zu verlieren. Wir haben Angst, weil wir uns alleine fühlen. Alleine in einer nicht kontrollierbaren Umwelt.

Die Angst ist die größte Schwäche des Menschen.

Gegen die Angst hilft die Religion. Was bedeutet »Religion«? Religion heißt Rückführung oder Rückbindung. Rückführung und Rückbindung an Gott. Gott ist Alles und Gott bestimmt auch jene Dinge, auf die wir keinen Einfluß haben.

Wenn ein Mensch wirklich religiös ist, wird er keine Angst mehr haben. Er wird offen sein. Er wird alles und jeden lieben. Er wird allem und jedem dienen. Er ist dann jemand, der zu Gott gehört, und da Gott allen gehört, gehört auch er allen Menschen.

Er wird mit allem eins sein, weil er die Einheit gefunden hat. Das ist es, was einen Menschen, der zu Gott gehört, auszeichnet. Wieviele solcher Menschen findest du heutzutage? Ihr wißt es – sie sind rar gesät.

Alle, die nicht zurückgefunden haben zu Gott, sich nicht angebunden, sich nicht »unter das Joch« gebracht haben, haben das Ziel nicht erreicht. Es ist unser aller Bestimmung, mit Gott verbunden und mit Ihm eins zu sein, aber wenn wir in unserer Seele nicht Ruhe und Zufriedenheit gefunden haben, kennen wir nicht einmal das ABC des Yoga.

Wenn das gute Beherrschen der Körperübungen den Yoga ausmachen würde, dann wären die Zirkusartisten die besten Yogis. Sie können sich drehen und wenden wie die Schlangen. Wenn Yoga nur aus Körperkraft bestehen würde, dann müßten die Elefanten Götter sein!

Aber Yoga ist etwas anderes! Yoga ist, wenn der Mensch auf seinen Atem als ein Geschenk Gottes meditiert und durch die göttliche Verbindung seines Atems sich als begrenztes Wesen an die Unendlichkeit anbindet. Wer sich dieses Verhalten zu eigen macht, wird ein Yogi. Nicht mittels der Technik, sondern weil er mit seinem Herzen ein Yogi wird.

Ein solcher Mensch braucht sich keine Sorgen zu machen und keine Angst zu haben. Die ganze Natur wird zu seinen Diensten sein. Die persönliche Ausstrahlung eines solchen Menschen ist für jeden erquickend. Dies ist eine Wahrheit, die einem jeden von uns zusteht und die jeder für sich selbst erreichen muß.

In der Meditation die Augen zu schließen und jeden negativen Gedanken durch einen positiven zu ersetzen, ist lediglich eine Übung. Es ist eine Meditationsübung.

Wirkliche Meditation aber ist es, wenn dein ganzes Leben auf ein Ziel, auf die Vereinigung mit Gott, ausgerichtet ist und nichts dich davon abzubringen vermag. Dies ist ein meditativer Zustand.

Bis dahin übst du nur.

Pranayama bedeutet, daß du mit jedem Atemzug das Prana fühlen kannst, das dich erreicht. Und mit jedem Atem, der dich verläßt, fühlst du das Apana dich verlassen. Das ist Bewußtheit! Das ist Yoga! Es ist die bewußte Kontrolle deines eigenen Bewußtseins in bezug auf das Höchste Bewußtsein. Es ist jene Rückbindung und Anjochung, mit der jede religiöse Gesinnung beginnt.

Für einen Yogi gibt es unterschiedliche Stadien der Entwicklung. Zuerst muß er den Wunsch haben, unter den Schutz eines Lehrers zu kommen, der die Wahrheit lehrt. Den Wunsch haben sehr viele, und doch versagen bereits die meisten bei diesem ersten Schritt. Wann immer sie einen Lehrer sehen, bläht sich ihr Ego auf und verhindert die Aufnahme von neuen Informationen. Mit einem solchen Bewußtsein gibt es kein Wachstum.

Wenn wir diese Phase überstehen und hinter uns lassen können, dann kommen wir in einen fließenden Zustand. Wir bewegen uns mit dem kosmischen Strom, und das ganze Universum ist uns zu Diensten, weil wir ein aktiver, bewußter Teil des Kosmos geworden sind.Das Universum dient einem solchen fließenden Menschen. Er selbst lebt in Demut und ist unerschöpflich.

Es ist unmöglich, einen solchen Menschen anzugreifen oder zu beleidigen, da er mit dem ganzen Universum verschmolzen ist. Er sieht jeden Angreifer als einen Teil seiner selbst. Er sieht in jedem Angreifer einen Teil der kosmischen Harmonie und Schönheit.

Dann kommt das letzte Stadium der Entwicklung – die Wahrheit. In diesem Stadium bestätigt sich das Verhalten eines Menschen durch die

Wahrheit. Ein jeder erkennt in ihm die Wahrheit. Das ist das Ziel eines jeden Menschen.

Es verlangt sehr viel Mut und Stärke, dieses Ziel zu erreichen. Und die Grundlagen für den Mut und die Stärke müssen bereits in der Kindheit gelegt werden. Wer kann uns diese Grundlagen geben? Die Mutter! Wer gibt uns gute und aufbauende Nahrung? Die Mutter Erde! Wer gibt uns eine schöne Umgebung? Die Mutter Erde!

Im übertragenen Sinne bedeutet das, daß unsere Mutter und unsere Familie, unser Zuhause, jene Stärke in uns aufbauen müssen, die uns dazu befähigt, ein Mensch mit Gottesbewußtsein zu werden, wenn wir erwachsen sind.

Wenn du, sobald du zu deinem spirituellen Lehrer gefunden hast, Gott noch nicht gleich findest, werde nicht ungeduldig. Es gibt eine Menge Unrat in uns allen, der zuvor beseitigt werden muß. Wir alle sind heute das Produkt der allgemein degenerierten Lebensumstände.

Es liegt nicht an den Kindern, daß sie Gott nicht finden oder keine guten Söhne und Töchter sind. Die Eltern schieben gerne den Kindern die Schuld zu, weil sie sich davor scheuen, selbst die Verantwortung zu übernehmen. Doch Pfirsiche wachsen nicht auf Apfelbäumen!

Bevor mir diese Tatsache nicht von irgend jemandem glaubhaft widerlegt wird, werde ich es nicht akzeptieren, wenn davon die Rede ist, daß die Kinder »vom rechten Wege abkommen«. Die Kinder sind eine Frucht des Baumes. Wenn die Früchte keine gute Qualität haben, so liegt das am Baum, nicht an den Früchten. Der Baum ist dafür verantwortlich, Früchte zu erzeugen, die für die ganze Welt von Nutzen sind.

Wir sind ein wenig vom Thema abgekommen. Ich wollte euch nur an diese Dinge erinnern, damit ihr bitte nicht traurig oder ungeduldig werdet, wenn eure spirituellen Bemühungen keine schnellen Resultate bringen. Eure Mutter mag euch belogen und Umstände geschaffen haben, in denen ihr das Vertrauen verloren habt. Euer Vater, der zweite Lehrer, hätte euch eine Vorstellung von euren Möglichkeiten und den höchsten Zielen geben sollen. Aber er hatte keine Zeit für euch. Auch die Verwandten hatten euch nichts zu geben. Der vierte Lehrer, die Umwelt, ist aus Beton und Plastik. Meine Lieben, ihr seid das Produkt dieser vier großen Verrücktheiten!

Und die spirituellen Lehrer sind sehr rar.

Versteht ihr nun, wie schwer es heute für jeden ist, in Richtung seines Höchsten Bewußtseins zu wachsen? Aus diesem Grunde möchte ich, daß ihr alle Lehrer werdet! Das zwingt euch, das Schneckenhaus von Feigheit und Negativität zu verlassen. Du lernst, dein Innerstes nach außen zu kehren. Du mußt deine Vergangenheit loslassen.

Du solltest einen Eid zugunsten deines göttlichen Bewußtseins ablegen und hinausgehen in die Welt, um allen Brüdern und Schwestern zu helfen, die nicht wissen, was sie tun sollen. Auf diese Weise können wir heute, am Übergang vom Fische- zum Wassermannzeitalter, der Zukunft dienen.

Vielleicht denkt ihr, das Unterrichten sei nicht eure Aufgabe! Es sei vielmehr die Aufgabe von Swami Satchidananda, Yogi Bhajan oder wem auch immer. Aber auch sie sind nur Menschen. Wieviel, glaubt ihr, können diese Menschen tun? Wieviele Stunden am Tag, wieviele Monate im Jahr haben sie zur Verfügung?

Ihr müßt wachsen! Ihr wißt doch alle, wer Gott ist! Ihr alle wißt, was eure Seele ist. Ihr alle kennt die Wahrheit!

Kommt jetzt aus euch selbst heraus und sprecht! Kommt jetzt und führt – die Zeit braucht es! Wenn du den Erfordernissen der Zeit nicht dienst, wird die Zeit dich zermalmen!

Dieses Gesetz müssen wir erkennen und danach handeln. Wir müssen Opfer bringen. Wir müssen aufhören, nach unseren Gelüsten zu leben! Wir müssen anfangen zu lieben! Wir müssen dieser Welt ein Morgen geben und vorbildliche Eltern und Mitmenschen sein. Jede Mutter muß eine wunderbare, mächtige Seele werden, damit der Samen für den göttlichen Menschen von morgen gesät werden kann. Wer weiß, durch welche Frau Gott wird kommen wollen?

Jene Frau wird erlöst sein und Gott wird sich vor ihr verneigen, wenn sie aus ihrer Nachkommenschaft Retter, Heilige und gütige Menschen macht.

Jeder Mann sollte dazu inspiriert sein, ein wahrhaftiger Mensch Gottes zu sein.

Das ist das Bedürfnis der Zeit, und es ist darüberhinaus ein wesentlicher Punkt in der Ökologie der gesamten Menschheit. Den Smog in der Umwelt magst du überleben, aber der geistige Smog zwischen den Menschen wird eine Generation nach der anderen auslöschen.

Laßt uns also unsere spirituellen Übungen machen. Ich bin nur ein schwacher Mensch. Ich kann nicht die ganze Welt innerhalb von einer Minute erreichen. Ich bin heute hier, um die Wahrheit mit euch zu teilen. Ich habe überall, wo ich konnte, unterrichtet.

Die Zeit ruft uns, und wir können uns nirgends verstecken. Laßt uns alle versprechen, rein zu werden. Laßt uns das körperliche Begehren überwinden und laßt uns unser Leben auf die Unendlichkeit ausrichten, von der wir gekommen sind. Laßt uns versuchen, mit Würde in die Unendlichkeit zurückzukehren, aus der wir gekommen sind.

Von San Francisko heißt es, es sei ein sehr spiritueller Ort in Amerika. Als ich meinen ersten Studenten aus dieser Stadt unterrichtete, fragte ich ihn in einem abschließenden Gespräch: Mein Sohn, ich habe den Eindruck, daß du bereits alles weißt! Er sagte daraufhin: Ich weiß, daß meine wahre Identität Gott ist! Und ich antwortete: Wenn du das weißt, dann weißt du alles, was du brauchst. Gehe zurück in deine Stadt und unterrichte!

Aber jetzt ist es an der Zeit, daß wir alle zusammenkommen müssen, um unser göttliches Sein zu verwirklichen. Ihr alle müßt zur Wahrheit werden. Nur so können wir auf die Schwierigkeiten der Zeit vorbereitet sein.

Laßt eine jede Mutter eine »Heilige Mutter« werden. Laßt eine jede Schwester eine großartige Schwester werden. Laßt eine jede Ehefrau eine rechtschaffene Ehefrau und jeden Ehemann zu einem Mann mit Verständnis, Wahrheit und Mitgefühl werden.

Nur dann wird das göttliche Bewußtsein sich unter uns ausbreiten. Nur dann werden wir gesund, glücklich und heilig sein. Nur dann werden unsere Träume wahr werden. Denkt darüber nach. Denk auch über dein wirkliches Selbst nach!

Bringe das wirkliche Selbst hervor und vertreibe das vordergründige Ich.

Vertreibe die vordergründigen, kurzlebigen Annehmlichkeiten des Lebens. Wir müssen uns darauf vorbereiten, wenn das Wassermannzeitalter hier auf dieser Welt Einzug halten wird.

Sinnlichkeit und Begierden werden dir nicht das Gottesbewußtsein geben. Sie vermögen nicht mehr, als dich für einen kurzen Moment »high« zu machen. Du mußt aber ständig »high« werden, total und umfassend. Du mußt dich von deinem Ego befreien, damit du die Chance hast, dich mit deinem Selbst zu verbinden.

Meine Lieben, ich muß euch um diese Aufgabe bitten. Es ist meine Pflicht, euch diese Nachricht zu überbringen. Sie mag in euch etwas bewirken, oder auch nicht. Darauf habe ich keinen Einfluß. Ich habe meine Aufgabe erfüllt. Ich habe euch mit der Ehrlichkeit und der Kraft, die ich habe, gedient.

Als menschliche Wesen haben wir alle unsere Schwächen. Ich habe meine, und ihr habt eure. Trotzdem sollten wir zusammenstehen. Laßt uns das Unglück abwenden! Wenn ich schlecht bin, so solltet ihr zehnmal besser werden als ich, um das Kommen der Neuen Welt zu retten. Wenn ich kein guter Lehrer bin, so versucht, zehnmal besser als ich zu sein.

Komm heraus aus dem Schneckenhaus deiner Negativität.

Die Zeit vergeht und ihr seid zu langsam. Ihr seid zu langsam, mir auch nur wirklich zuzuhören.

Meine Lieben, wir alle haben die gleiche Verantwortung – laßt sie uns gemeinsam tragen.

Jetzt kommt es auf die persönliche Ehrlichkeit an. Laßt uns eine Zeitlang ehrlich sein.Liebe wird jetzt gebraucht. Laßt uns eine Zeitlang die Begierden vergessen und in wirklicher Liebe füreinander aufgehen. Laßt es uns alle fühlen und üben! Laßt uns mit allem eins werden, damit die Unendlichkeit Gottes euch finden möge. Wenn du diese Dinge nicht verwirklichen kannst, wird das Gesetz der Natur keine Rücksicht auf dich nehmen. Was du der Menschheit angetan hast, wird dir zehnfach vergolten werden – die Zeit wird es dir beweisen. Du wirst auch für die Taten deiner Vorfahren zahlen müssen.

Die einzige Chance, die du heute hast, ist, dich total zu verändern. Und wenn es dir gelingt, dich in deiner Gesamtheit zu verändern, dann wird sich auch die Zeit mit dir ändern. Dies ist unsere Chance und das Schönste, was ein Mensch auf Erden schaffen kann.

Wir brauchen wieder Geschwisterlichkeit unter den Menschen. Und wir sind in der Lage, sie zu schaffen.

Verwandeln wir uns in unser wahres Selbst. Laßt uns Gottes Licht aus uns selbst hervorholen. Laßt einen jeden von uns zu einem Lichtstrahl der Wahrheit werden. Laßt uns von heute an mit unseren Kindern so umgehen, daß sie Menschen mit Gottesbewußtsein werden können.

Möge jede Mutter und jede Schwester beginnen, in dieser Richtung etwas zu tun. Möge jeder Mann dieses Ziel Stück für Stück erreichen. So werden wir in nur wenigen Jahren vollkommene Harmonie, Frieden und Wahrheit haben.

Wir werden eins werden, weil wir alle schon eins sind. Es gibt eine gemeinsame Seele in uns – wir entspringen alle der Unendlichkeit. Mit der Unendlichkeit wollen wir wieder verschmelzen.

Laßt nicht erst wieder jemanden kreuzigen, um jenes Mitgefühl hervor-zurufen, das die Rechtschaffenheit bringt. Tut es selbst. Nehmt das eigene Kreuz auf die Schultern! Kreuzige dein Ego und deine Negativität, damit du das Licht Gottes werden kannst.

Ihr seid die wirklichen und wahrhaftigen Kinder eines großen Vaters. Steht auf, ihr Menschen. Steht auf als Menschen Gottes, damit ihr Sein Licht verbreiten könnt, damit die Menschheit nicht unter diesen dunklen Wol-ken leiden muß.

Die Zeit ist jetzt – jetzt ist die Zeit. Wer weiß, ob es ein Morgen geben wird. Laßt uns meditieren. Singt mir nach:

Gott und ich – ich und Gott, sind Eins!

Meine Lieben, möge die ewige Sonne auf euch scheinen, Liebe euch leiten und das reine Licht im Herzen den Weg euch weisen. Möge die Gnade Gottes zu deiner Gnade, möge Sein Licht zu deinem Licht werden.

Mögest du gesund, glücklich und heilig sein. Mögest du durch deine Bewußtheit zur Reinheit finden, mögest du dein wahres Selbst durch Selbstlosigkeit erhalten, mögest du durch Demut und Dienen zur Zufriedenheit finden. Mögest du mit allem eins werden, um den Einen Schöpfer zu finden.

Mögest du mit diesem Tag ein neues Leben beginnen, möge dies ein Wendepunkt auf deinem Weg zu deinem Höheren Bewußtsein sein.

Wenn du dich auf deinen göttlichen Kern ausrichtest, wird die ganze Welt ein Platz zum Genießen sein, um in Frieden, Glück und Glückseligkeit zu leben.

Einführung in die Praxis

Wenn wir Kundalini-Yoga praktizieren, ist es sehr wichtig, daß wir die ausführlichen und detaillierten Übungsanweisungen so genau wie möglich befolgen. Wir haben die vorgesehene Zeitdauer einer Übung, deren genaue Ausführung, unseren Atem und die Reihenfolge der einzelnen Bewegungsabläufe möglichst exakt einzuhalten. Daneben ist es wichtig, bequeme, nicht einengende Kleidung und einen ruhigen, geeigneten Ort für unser Training zu wählen. Störende Faktoren in unserer Umgebung, wie etwa Lärm oder Unterbrechungen durch unsere Mitmenschen, sollten wir weitestgehend zu vermeiden versuchen.

Um den Zustand unseres Bewußtseins zu verändern, müssen eine ganze Reihe unserer physiologischen und energetischen Systeme stimuliert und miteinander koordiniert werden. Nur dann ist es möglich, einen systematischen und dauerhaften Erfolg zu erzielen. Die in den Yoga-Krias zusammengefaßten Übungen und Meditationen beinhalten alle notwendigen, aufeinander abgestimmten Techniken, mit denen wir auf subtile Weise die unterschiedlichen Energien des materiellen und der energetischen Körper beeinflussen können.

Wir sollten uns darum bemühen, jede Übung so gut und so exakt auszuführen, wie wir es vermögen. Unser Herz und unsere Seele müssen an unserem Training beteiligt sein. Auf keinen Fall dürfen Übungsteile und Entspannungspausen ausgelassen oder verändert werden. Dies würde den gewünschten Erfolg nicht nur beeinträchtigen, sondern in den meisten Fällen vollständig verhindern.

Zum Beginn:
Die Anrufung der göttlichen Energie im eigenen Selbst

Jede Übungsreihe soll mit dem Singen des Mantras »Ong Namo, Guru Dev Namo« begonnen werden. Wir schaffen hierdurch eine Verbindung zu unserem wahren, göttlichen Kern und ermöglichen es der in uns wohnenden kosmischen Energie, unser Tun in der richtigen Weise zu lenken.

Das Singen des Mantras zum Beginn unserer Übungen ist ein besinnlicher, meditativer Akt, der uns die Verbundenheit mit den Ereignissen des Tages vergessen läßt und uns einführt in die ruhige, konzentrierte Arbeit an unserem Körper und an unserem Geist. Es kann von Vorteil sein, wenn wir dem Mantra einige Minuten der stillen Besinnung vorangehen lassen, in denen wir uns geistig sammeln und körperlich zur Ruhe kommen, um uns dann durch die »Heiligen Worte« auf das weitere Geschehen einzustimmen.

Die angemessene Körperhaltung, die wir in der Phase der Besinnung und für das nachfolgende Singen einnehmen sollen, ist der Schneidersitz. Wir sitzen ganz bequem mit gekreuzten Beinen und mit einer geraden Wirbelsäule. Die Hände nehmen wir zur »Gebetshaltung« vor der Brust zusammen. Die Handflächen liegen flach aufeinander, und die Handgelenke werden in der Höhe unseres Herzens gegen das Brustbein gedrückt.

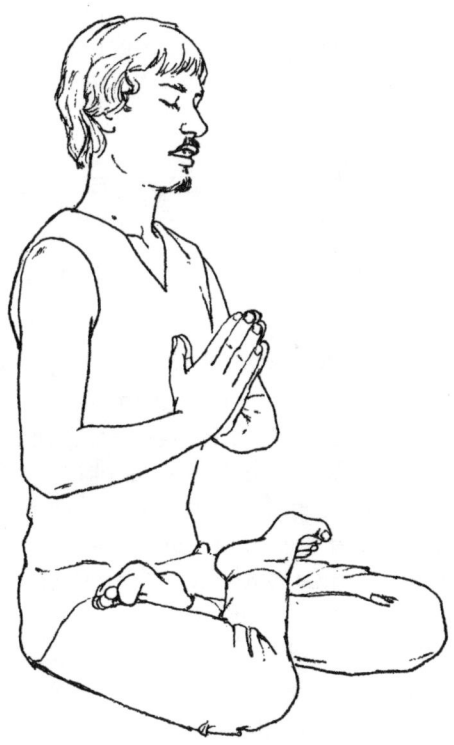

In dieser Position holen wir tief Luft, schließen unsere Augen und konzentrieren uns auf unser sechstes Chakra, den Punkt zwischen unseren Augenbrauen. Beim Ausatmen singen wir »Ong Namo« und gebrauchen dabei den gesamten Atem, der sich in unseren Lungen befindet. Beide Wörter werden also sehr in die Länge gezogen; die Aussprache entspricht in etwa der folgenden Schreibweise: OOOOOnnnnng Namooooo.

Das Wort »Ong« ist eine Abwandlung der heiligen Silbe *Om* oder *Aum*, die für Shiva, den unmanifesten, ruhenden oder »männlichen« Pol Brahmans steht. Der dynamische, »weibliche« Gegenpol, die göttliche Urenergie Shakti, wird mit der hier verwendeten Silbe »Ong« bezeichnet. »Namo« hat die gleiche Wurzel wie das indische Wort Namaste. Namaste ist eine gebräuchliche Form der ehrfurchtsvollen Begrüßung.

Zusammengefaßt bedeutet »Ong Namo«: Ich begrüße die in mir wohnende göttliche Schöpfungsenergie!

Nach einem nochmaligen kurzen Einatmen singen wir den Rest des Mantras: »Guru Dev Namo«.

Auch hierzu benutzen wir die uns zur Verfügung stehende Luft vollständig und ziehen die Wörter in folgender Weise in die Länge: Guru Deeeeev Namooooo. Wir halten den letzten Ton, so lange es uns möglich ist. Bis auf das Wort »Dev«, das ein wenig höher gesungen wird, benutzen wir bei dem gesamten Mantra eine einheitliche uns angenehme Tonlage.

Ong...   Na-mo...   Gu-ru Dev...   Namo

Während des Singens und beim Anhalten der langgezogenen Töne soll die ausströmende Luft am Gaumen und im Bereich der Stirnhöhlen ein wenig vibrieren, so daß eine leichte Resonanz und ein entsprechender Druck im Gebiet des sechsten Chakras entsteht.

Der Begriff »Guru Dev« steht für Brahman in seiner Eigenschaft als göttlicher Führer und Lehrer, der uns zu unserem wahren Selbst geleiten soll. Mit dem abschließenden »Namo« wird auch diese kosmische Kraft begrüßt.

Wir wiederholen das Mantra zur Begrüßung der in uns wohnenden und der universellen Kräfte Gottes dreimal und beginnen dann, nach einer weiteren kurzen Pause der Besinnung, mit den jeweils ausgewählten Übungen.

Die Konzentration des Bewußtseins

Im Rahmen der praktischen Übungen in den folgenden Kapiteln werden alle Körperpositionen, Hand- und Fingerstellungen sowie die Atemtechniken und Bewegungsabläufe sehr exakt beschrieben. Auf die notwendige Konzentration unseres Bewußtseins wird jedoch nicht in jedem Einzelfall erneut eingegangen. Hier gilt eine grundsätzliche Regel, die wir stets einzuhalten haben, sofern nicht ausdrücklich eine andere Anweisung gegeben ist.

Alle Übungen im Kundalini-Yoga sind mit geschlossenen Augen bei gleichzeitiger Konzentration auf unser sechstes Chakra durchzuführen. Die Konzentration auf den Punkt zwischen unseren Augenbrauen stimuliert unsere Hypophyse, die eine übergeordnete Rolle bei der Steuerung der Hormonsekretion spielt und für unsere spirituelle Entwicklung eine besondere Bedeutung hat. Wir können die genaue Lage der Hirnanhangdrüse recht gut realisieren, wenn wir unsere Augen hinter den geschlossenen Lidern ein wenig nach oben und nach innen rollen und dabei die Konzentration im Bereich der Nasenwurzel um einige Zentimeter nach hinten verlagern. Die Fixierung unseres Bewußtseins auf das sechste Chakra bedeutet jedoch nicht, daß wir alle anderen Gedanken aus unserem Gehirn verbannen. Wir haben gleichzeitig auf unseren Atem sowie auf die Körperstellungen und Bewegungen zu achten. Lediglich das Zentrum unserer Aufmerksamkeit muß auf diesen Punkt ausgerichtet bleiben.

Die Atemtechniken

Der Kundalini-Yoga arbeitet mit einer ganzen Reihe spezieller Atemtechniken, die begleitend oder unterstützend zu den Körperübungen eingesetzt werden.

Wie wir bereits an anderer Stelle gesehen haben, dient unser Atem nicht nur der Aufnahme des lebensnotwendigen Sauerstoffs; er bewirkt gleichzeitig die Zuführung und Verteilung pranischer und apanischer Energien, die die Grundlage unserer Lebenskraft bilden. Der Rhythmus und die Tiefe des Atems stehen in enger Beziehung zu unserer körperlichen und geistigen Gesundheit, zu unseren Emotionen und zu den Stufen unseres Bewußtseins. Einige der im Kundalini-Yoga verwendeten Grundatemtechniken sollten wir beherrschen, um sie dann im Rahmen der Yoga-Sets korrekt und ohne uns im besonderen Maß darauf konzentrieren zu müssen anwenden zu können.

Der lange, tiefe Atem

Der lange und tiefe Atem ist die einfachste und die natürlichste Atemtechnik, die in der yogischen Disziplin Verwendung findet. Tatsächlich ist es nicht einmal korrekt, diesen Atem als eine besondere Technik zu bezeichnen. Es handelt sich um eine ursprüngliche, jedem Menschen von Geburt an eigene Art und Weise des Luftholens. Bei kleinen Kindern und auch bei erwachsenen Menschen, die fernab von unserer Zivilisation in einer natürlichen, weitgehend streßfreien Umgebung leben, können wir dieses Atmen beobachten.

Langes, tiefes Atmen unterstützt und beeinflußt unsere körperliche und geistige Gesundheit auf mannigfache Weise:

Wir werden ruhig und entspannt, unsere geistigen Kräfte werden aktiviert, wir gewinnen an persönlichem Magnetismus, das heißt, an Standfestigkeit und Ausdauer, und nicht zuletzt stärken wir unseren energetischen Körper und bewahren uns so vor den negativen Einflüssen und Austrahlungen unserer Umwelt. Sauerstoffarmut des Blutes und viele Vergiftungserscheinungen haben ihre Ursache in einem zu geringen und zu flachen Atmen, das nur den oberen Bereich unserer Lungen in Anspruch nimmt.

Durch den langen und tiefen Atem wird unser Blut gereinigt, der Sauerstoff- und Energieanteil wird wesentlich erhöht, und auf diese Weise versorgen wir unsere Muskeln und unser Gehirn mit zusätzlicher Energie. Letztlich läßt sich der lange, tiefe Atem auch zur Kanalisation und Kontrolle von körperlichen Schmerzen benutzen, eine Praxis, die im Bereich der Geburtsvorbereitungen und bei allen Naturvölkern wohlbekannt ist. Als abendländische Menschen haben wir diese Art des Atmens weitgehend verlernt, da sie in einem gewissen Widerspruch zu unserem kurzatmigen, hastigen Lebensstil steht.

Wir üben den langen, tiefen Atem auf folgende Weise:

In einer bequemen Schneidersitzhaltung entspannen wir unsere Brust und unsere Schultern. Während eines langsamen und stetigen Einatmens durch die Nase entspannen wir auch unseren Unterleib und die Bauchdecke vollständig und lassen sie etwas nach vorne heraustreten. Durch die Entspannung des Unterleibs tritt das Zwerchfell, das den Bereich der Lungen vom Bauchraum trennt, nach unten, so daß die einströmende Luft automatisch bis in die tiefsten Bereiche der Lungen fließt.

Wir können den Vorgang des Einatmens mit der Vorstellung und dem Gefühl verbinden, daß sich unsere Lungen, gleich einem großen leeren Ballon, von unten am Boden beginnend und dann langsam aufsteigend mit einer Flüssigkeit füllen, bis sie bis zum oberen Rand gefüllt sind. Wenn wir nun ausatmen, ziehen wir zuerst die nach vorne gewölbte Bauchdecke an und veranlassen dadurch unser Zwerchfell, in die Ausgangslage zurückzukehren. Das Zusammenziehen der Bauchdecke und das nach oben Gleiten des Zwerchfells erzeugt einen gewissen Druck auf unsere Lungen, der die in ihnen befindliche Luft, von unten beginnend und nach oben fortschreitend, hinaustreibt. Erst zum Schluß wird auch der Brustbereich zusammengezogen, um den Rest der Luft auszuatmen.

Die nachfolgenden Zeichnungen verdeutlichen das Hervortreten und das Einziehen des Bauches im Zustand des Einatmens und des Ausatmens.

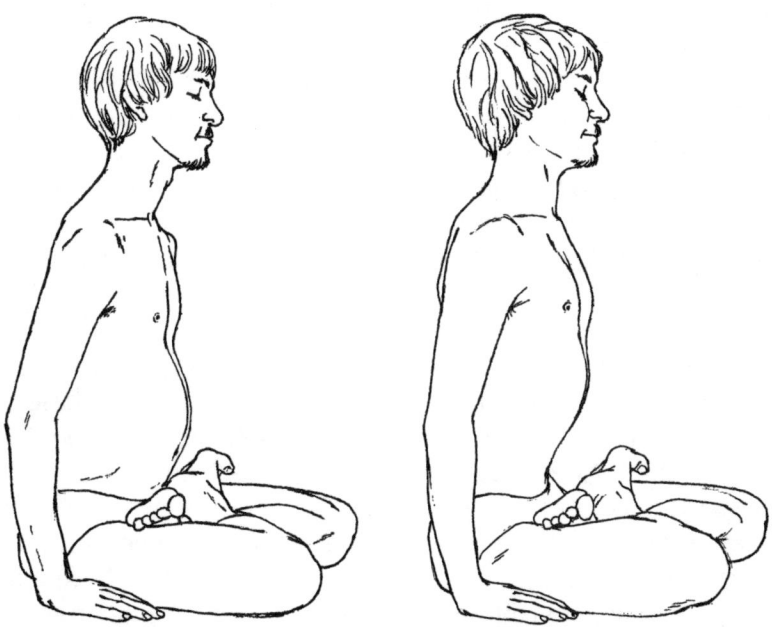

Es ist angebracht, diese Atemtechnik mit ganzem Herzen zu üben, da sie eine der grundlegenden Voraussetzungen für die positive Wirkung vieler Yoga-Übungen darstellt.

Der Feueratem

Eine andere Atemtechnik, die im Kundalini-Yoga vielfach Verwendung findet, ist der Feueratem. Der Feueratem wird benutzt, um unsere Lebensenergie am Nabelpunkt, im Bereich des dritten Chakras, zu konzentrieren.

Es ist ein sehr schneller und kraftvoller Atem mit mindestens einem Atemzug pro Sekunde. Eine Pause zwischen den Phasen des Einatmens und des Ausatmens gibt es hierbei nicht. Wie beim langen, tiefen Atem werden auch beim Feueratem im besonderen Maße die Muskeln unseres Unterleibs und der Bauchdecke angesprochen. Trotz des schnellen Atemrhythmusses darf auf keinen Fall ein hechelnder Effekt auftreten, der nur den oberen Bereich unserer Lungen umfaßt.

Die Ausgangsposition für diese Atemtechnik ist wieder der bequeme Schneidersitz mit einer geraden, nach oben gestreckten Wirbelsäule. Wir beginnen dann mit der Ausatmung. Dies geschieht durch ein schnelles und kraftvolles Hereinziehen der Bauchdecke in Richtung der Wirbelsäule.

Durch die energische Bewegung wird das Zwerchfell ruckartig nach oben gedrückt und treibt die in den Lungen befindliche Luft hinaus. Der Brustkorb bleibt vollkommen entspannt und der Mund ist geschlossen.

Wenn es nicht für eine spezielle Übung besonders angegeben ist, können wir davon ausgehen, daß die Einatmung und Ausatmung bei allen Yoga-Übungen ausschließlich durch die Nase zu erfolgen hat.

Bei der nun folgenden Einatmung entspannen wir einfach den Bauch- und Nabelbereich. Als natürliche Reaktion entspannt und senkt sich gleichzeitig das nach oben gedrückte Zwerchfell und läßt den Atem vollkommen selbständig einfließen.

Im richtigen Rhythmus ausgeführt, entsteht beim Feueratmen eine schnelle Pumpbewegung der Bauchdecke, die dann zwei bis drei Mal pro Sekunde angezogen und wieder entspannt wird. Die aktive Phase ist die Bewegung des Ausatmens, während das Einatmen als natürliche Reaktion auf die Entspannung der Bauchmuskeln automatisch geschieht.

Solange wir mit dieser Technik nicht vertraut sind, mögen wir das Bedürfnis haben, mehr Gewicht auf das Einatmen zu legen und so den natürlichen, schnellen Rhythmus zu stören. Dies kann zu dem Gefühl führen, daß wir nicht genügend Luft bekommen und so eine vermeintliche Atemnot erzeugen. Mit zunehmendem Training gelingt es jedoch, beide Phasen der Atmung auszugleichen und weder das Ein- noch das Ausatmen überzubetonen oder zu kurz kommen zu lassen.

Wir sollten uns Zeit nehmen, diese Atemtechnik zu erlernen. Langsames und methodisches Einüben der ungewohnten Muskelbeanspruchung im Bereich der Bauchdecke und am Nabelpunkt verhindert das Auftreten von Muskelkater und hilft uns, die recht massiven Auswirkungen des Feueratmens kennenzulernen.

In erster Linie handelt es sich dabei um eine starke Energiekonzentration im dritten Chakra und um einen durchgreifenden, allgemeinen Reinigungsprozeß unseres gesamtes Körpers. Ablagerungen und Verunreinigungen, hervorgerufen durch Rauchen, Alkohol, Drogen, vergiftete Umwelt und schlechte Ernährung, werden aus den Lungen und dem Zellgewebe in die Blutbahnen und das Lymphsystem geschwemmt. Dies kann zu zeitweiliger Übelkeit oder Schwindelgefühl führen, während oder nachdem wir das Feueratmen ausgeführt haben. In einem solchen Fall ist es sinnvoll, ein wenig auszuruhen, um dem körpereigenen Filtersystem die Möglichkeit zu geben, die gelösten Giftstoffe auszuscheiden.

Wir können den gewünschten Reinigungseffekt unterstützen, indem wir viel frisches Wasser trinken und für einige Wochen eine leichte vegetarische Diät einhalten.

Der bewegungskoordinierte Atem

Wenn für eine einzelne Yoga-Übung keine bestimmte Atemtechnik vorgeschrieben ist, haben wir unseren Atem mit dem Bewegungsablauf der Übung zu koordinieren. In einem solchen Fall beobachten wir den Rhythmus der Übung und die Position unseres Brustkorbs und unserer Lungen.

Immer wenn ein Druck auf unsere Lungen ausgeübt wird, atmen wir aus; ist dagegen eine Dehnung oder Weitung des Brustkorbs zu spüren, wird eingeatmet. Wir sollen hierbei unserer natürlichen Neigung zum Ein- und Ausatmen folgen.

Ein Beispiel: Wir stehen aufrecht mit nach oben erhobenen Armen und sollen uns aus dieser Position nach vorne beugen, um mit den Handflächen den Boden zu berühren (siehe Zeichnungen auf Seite 98 oben).

Natürlicherweise werden wir in der Position mit den erhobenen Armen einatmen und beim Herunterbeugen ausatmen.

Ähnlich offensichtlich verhält es sich bei einer oft vorkommenden Übung, deren Zweck es ist, unsere Wirbelsäule flexibel und geschmeidig werden zu lassen. Wir sitzen dazu im Schneidersitz und bewegen die Wirbelsäule in einer rhythmischen Bewegung kräftig vor und zurück (siehe Zeichnungen auf Seite 98 unten).

Hier erfolgt die Einatmung im Moment der Vorwärtsbewegung, während wir bei der entgegengesetzten Krümmung des Rückens ausatmen sollen.

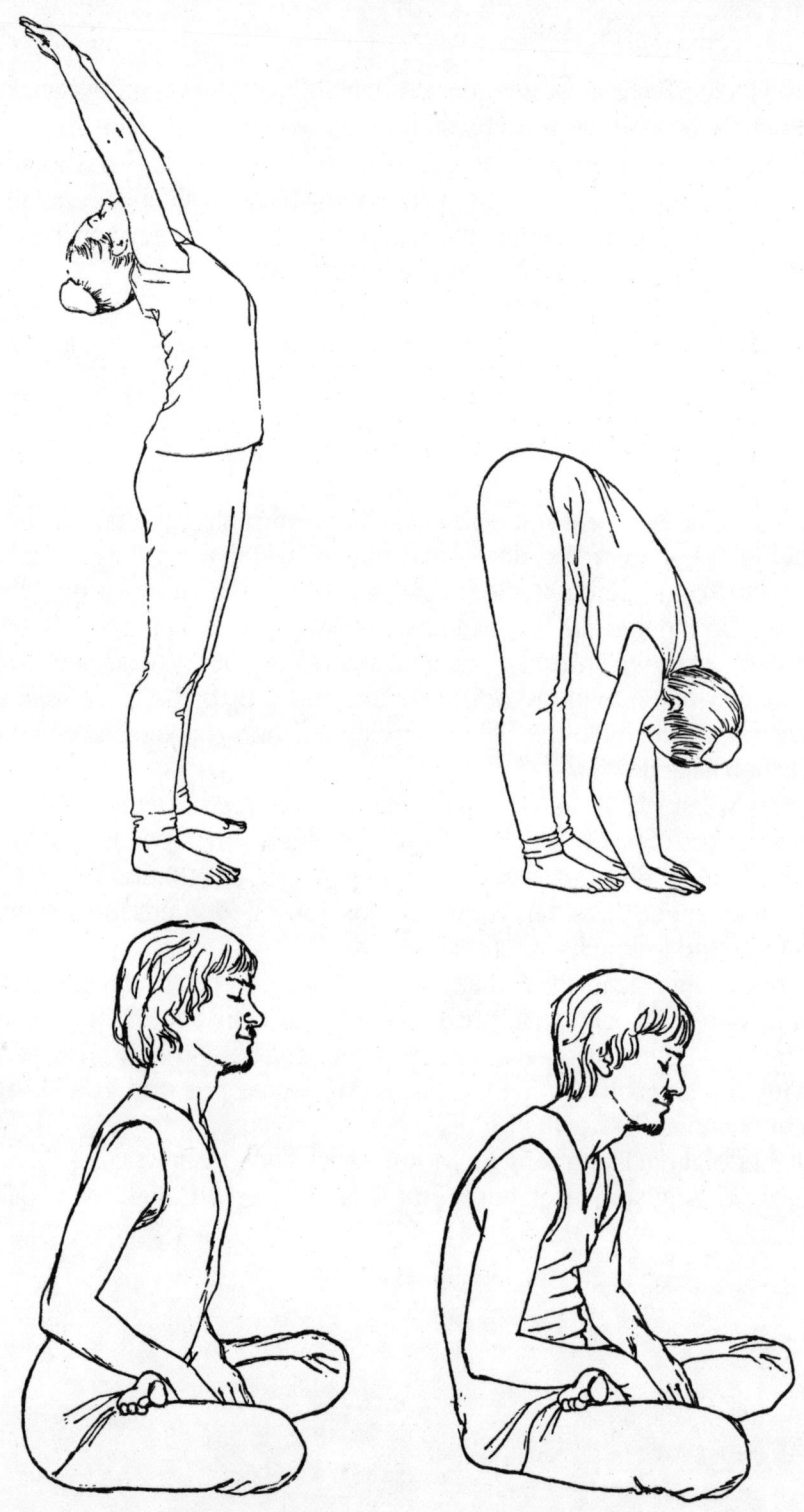

98

Bei vielen anderen Übungen werden in einem abwechselnden Rhythmus die Arme oder die Schultern bewegt.

In einem solchen Fall koordinieren wir die Atmung mit der Bewegung dergestalt, daß wir bei der Beanspruchung des linken Armes oder der linken Körperhälfte einatmen und im Gegenzug, bei der Aktivität der rechten Seite, ausatmen.

Wenn von einer Übung nur die Beine betroffen sind, so soll die Ein- und Ausatmung mit der Bewegung jeweils eines Beines verbunden werden.

Auch hier ein Beispiel: Wir liegen flach und entspannt auf dem Rücken und heben unsere Beine alternativ bis zu einem Winkel von exakt 90 Grad in die Höhe.

Hier erfolgt die Einatmung parallel zum Anheben des jeweiligen Beines, während wir beim Senken des Beines auszuatmen haben.

Es ist der Sinn des bewegungskoordinierten Atmens, die Atmung zu einem integralen Bestandteil der Körperübung werden zu lassen. Nicht gegen, sondern in Harmonie mit den Bewegungen soll geatmet werden.

Die Verbindung des Atems mit einem Mantra

Bei vielen Übungen im Kundalini-Yoga ist parallel zur körperlichen Technik oder zur Meditation der Gebrauch eines Mantras vorgeschrieben. Wie wir bereits gesehen haben, ist das Mantra eine »Heilige Klangfolge« mit einer in der Regel spirituellen Bedeutung. Es kann sowohl als eine Meditationshilfe für sich allein verwendet werden als auch in Kombination und zur Unterstützung der energetischen Wirkung einer Körperübung.

Das einführende Mantra »Ong Namo, Guru Dev Namo«, das jedem Yoga-Training vorangestellt wird, um unseren Geist in einen aufnahmebereiten Bewußtseinszustand zu versetzen, haben wir bereits kennengelernt. Andere Mantras, ein jedes mit seinen eigenen Qualitäten, seinem eigenen Rhythmus und seinen eigenen Effekten, werden im Rahmen der speziellen Anweisungen zu den jeweiligen Übungen in ihrer Bedeutung und ihrem Gebrauch genau erklärt werden.

Es gibt daneben eine ganze Reihe von Übungen, für die kein spezielles Mantra vorgeschrieben ist. In einem solchen Fall sollten wir es uns zur Gewohnheit machen, das Mantra »Sat Nam« zu benutzen.

»Sat Nam« bedeutet in einer freien Übersetzung: »Wahrheit ist meine Identität«. Durch das Aussprechen dieses Mantras schaffen wir eine Verbindung zu unserem wahren, göttlichen Kern und betonen unsere Wesensidentität mit Brahman, dem Urquell des Universums.

»Sat Nam« wird leise oder auch nur in Gedanken mit dem Atemrhythmus koordiniert. Beim Einatmen denken wir »Sat« und beim Ausatmen »Nam«.

Die gedankliche Fixierung auf dieses Mantra hilft uns dabei, unsere Konzentration zu üben und mit unserem Denken im Hier und Jetzt bei der jeweiligen Übung zu bleiben.

Ein anderes Mantra, das alternativ immer dann benutzt werden kann, wenn keine anderen Anweisungen vorliegen, ist »Wahe Guru«. »Wahe« ist ein Ausdruck der freudigen Erregung oder der staunenden Ergriffenheit, und er bezieht sich auf »Guru«, unseren inneren Führer und unser wahres Wesen, das wir durch unser yogisches Training zu realisieren versuchen.

In gleicher Weise wie »Sat Nam« wird »Wahe Guru« leise gesprochen oder auch nur in unseren Gedanken mit dem Atem kombiniert. Wir denken »Wahe« beim Einatmen und »Guru« beim Ausatmen.

Es bleibt unserer Entscheidung überlassen, welchem dieser beiden Mantras wir für unseren persönlichen Gebrauch den Vorzug geben. Wichtig ist lediglich, daß wir auch ohne eine spezielle Anweisung, unseren Atem mit einer solchen Konzentrationshilfe in Verbindung bringen.

Es ist kaum möglich, negative oder abschweifende Gedanken, die aus der Tiefe unseres Unterbewußtseins während unserer Übungen aufsteigen, zu vermeiden. Durch die Konzentration auf das Mantra kann es uns jedoch gelingen, diese Gedanken wie die Wolken am Himmel hinwegziehen zu lassen, ohne ihnen unsere Aufmerksamkeit schenken zu müssen.

Wir können darüber hinaus die Erfahrung machen, daß es durch die Verwendung eines Mantras und die damit verbundene beträchtliche Energiezufuhr bei verschiedenen, teilweise recht anspruchsvollen Körperübungen wesentlich leichter fällt, die geforderte Zeitspanne durchzuhalten.

Die Grundhaltungen

Kundalini-Yoga ist eine sehr dynamische Disziplin, die mit den verschiedensten Körperhaltungen und Bewegungen arbeitet. Dennoch gibt es einige immer wiederkehrende Grundhaltungen und Sitzpositionen, die vor allen Dingen bei den Meditationsphasen Anwendung finden. Oberstes Gebot für diese Körperhaltungen ist es, uns eine angenehme, gut ausbalancierte Haltung zu verleihen, in der wir uns wohl fühlen und unsere Harmonie finden.

Die im folgenden dargestellten Formen »Einfache Haltung« und »Fersensitz« sollten ausreichen, eine für uns angenehme Körperhaltung auszuwählen. Für den Fall, daß wir in keiner dieser Positionen bequem und komfortabel sitzen können, ist es durchaus im Sinne der yogischen Disziplin, wenn wir ein flaches Sitzkissen zur Hilfe nehmen, das es uns ermöglicht, die Beine zu entspannen und unsere Wirbelsäule gerade zu halten.

Die einfache Haltung

Bei der einfachen Sitzhaltung, die dem uns bekannten Schneidersitz recht ähnlich ist, unterscheiden wir drei Varianten, die unsere körperliche Flexibilität und Beweglichkeit in unterschiedlichem Maß in Anspruch nehmen.

Haltung A

Wir sitzen auf dem Boden und strecken unsere Beine gerade nach vorne aus. Jetzt ziehen wir unser linkes Bein an und legen den linken Fuß in die rechte Leiste. Das rechte Bein wird ebenfalls angezogen und der rechte Fuß über den Knöchel des linken Fußes gelegt. Er befindet sich jetzt unmittelbar am linken Oberschenkel.

Die Wirbelsäule ist gerade nach oben gestreckt, Rumpf und Schultern sind entspannt, und die Arme ruhen mit gerade durchgestreckten Ellenbogen auf den nach außen gerichteten Knien.

Haltung B

Die zweite Version der einfachen Haltung unterscheidet sich nur geringfügig von der ersten, doch stellt sie etwas geringere Ansprüche an die Biegsamkeit und Elastizität unserer Gelenke.

Auch hier wird der linke Fuß zur rechten Leiste geführt und das rechte Bein nach innen angewinkelt. Im Gegensatz zur Haltung A führen wir den rechten Fuß nun jedoch nur bis zum Unterschenkel des linken Beines und legen ihn bequem darauf ab.

Auch hier achten wir auf eine gerade Wirbelsäule und einen entspannten Oberkörper. Die Arme befinden sich in der gleichen gestreckten Haltung wie bei der Position A.

Haltung C

Für den Fall, daß wir in den bisher beschriebenen Positionen keine ausreichende Bequemlichkeit finden, sollten wir es mit der einfachsten Haltung versuchen. Aus der gleichen Grundhaltung heraus wie bei den Stellungen A und B winkeln wir unsere Beine an und legen die Füße unter das jeweils gegenüberliegende Knie. Der rechte Fuß ruht unter dem linken Knie und umgekehrt. Bei dieser Haltung ist es besonders wichtig, auf eine gerade und gestreckte Wirbelsäule zu achten. Wir können die senkrechte Stellung der Wirbelsäule verbessern oder korrigieren, indem wir sie im unteren Bereich, direkt über dem Becken, ein wenig nach vorne ziehen, so daß ein ganz leichtes Hohlkreuz entsteht.

Darüber hinaus ist es angebracht, den Kopf ein wenig nach hinten zu schieben, damit das Kinn näher zur Brust kommt. Hierbei ist darauf zu achten, daß der Kopf seine aufrechte Haltung nicht verliert, also nicht nach vorne oder hinten abgeknickt wird.

Natürlich ist auch bei dieser Haltung unserer Oberkörper entspannt, die Arme sind aus gestreckt und ruhen auf den Knien.

Der Fersensitz

Eine Alternative zur einfachen Haltung ist der Fersensitz. Wir sollten diese Position immer dann einnehmen, wenn wir durch das Sitzen in der einfachen Haltung ermüdet sind oder wenn es in der entsprechenden Übung so vorgeschrieben ist.

Zum Fersensitz knien wir uns hin und strecken unsere Füße und Zehen nach hinten aus. Wir setzen uns bequem auf die Fersen, die Hände ruhen auf den Oberschenkeln, der Oberkörper ist entspannt.

Wie bei den vorangegangenen Positionen achten wir auf die gerade Wirbelsäule und auf den aufrecht stehenden, etwas nach hinten gezogenen Kopf.

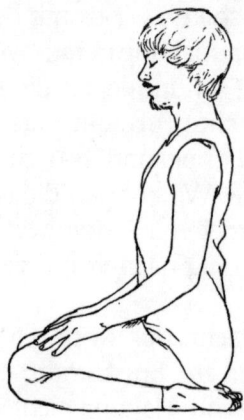

Der Fersensitz zeichnet sich durch seine positive Wirkung auf unser Verdauungssystem aus. Darüber hinaus wird durch die Hacken ein energetisch sehr positiver Druck auf bestimmte Nervenenden ausgeübt, der die Zirkulation unserer Lebensenergie in großem Maße anregt.

Die Rückenlage

Zur Entspannung nach schwierigen oder körperlich anstrengenden Übungen und immer dann, wenn im Rahmen unseres Trainings eine eingehende Entspannung vorgeschrieben ist, empfiehlt sich die Rückenlage. Hierzu legen wir uns flach auf den Boden, strecken unsere Wirbelsäule gerade und ziehen das Kinn ein wenig zur Brust.

Die Beine liegen gerade und geschlossen nebeneinander, die Hacken berühren sich und die Fußspitzen fallen locker nach links und rechts. Auch die Arme sollen in einer gestreckten, geraden Haltung nahe am Körper liegen. Die Hände sind entspannt und geöffnet, die Handflächen zeigen nach oben.

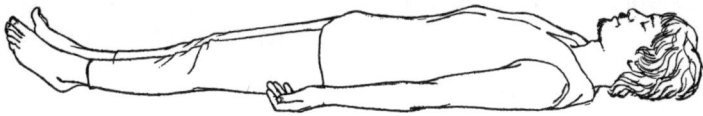

Auch bei dieser recht einfach einzunehmenden Haltung, müssen wir auf eine möglichst korrekte Ausführung achten.

Eingehende anatomische Untersuchungen haben ergeben, daß die oben beschriebene Rückenlage eine größtmögliche Entspannung der unterschiedlichen Muskelsysteme des Körpers gewährleistet. Die vollständige Entspannung unseres physischen Körpers wiederum ist die Voraussetzung zur Beruhigung und Zentrierung unseres Geistes.

Die Mudras

Wir haben das System der Mudras bereits kennengelernt. Es ist eine Art »Zeichensprache«, die es uns ermöglicht, durch bestimmte Hand- und Fingerstellungen einen energetischen Einfluß auf unseren Körper und unseren Geist auszuüben und auf diese Weise Informationen an unser Bewußtsein zu geben. Im Kundalini-Yoga werden Mudras, ähnlich wie die Mantras, sehr häufig zur Unterstützung von Körperübungen eingesetzt.

Die exakte Ausführung und Anwendung der unterschiedlichen Handhaltungen wird im Rahmen der jeweiligen Übung recht eindeutig beschrieben, so daß wir an dieser Stelle den dortigen Erklärungen nicht vorzugreifen brauchen. Lediglich einige Standardpositionen, die im Rahmen unseres Trainings immer wieder auftauchen werden, sollen vorab betrachtet werden.

Das Gyan-Mudra

Das Gyan-Mudra verbindet unser individuelles Ich, symbolisiert durch den Daumen, mit den Qualitäten Wissen und Intellekt, als deren Repräsentant der Zeigefinger angesehen wird. Der Zweck des Mudras liegt demnach in einer Erweiterung unserer intellektuellen Einsichten in die Zusammenhänge, nach denen unsere Welt aufgebaut ist.

Es gibt zwei Arten, in denen dieses Mudra ausgeführt werden kann:
A: die passive, empfangende Haltung, und
B: die aktive, gebende Haltung.
In der Haltung A werden Daumen und Zeigefinger mit den Spitzen zusammengeführt, so daß eine annähernd kreisförmige Figur entsteht. Die übrigen Finger sind gerade ausgestreckt und liegen dicht beieinander.

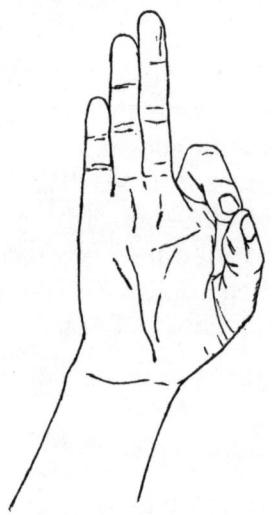

Die Haltung B unterscheidet sich nur geringfügig von der Haltung A durch eine Veränderung im Berührungspunkt von Daumen und Zeigefinger. Jetzt greift der Daumen auf den Fingernagel des Zeigefingers und übt einen schwachen Druck auf den Finger aus. Die kreisförmige Figur, die die beiden Finger bilden, bleibt nach wie vor bestehen. Auch die übrigen Finger bleiben gerade ausgestreckt und berühren einander.

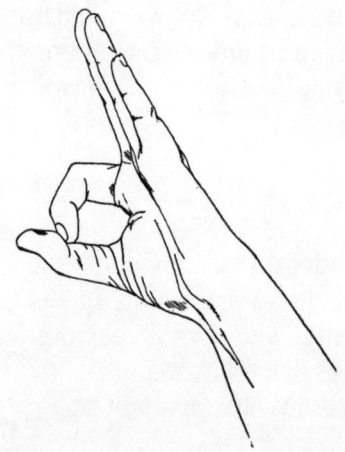

Sofern in der jeweiligen Übung keine besonderen Angaben über die Art der Ausführung gemacht werden, dürfen wir grundsätzlich davon ausgehen, daß die Haltung A gemeint ist.

Der Venus-Griff

Der Venus-Griff konzentriert die sexuelle Energie unseres zweiten Chakras und lenkt sie in die höhergelegenen Energiezentren. Darüber hinaus harmonisiert er unser Drüsensystem.

Für dieses Mudra werden die Finger ineinander verschränkt, so daß der rechte Daumen über dem linken Daumen liegt. Der linke Daumen wird nun nach innen genommen und in den Hohlraum zwischen beide Handflächen gesteckt. Beide Hände werden fest zusammengedrückt, und der innenliegende Daumen wird kräftig gepreßt.

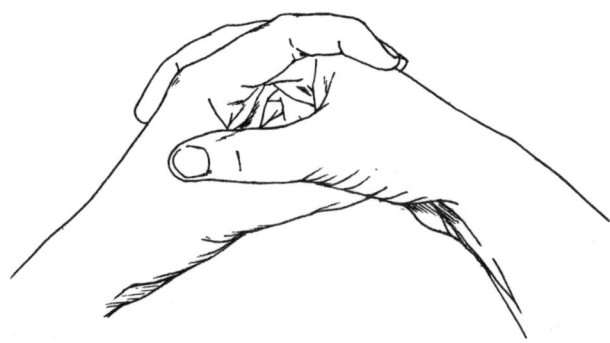

Wichtig: Frauen führen den Venusgriff in genau entgegengesetzter Weise aus. Hier liegt der linke Daumen oben, während der rechte Daumen zwischen die Handflächen gesteckt und gedrückt wird.

Die Gebetshaltung

Die Gebetshaltung haben wir bereits im Rahmen der einleitenden Zeremonie zur Sammlung und Konzentration kennengelernt, die jeder Yoga-Übungsreihe voranzugehen hat.

Die Handflächen werden mit gestreckten Fingern flach aufeinander gelegt und mit einem leichten Druck gegeneinander gepreßt. Dabei sollen die Hände und die Unterarme einen rechten Winkel zueinander bilden, damit es möglich wird, die Handgelenke in der Höhe des Herzens auf dem Brustbein ruhen zu lassen.

Die Gebetshaltung schenkt uns Ruhe und innere Ausgeglichenheit, denn sie neutralisiert die positiven, »männlichen« Energien der rechten Körperhälfte mit den negativen, »weiblichen« Kräften der linken Seite.

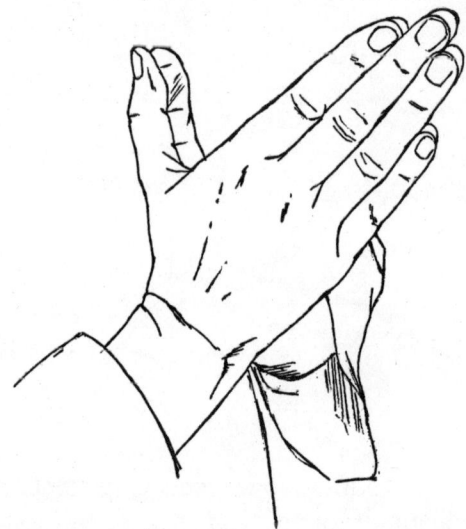

Der Bären-Griff

Der Bären-Griff stimuliert unsere Herztätigkeit und hilft uns bei der Öffnung des vierten Chakras. Er fördert gleichzeitig unsere Konzentrationsfähigkeit.

Die linke Hand wird mit der Handfläche nach außen vor die Brust gehalten. Dabei zeigt der Daumen nach unten, die Finger werden krallenartig nach innen zur Handfläche hin gekrümmt.

In gleicher Weise greift die rechte Hand mit der Handfläche zum Körper weisend in die gekrümmten Finger der linken Hand. Beide Hände werden zu einem festen Griff zusammengedrückt. Die Daumen schließen den Griff oben und unten ab. Nun werden die Hände in der Höhe des Herzens dicht vor die Brust genommen und, ohne den Griff zu lockern, gegen den jeweiligen Widerstand des anderen Armes, so kräftig es geht, auseinandergezogen. Die Muskeln der Oberarme und des Brustbereichs sollen bei dieser Übung kräftig angespannt werden.

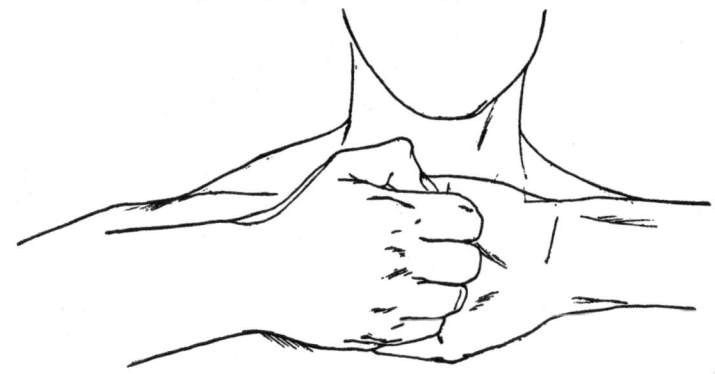

Die Körperschleusen

Bestimmte Muskel- und Sehnensysteme unseres Körpers werden in der yogischen Terminologie Bandhas genannt. Bandhas sind Körperschleusen, die einen Einfluß auf die Blutzirkulation, den Fluß und den Austausch der Zellflüssigkeit und auf die Nerventätigkeit besitzen. Sie bestimmen darüber hinaus die Bewegungen von Prana und Apana, der Lebensenergie, die uns im System der Nadis durchfließt. Durch eine willentliche Beeinflussung der Körperschleusen können wir die energetische Struktur unseres Pranakörpers beeinflussen und Heilungsprozesse des Körpers unterstützen.

Der Kundalini-Yoga unterscheidet eine große Zahl von Bandhas. Wir wollen uns hier auf die Betrachtung der drei wesentlichen Körperschleusen beschränken, die in den nachfolgenden praktischen Übungen eine Rolle spielen.

Die Nackenschleuse

Die im Kundalini-Yoga am meisten gebräuchliche Schleuse ist die Nackenschleuse.

Wir haben das Öffnen der Nackenschleuse im Rahmen der Grundkörperhaltungen bereits kennengelernt. Dort wurden wir aufgefordert, mit einer geraden Wirbelsäule zu sitzen und den Kopf nach hinten zu ziehen, so daß sich das Kinn in Richtung der Brust bewegt. Durch die Bewegung des Kopfes nach hinten entsteht ein leichtes Hohlkreuz im Bereich zwischen den Schulterblättern; diese Bewegung ist es, die die Nackenschleuse öffnet.

Wichtig ist, daß wir bei der Zurücknahme des Kopfes darauf achten, daß dieser nicht nach hinten in den Nacken abgeknickt wird. Die Stellung des Kopfes ist vollkommen gerade und aufrecht, und die Augen blicken parallel zum Boden, geradeaus. Lediglich eine Verschiebung der Halswirbelsäule findet statt, die unser Kinn näher an die Brust bringt.

Die aufrechte Stellung der Wirbelsäule ermöglicht es der pranischen Energie, frei und ungehindert durch die Kanäle des Rückenmarks aufzusteigen und unser Gehirn mit den lebenserhaltenden Kräften zu versorgen. Außerdem hält die geöffnete Nackenschleuse unseren Blutdruck stabil, und dies ist besonders wichtig für den Fall, daß es uns gelingen sollte, ein Erwachen und Aufsteigen der Kundalini-Energie zu erzeugen.

Um die Effizienz der einzelnen Yoga-Übungen zu erhöhen und um im Bedarfsfall entsprechend gerüstet zu sein, sollten wir es uns zur Gewohnheit machen, die Nackenschleuse bei allen Übungen geöffnet zu halten, sofern es nicht im Einzelfall anders vorgeschrieben ist.

Die Zwerchfellschleuse

Auch das Öffnen und Schließen der Zwerchfellschleuse haben wir bereits an anderer Stelle kennengelernt. Die tiefe Bauchatmung und auch der Feueratem bedient sich des hier angesprochenen Muskelsystems.

Wir aktivieren die Zwerchfellschleuse durch ein tiefes Einziehen der Bauchdecke und des Nabelpunkts in Richtung Wirbelsäule bei einem gleichzeitigen nach oben Ziehen des Zwerchfells. Hierdurch entsteht eine tiefe Höhlung im Bauchbereich.

Das Öffnen der Zwerchfellschleuse gibt der pranischen Energie des dritten Chakras die Möglichkeit, durch den zentralen Rückenmarkskanal, Sushummna, nach oben zum Nacken aufzusteigen. Es ist daher von großer Wichtigkeit, daß wir bei dieser Übung unsere Wirbelsäule gerade halten, um der nach oben steigenden Energie keine Widerstände in den Weg zu stellen.

Das Hereinziehen der Zwerchfellschleuse wird ausschließlich mit der Phase des Ausatmens kombiniert, oftmals unter gleichzeitiger Benutzung eines Mantras, das die energetische Strömung entsprechend unterstützen soll.

Die Wurzelschleuse

Die wichtigste, aber auch die am kompliziertesten anzusprechende Körperschleuse ist die Wurzelschleuse. Sie koordiniert, stimuliert und balanciert die Energie des Rückenmarks, der Sexualorgane und des Nabelpunkts.

Die Wurzelschleuse wird durch eine dreifache Muskelanspannung betätigt. Zuerst wird der Schließmuskel des Afters stark zusammengedrückt und hereingezogen. Gleiches geschieht dann mit den Muskeln der Sexualorgane, so als ob wir einem starken Harndrang entgegenzuwirken versuchen. Zuletzt ziehen wir auch den Nabelpunkt kräftig nach innen, so wie wir es bei der Zwerchfellschleuse kennengelernt haben.

Die drei Aktivitäten geschehen gleichzeitig und koordiniert.

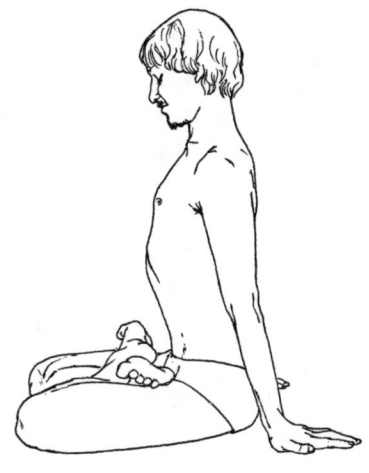

Es kann uns helfen, wenn wir die Betätigung der Wurzelschleuse mit der Vorstellung verbinden, daß wir die im Bereich des Afters und der Sexualorgane befindliche Energie mit großer Anstrengung zum Nabelpunkt hochzudrücken versuchen. Eine solche Vorstellung kommt der Realität sehr nahe. Es ist die Aufgabe der Wurzelschleuse, die apanische Energie im unteren Bereich des Bauchraumes zum dritten Chakra im Nabelzentrum hinaufzuführen und dort mit der von oben kommenden pranischen Energie zu verbinden. Auf diese Weise entsteht eine große Wärme, die zur schlafenden Kundalini-Shakti ausstrahlt und sie auf diese Weise erweckt.

Dieser Vorgang ist uns durch die Betrachtungen zur Wirkungsweise des Kundalini-Yoga bereits bekannt.

Maha Bandh – Die große Schleuse

Die große Schleuse ist ein übergeordneter Begriff, der sich auf die gleichzeitige Stimulation aller drei Körperschleusen bezieht. Wir werden bei verschiedenen Yoga-Übungen Gelegenheit haben, diese Technik anzuwenden und sollten uns dabei vorstellen, wie sich die energetischen Lebenskräfte in unserem Unterleib sammeln und durch die Nadis des Rückenmarks zum siebten Chakra an der Spitze unseres Kopfes aufsteigen.

Die Übung aktiviert unsere Nerven, unsere Drüsen und unsere Chakras. Sie reguliert den Blutdruck, löst krampfartige Verspannungen unserer Muskeln und führt den tiefergelegenen Drüsen in unserem Körper frisches Blut zu.

Die Ausführung der Übungen

Die meisten Übungen im Kundalini-Yoga sind als schnelle und dynamische Bewegungsabläufe angelegt, die davon ausgehen, daß der Praktizierende bereits einige körperliche Flexibilität und Sportlichkeit mitbringt. Für den Fall, daß diese Voraussetzung für uns nicht zutrifft, ist es unbedingt angebracht, bei der Ausführung des Trainings zurückhaltend zu sein. Wir sollen langsam beginnen und uns nach und nach in die ungewohnten Stellungen und Bewegungen einführen lassen. Die körperliche Ertüchtigung, die eine regelmäßige, am besten tägliche Praxis des Kundalini-Yoga mit sich bringt, wird uns schon bald in die Lage versetzen, auch größeren Belastungen gewachsen zu sein.

Alle Einzelübungen und auch die zusammenfassenden Krias verfolgen neben dem übergeordneten Ziel als Hilfsmittel zur spirituellen Erkenntnis und der Erweckung der Kundalini-Shakti einen pragmatischen körperlichen und seelischen Zweck. Sie sind auf die Aktivierung oder die Harmonisierung einzelnen Organe oder Körperteile ausgerichtet, sollen unsere Nerven stärken, unsere Drüsen zur besseren Funktion anregen oder uns mit speziellen Energien versorgen. Die jeweilige Zielsetzung und das zu erwartende Resultat ist im Rahmen der Übungsanleitung angegeben.

Wir können uns diese Beschreibung als Richtschnur dienen lassen, um die für uns am besten geeigneten Übungen auszuwählen. Langfristig sollen wir jedoch alle Übungen, die in diesem Buch angegeben sind, trainieren und beherrschen. Kundalini-Yoga muß eine Transformation der gesamten Persönlichkeit bewirken und sie zu guter Letzt in das allumfassende Sein des Universums überführen; nur dann erfüllt es seinen Zweck.

Wie erfahren die jeweilige Wirkung einer speziellen Übung oder eines Krias in ihrem gesamten Umfang erst dann, wenn wir die in der yogischen Praxis übliche Vierzig-Tages-Regel einhalten. Nur wenn wir vierzig Tage hintereinander, ohne dabei ein einziges Mal auszusetzen, immer die gleiche Übungsserie trainieren, entfaltet sie ihre ganze Energie in uns und verhilft uns zu einer dauerhaften Veränderung unserer Konstitution und unseres Bewußtseins.

Der Abschluß einer Übung

Falls es im Einzelfall nicht anders vorgeschrieben ist, wird jede Einzelübung auf folgende Weise beendet:

Wir verharren in der Übungsposition, atmen tief und vollständig ein, dann vollständig aus und ziehen dabei gleichzeitig die Wurzelschleuse kräftig an. Bei ausgeatmeter Luft und fortwährendem kräftigem Anziehen der Wurzelschleuse halten wir die Position, so lange es uns atemtechnisch möglich ist.

Diese Praxis hilft uns dabei, die durch die Übung freigesetzte Energie zu sammeln und in den Bereich der oberen Chakras zu lenken. Die Zeitdauer, die wir ohne ein erneutes Einatmen in der Position verharren können, hängt von unserer persönlichen Konstitution und unseren Fortschritten im Kundalini-Yoga ab.

Als erfahrene Praktiker werden wir die Luft länger aushalten können, als wir es als Anfänger vermögen. Sobald wir spüren, daß ein erneutes Einatmen unbedingt notwendig ist, holen wir tief Luft und entspannen unsere Haltung.

Die nun folgende Entspannungsphase ist ein integraler Bestandteil der

Übung und darf auf keinen Fall vernachlässigt werden. Wenn keine anderen Anweisungen vorliegen, dauert die Entspannung zwischen einer und drei Minuten. Sie soll in einer bequemen Sitzhaltung, oder in der Rückenlage vorgenommen werden.

Der Abschluß eines Krias

Die nach jeder Einzelübung notwendige Entspannung wiederholt sich auch am Ende der Übungsserie. Wir nehmen für etwa fünf bis zehn Minuten die Rückenlage ein und lassen unseren Körper bewußt zur Ruhe kommen. Suggestive Übungen, ähnlich dem Autogenen Training, können eine Hilfe sein, die nötige Entspannung und Beruhigung für Körper und Geist herbeizuführen.

Nach Abschluß der Entspannungsphase kommen wir langsam ins Hier und Jetzt zurück und unterstützen den Prozeß des »Erwachens« folgendermaßen: Noch in der Rückenlage beginnen wir mit unseren Händen und Füßen kleine Kreise zu beschreiben. Wir beginnen langsam und werden kontinuierlich schneller. Dabei drehen wir jeweils etwa dreißig Sekunden in jede Richtung.

Aus der liegenden Haltung nehmen wir dann die »Katzenstreckposition« ein. Wir bleiben dazu mit den Schultern fest am Boden, strecken den linken Arm nach oben aus, winkeln das linke Bein an und biegen Knie und Hüfte nach rechts, so daß wir mit dem linken Knie über das ausgestreckte rechte Bein hinweg den Boden berühren.

Wir bleiben einen Moment in dieser Stellung liegen und wechseln dann die Seiten.

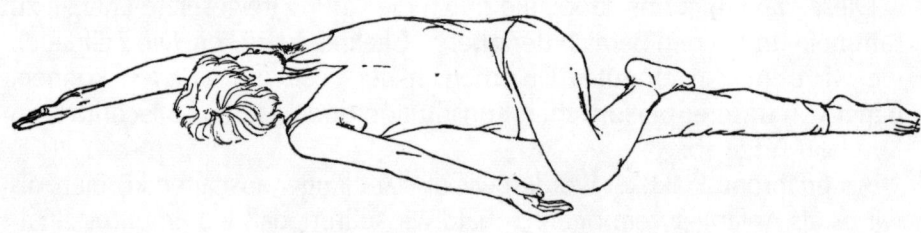

Nun heben wir die Arme und die Beine an und reiben die Fuß- und Handflächen schnell und kräftig, um die Blutzirkulation anzuregen.

Immer noch in der Rückenlage, nehmen wir die Knie vor die Brust und umfassen sie mit unseren Armen. Wir ziehen den Oberkörper ein wenig zu den Knien hoch und beginnen auf der nun gekrümmten Wirbelsäule vor und zurück zu rollen.

Wir führen diese schaukelnde Bewegung drei- bis viermal fort und kommen dann in den Schneidersitz.

Es ist sicher eine gute Idee, für ein paar letzte Augenblicke in dieser Position zu verharren, um so unser Training ausklingen zu lassen.

Die Grundübungen

Obwohl es kaum möglich ist, die Vielfältigkeit des Kundalini-Yoga zu systematisieren und ein eindeutiges Konzept von Grundübungen und daraus abgeleiteten Variationen zu gewinnen, erscheint es dennoch sinnvoll, einige Übungspositionen vorab zu betrachten. Sie sind im Rahmen der Krias häufig anzutreffen und finden oft als Ausgangspositionen für bestimmte Übungsabläufe Verwendung. Wenn wir uns mit diesen Grundübungen bereits vor Beginn unseres Trainings vertraut machen, wird es für uns leichter sein, die teilweise komplizierten und oft sehr dynamischen Übungsreihen durchzuführen.

Die Streckposition

Bei der Streckposition handelt es sich um eine Modifikation der Rückenlage, wie wir sie im Rahmen der Grundhaltungen bereits kennengelernt haben.

Aus der entspannten Haltung heraus werden die ausgestreckten und fest geschlossenen Beine etwa 15 Zentimeter in die Höhe gehoben. Auch die Füße sind ausgestreckt, die Zehen zeigen nach vorne. Nun werden die am Körper liegenden Arme ebenfalls 15 Zentimeter angehoben, und gleichzeitig ziehen wir die Schultern ein wenig vom Boden hoch. Zuletzt wird der Kopf gehoben und mit dem Kinn fest auf die Brust gedrückt. Beine, Schultern, Arme und Kopf befinden sich jetzt in der Luft und werden in dieser Position gehalten.

Die Streckposition wird innerhalb der Übungsreihen sehr häufig mit der Technik des Feueratems kombiniert und soll in der Regel für zwei bis drei Minuten gehalten werden.

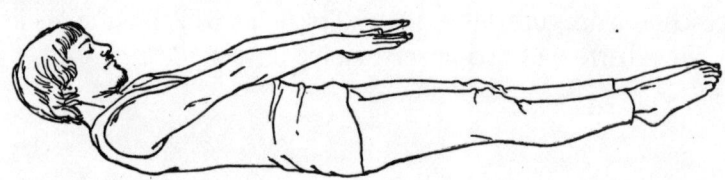

Die Kobraposition

Ausgangshaltung für die Kobraposition ist die Bauchlage.

Wie bei der Rückenlage nehmen wir auch bei dieser Haltung die Beine fest zusammen, spreizen die Fußspitzen auseinander und lassen die Füße mit den Fersen zusammenstoßen. Die Arme liegen gerade ausgestreckt am Körper, die Handflächen sind geöffnet und weisen nach oben. Unser Kopf ruht auf der rechten Seite; der gesamte Körper ist vollkommen ruhig und entspannt.

Wir kommen aus dieser entspannten Haltung in die Kobraposition, indem wir die Handflächen neben unseren Schultern auf den Boden setzen, die Ellenbogen langsam durchdrücken und so unseren Oberkörper mit der Kraft unserer Arme nach oben heben. Nachdem unsere Arme vollständig gestreckt sind, nehmen wir den Kopf weit in den Nacken und strecken das Kinn nach vorne.

Wenn wir die Position korrekt ausführen, bleiben unsere Beine entspannt am Boden liegen, und auch die Hüften und das Becken behalten ihre entspannte Lage bei; die Schultern sind gerade und die Brust ist weit herausgedrückt. Unsere Wirbelsäule soll in einem tiefen Bogen zwischen unseren Schultern und dem auf dem Boden liegenden Becken durchhängen.

Auch diese Position wird sehr häufig mit dem Feueratem kombiniert und ist dann für einige Minuten einzuhalten.

Es ist von großer Wichtigkeit, die Kobraposition nach Beendigung der Übungszeit langsam und bewußt wieder zu verlassen. Wir rollen dazu unseren Körper konzentriert und behutsam in die Bauchlage ab.

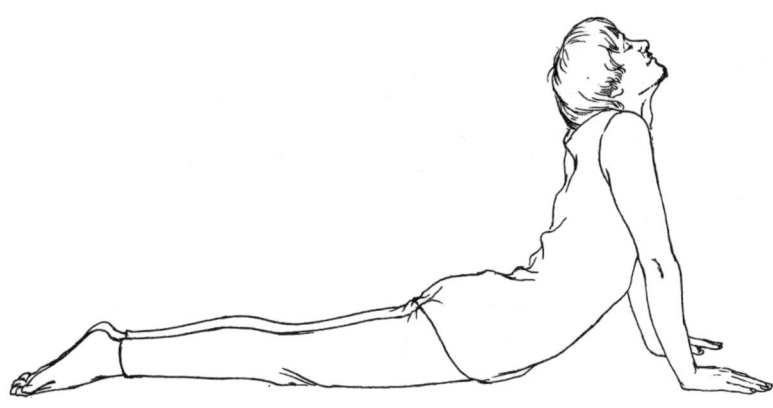

Die Bogenposition

Auch für die Bogenposition ist die entspannte Bauchlage die Ausgangshaltung.

Wir spreizen unsere Beine weit auseinander und beugen die Unterschenkel zum Gesäß. Mit den Händen umfassen wir von außen unsere Fußgelenke und ziehen den Oberkörper gegen den Widerstand der Beine weit nach oben. Letztlich nehmen wir auch den Kopf weit in den Nacken.

Wenn wir die Haltung richtig ausführen, dann sind unsere Oberschenkel ein wenig vom Boden abgehoben, die Unterschenkel stehen nahezu senkrecht, und der Oberkörper ist bis zum Bauch hinab nach oben gebogen.

Auch in dieser Position kommt es auf eine maximale Krümmung der Wirbelsäule an. Sie muß im Rahmen der Übungen für einige Minuten gehalten werden und ist nicht selten mit dem Feueratem kombiniert.

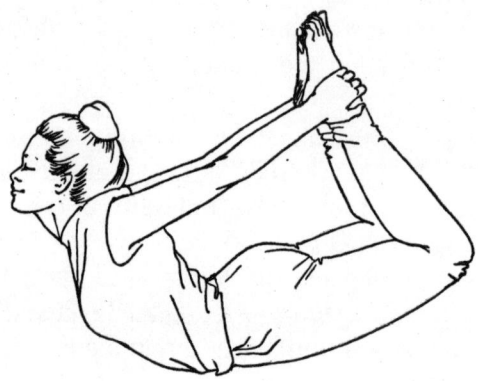

Die Froschposition

Die Froschposition wird aus einer aufrecht stehenden Haltung heraus eingenommen. Hierbei sind die Beine geschlossen zu halten, die Füße berühren sich mit den Fersen und stehen in einem Winkel von etwa 60 Grad zueinander.

Nun gehen wir in die Hocke, spreizen bei der Abwärtsbewegung die Knie weit auseinander und erheben uns auf die Zehenspitzen. Um das Gleichgewicht zu halten, strecken wir die Arme zwischen den gespreizten Beinen nach unten und stützen uns mit den ebenfalls auseinandergespreizten Fingern am Boden ab. Unsere Fersen sollen sich auch in dieser Position berühren, die Wirbelsäule soll so gerade und aufrecht wie möglich gehalten werden. Auch der Kopf ist aufgerichtet.

Die Froschposition wird im Rahmen der Übungsreihen sehr selten als eine statische Haltung benutzt, in der es zu verharren gilt. Meistens dient sie als Ausgangspunkt eines sich anschließenden Bewegungsablaufs, in dem es darum geht, aus dieser Haltung heraus die Hüfte und das Gesäß weit nach oben zu strecken und dann wieder in die Ausgangshaltung zurückzukehren.

Die Krähenposition

Die Krähenposition ist mit der Froschposition eng verwandt. Sie unterscheidet sich lediglich in einigen Details von der vorher beschriebenen Haltung.

Auch sie wird aus dem aufrechten Stand heraus eingenommen. Diesmal stehen unsere Füße jedoch nicht beieinander, sondern etwa 60 Zentimeter gespreizt. Wieder gehen wir in die Hocke und spreizen dabei die Knie auseinander, bleiben jedoch mit den Füßen fest am Boden.

Das notwendige Gleichgewicht liefern wieder die Arme, die nun aber nicht auf den Boden gesetzt, sondern gerade und waagerecht zum Boden nach vorne ausgestreckt werden. Auch hier wird die Wirbelsäule möglichst gerade und aufrecht gehalten, und der Kopf ist erhoben.

Die Krähenposition wird kaum als statische Haltung benutzt; sie ist meistens in einen Bewegungsablauf eingegliedert.

Die Maha-Mudra-Haltung

Für die Maha-Mudra-Haltung begeben wir uns in eine sitzende Position. Wir nehmen den linken Fuß unter das Gesäß und strecken das rechte Bein weit nach vorne aus. Das Knie ist durchgedrückt, und die Zehen sind nach oben gerichtet. Nun greifen wir mit beiden Händen den ausgestreckten Fuß. Die rechte Hand legen wir um die nach vorne gerichtete Fußsohle, und mit der linken Hand ergreifen wir die Zehen. Dabei legt sich der Zeigefinger um den aufgerichteten großen Zeh, während der Daumen kräftig und anhaltend auf den Zehennagel drückt.

Nun wird der Oberkörper so weit es geht nach oben gestreckt, bis die Arme vollkommen gerade und die Ellenbogen durchgedrückt sind. Der Kopf wird in den Nacken genommen, Kinn und Brust sind nach vorne gerichtet.

Die Maha-Mudra-Haltung kommt in der reinen Form sehr selten vor. Recht häufig treffen wir auf Abwandlungen dieser Position, die nicht selten in einen Bewegungszyklus integriert sind.

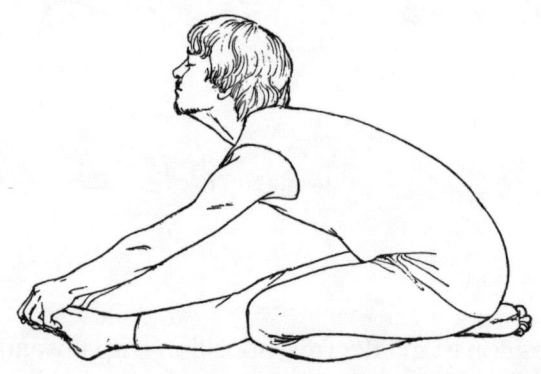

Die Zölibatshaltung

Die Zölibatshaltung ist eine häufig anzutreffende Modifikation des Fersen-sitzes.

Wir begeben uns als Ausgangshaltung in den Fersensitz und spreizen unsere Unterschenkel auseinander. Dabei lassen wir die Oberschenkel und unsere Knie jedoch so weit wie möglich geschlossen. Auf diese Weise kommen wir mit dem Gesäß auf den Boden und sitzen zwischen unseren Beinen.

Die Zölibatshaltung wird sowohl als statische Position als auch eingebun-den in einen Bewegungsablauf benutzt.

Die Bogenschützenposition

Die Ausgangshaltung für die Bogenschützenposition ist der aufrechte Stand.

Wir setzen das rechte Bein in einem großen Schritt nach vorne und drehen dabei gleichzeitig den linken Fuß etwa 45 Grad nach außen. Jetzt wird das rechte Knie gebeugt und das Körpergewicht zum größten Teil auf dieses Bein verlagert.

Der rechte Arm wird nach vorne parallel zum Boden ausgestreckt; die Hand ist zur Faust geschlossen, als ob sie einen Bogen halten würde. Die linke Hand wird zur linken Schulter gehoben und ebenfalls zur Faust geschlossen in der Vorstellung, die Sehne des Bogens kräftig nach hinten zu ziehen. Diese Anspannung soll in der Schulter zu spüren sein. Über die ausgestreckte Faust hinweg visieren wir ein imaginäres Ziel an und schließen dabei die Augen ein wenig, um ein Blinzeln zu vermeiden.

Die Bogenschützenposition wird meistens als statische Haltung verwendet, die wir für einige Minuten einzuhalten haben.

Die meisten der hier beschriebenen Grundübungen bedürfen eines langsamen Eingewöhnens. Wir können nicht erwarten, daß unser Körper »aus dem Stand heraus« zu recht schwierigen und nicht alltäglichen Stellungen und Bewegungen fähig ist, ohne entsprechend darauf vorbereitet zu sein. Auf keinen Fall ist es angebracht, einen übertriebenen Ehrgeiz an den Tag zu legen, der uns eher schadet als nützt.

Körperliche Flexibilität und Kondition kann nicht erzwungen werden – beides wird erworben durch ein sinnvolles, auf die persönlichen Gegebenheiten abgestimmtes Training.

Praktische Übungsreihen und Meditationen

Die nachfolgenden Übungsreihen und Meditationen stellen nur eine Auswahl der im Kundalini-Yoga vorhandenen praktischen Übungen dar. Sie sollen uns einen Überblick geben und uns erste konkrete Erfahrungen mit der Technik ermöglichen. Wenn wir jedoch gewissenhaft vorgehen und jede Übungsreihe bis zur vollständigen Beherrschung praktizieren, sind wir bereits mit den hier aufgeführten Sets für geraume Zeit beschäftigt. Wir dürfen nicht vergessen, daß wir die umfassende Wirkung einer Übung oder einer Übungskombination erst dann realisieren, wenn wir sie vierzig Tage lang täglich praktiziert haben.

Zur Rekapitulation nun noch einmal die wichtigsten Erfordernisse im Zusammenhang mit der täglichen Übungspraxis:

1. Wir wählen einen ruhigen Ort für unser Training, an dem wir vor Störungen und Unterbrechungen geschützt sind.
2. Vor dem Beginn der Übungen duschen wir mit kaltem Wasser. Dies aktiviert den Kreislauf und bereitet dadurch unseren Körper auf das Training vor.
3. Wir wählen bequeme, weite Kleidung, die unsere körperliche Beweglichkeit in keiner Weise einengt.
4. Lange Haare sollten auf dem Kopf zu einem Knoten zusammengebunden werden. Dies hat energetische Gründe, denn die Haare spielen bei der Aufnahme und der Lenkung der pranischen Energie eine besondere Rolle.
5. Wenn möglich, halten wir beim Praktizieren einer Übung die 40-Tages-Regel ein. Nur so kommen wir in den Genuß der vollständigen körperlichen und geistigen Wirkungen unserer Bemühungen.
6. Übertriebener Ehrgeiz ist in jedem Fall unangebracht. Der alleinige Maßstab für die Intensität, die Ausdauer und die korrekte Ausführung ist immer die persönliche Verfassung und das eigene Können. Einige Übungen sind anstrengend, und sie sollen auch anstrengend sein – und doch wird jeder Ausführende intuitiv wissen, wann eine natürliche und gesunde Anstrengung in eine körperschädigende Belastung umschlägt.

7. Am Beginn jeder Übungsserie steht das besinnliche Einstimmen auf die kreativen Energien Gottes, die es zu erfahren und zu aktivieren gilt. Dies geschieht durch das Mantra: *Ong Namo Guru Dev Namo*.
8. Jede Einzelübung wird nach Beendigung der angegebenen Übungszeit in folgender Weise abgeschlossen: Wir verharren in der Übungsposition – atmen tief ein – atmen aus und ziehen dabei gleichzeitig die Wurzelschleuse kräftig an. Mit ausgehaltenem Atem verharren wir, so lange es möglich ist, dann atmen wir ein und entspannen die Haltung.
9. Nach jeder Einzelübung und als Abschluß eines Krias folgt die Entspannung als integraler Bestandteil der Übung oder der Übungsreihe.
10. Wir sollten uns mit den Grundhaltungen, den Atemtechniken, den Mudras, den Mantras, den Körperschleusen und den Grundübungen vor dem Beginn unseres Trainings vertraut machen. Dies erleichtert es uns ganz wesentlich, die Übungsabläufe zu verstehen und durchzuführen.

Um uns bei der Intergration des Yoga-Trainings in den allgemeinen Tagesablauf die zeitliche Disposition zu erleichtern, ist zu Beginn jeder Übungsserie eine Mindestdauer angegeben. Wir müssen allerdings berücksichtigen, daß die aufgeführten Zeitangaben nur auf die reinen Übungszeiten bezogen sind. Die Entspannungspausen sind nicht mitgerechnet. Es ist realistisch, wenn wir die angegebene Zeitdauer verdoppeln, um zu der benötigten Gesamtzeit zu kommen.

Im weiteren sind die Übungsreihen mit den Großbuchstaben A, B oder C gekennzeichnet, um uns eine Einschätzung des Schwierigkeitsgrades zu ermöglichen. Der Buchstabe A steht für relativ leichte Übungen, B steht für mittelschwere Übungen, und die schwierigen oder sehr langwierigen Übungsreihen sind mit dem Buchstaben C gekennzeichnet.

Selbstverständlich kann diese Einordnung im Einzelfall auch anders empfunden werden. Letztlich ist das Schwierigkeitsempfinden bei einer bestimmten Körperposition oder Bewegung von der persönlichen Disposition abhängig.

Als Anfänger sollten wir uns jedoch von diesen Markierungen leiten lassen und unser Training auf die mit A gekennzeichneten Übungen beschränken. Erst wenn wir hier einige Praxis erworben haben, ist es angebracht, auch die mit B und C gekennzeichneten Übungen zu versuchen.

Unter dem Begriff »Merkmal« ist in kurzen Stichworten die physische und psychische Wirkungsweise der jeweiligen Übung angegeben, wie wir sie auch im Verzeichnis am Schluß des Buches wiederfinden. Dieses Merkmal soll nicht mehr als eine Entscheidungshilfe bei der Auswahl oder der Zuordnung der jeweiligen Übung sein. Es darf nicht im Sinne einer umfassenden Beschreibung oder gar einer erschöpfenden Wiedergabe der Übungsqualitäten verstanden werden.

Kundalini-Yoga wirkt immer umfassend und ganzheitlich auf den gesamten Organismus und auf unsere gesamte Psyche. Eine Katalogisierung der einzelnen Übungen, wie sie hier vorgenommen worden ist, kann immer nur Teilaspekte berücksichtigen oder Schwerpunkte vermerken. Die Komplexität und die Vielschichtigkeit der Übungen sowie deren individuell sehr unterschiedliche Wirkungsweise kann nur durch die eigene Praxis unmittelbar erfahren werden.

Es ist von Vorteil, wenn wir recht unvorbelastet, offen und ohne festgelegte Erwartungen mit den Übungen beginnen und so ihre Wirkungsweise im eigenen Erleben erspüren.

Letztlich ist darauf hinzuweisen, daß die Beschreibungen der Einzelübungen im Sinne einer größeren Übersichtlichkeit und einer möglichst praxisgerechten Darstellungsweise immer nach einem einheitlichen Schema verlaufen. Alle Informationen, die für das Verständnis und die korrekte Ausführung der jeweiligen Übung notwendig sind, werden in einem System von sieben Punkten erfaßt, die mit den Buchstaben a. bis g. gekennzeichnet sind:

a. Grundhaltung
b. Bewegungsablauf
c. Mudra
d. Atem
e. Mantra
f. Zeit oder Anzahl
g. Besonderheiten

Wenn wir uns einmal mit diesem Beschreibungssystem vertraut gemacht haben, kann es uns bereits nach kurzer Zeit »in Fleisch und Blut« übergehen. Im übrigen ist die schriftliche Übungsbeschreibung als eine erläuternde Ergänzung der zeichnerischen Darstellung zu betrachten, an der wir uns in erster Linie orientieren sollten.

Set I

Übungsdauer: 30 Minuten   *Anzahl der Übungen:* 5

Physische Merkmale: Harmonisierung der Atmung; allgemeine körperliche Aufwärmung; Öffnung der Nadis.

Psychische Merkmale: Emotional ausgleichend.

1. a. Einfache Haltung – Der rechte Daumen verschließt das rechte Nasenloch, die übrigen Finger zeigen »antennenförmig« aufwärts.

   b. –

   c. –

   d. Langer, tiefer Atem durch das linke Nasenloch.

   e. –

   f. 3 Minuten

   g. Nach Ablauf: tief einatmen, Atem 10 Sek. anhalten, ausatmen.

2. Wiederholung der Übung 1., Atmung durch das rechte Nasenloch.

3. a. Einfache Haltung – Der Daumen und der kleine Finger der rechten Hand liegen an der Nase.

   b. Einatmen: Der Daumen verschließt das rechte Nasenloch. Ausatmen: Der kleine Finger schließt das linke Nasenloch.

   c. –

   d. Langer, tiefer Atem; Einatmung durch das linke Nasenloch, Ausatmung durch das rechte Nasenloch.

   e. –

   f. 3 Minuten

   g. Nach Ablauf: tief einatmen, Atem 10 Sek. anhalten, ausatmen.

4. Wiederholung der Übung 3., Einatmung durch das rechte Nasenloch, Ausatmung durch das linke Nasenloch.

5. a. Einfache Haltung – Geistige Konzentration auf das sechste Chakra.

b. –

c. Gyan-Mudra

d. Feueratem

e. –

f. 7½ Minuten

g. Nach Ablauf: 5 Minuten Entspannung in der Einfachen Haltung, dann 5 bis 11 Minuten Singen des Mantras: *Sat Nam.*

Sa -a -a -a -a -a -at Nam

Set II

Übungsdauer: 11 Minuten   *Anzahl der Übungen:* 3

Physische Merkmale: Aktivierung der Drüsentätigkeit.

Psychische Merkmale: Emotional ausgleichend.

1. a. Einfache Haltung

   b. –

   c. –

   d. Stoßweises Einatmen in 16 Teilen, stoßweises Ausatmen in 16 Teilen.

   e. *Sat Nam,* kombiniert mit jedem Atemstoß.

   f. 5 Minuten; kann kontinuierlich auf 31 Minuten gesteigert werden.

   g. Bei jedem Einatemstoß kurzes Einziehen des Nabelpunkts, bei jedem Ausatemstoß kurzes Einziehen des Nabelpunkts.

2. a. Rückenlage – Arme nach oben am Boden ausgestreckt, Handflächen geöffnet, nach oben weisend.

   b. Einatmen: Die geschlossenen Beine werden 40 Zentimeter angehoben.

Ausatmen: Die Beine werden gesenkt, der Kopf wird angehoben, das Kinn kommt auf die Brust. Einatmen: Kopf wird gesenkt, die Beine werden angehoben.

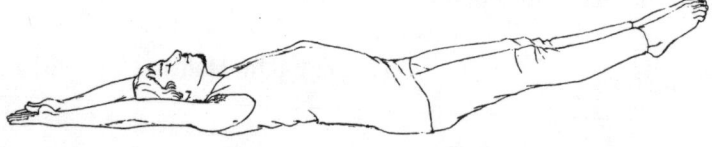

c. –

d. Langer, tiefer Atem

e. –

f. 3 Minuten

g. –

3. a. Einfache Haltung – Unterarme vor der Brust verschränkt, die Hände greifen die Ellenbogen.

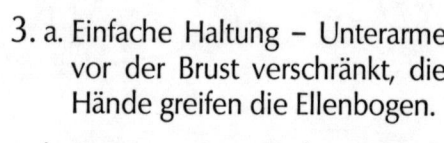

b. Einatmen: In aufrechter Sitzhaltung.
Ausatmen: Oberkörper wird in der Hüfte nach vorne gebeugt, bis die Stirn den Boden berührt. Einatmen: Oberkörper wird aufgerichtet.

c. –

d. Langer, tiefer Atem

e. –

f. 3 Minuten

g. –

Set III

Schwierigkeitsgrad: B

Übungsdauer: 14 Minuten

Anzahl der Übungen: 5

Physische Merkmale: Aktivierung der Kundalini-Energie für körperliche Heilungsprozesse.

Psychische Merkmale: Steigerung der kreativen Energie.

1. a. Einfache Haltung – Die linke Ferse unter dem Gesäß; das rechte Bein nach vorne ausgestreckt, die Zehen zeigen nach vorne; Oberkörper in der Hüfte nach vorn gebeugt, die Wirbelsäule ist gerade, der Kopf aufrecht; die Hände greifen den großen Zeh des ausgestreckten Fußes, der Zehennagel wird von den Daumen kräftig gedrückt.

   b. –

   c. –

   d. 2 Minuten langer, tiefer Atem, dann 1 Minute Feueratem.

   e. 3 Minuten

   f. –

2. a. Bauchlage »Bogenposition«

   b. –

   c. –

   d. Feueratem

   e. –

   f. 2 Minuten

   g. Die anschließende Entspannung erfolgt in der Bauchlage.

131

3. a. »Zölibats«-Haltung – Die Arme sind in einem 60 Grad Winkel nach oben ausgestreckt, die Handflächen weisen nach innen.

b. Einatmen: Das Gesäß wird senkrecht angehoben.
Ausatmen: Das Gesäß fällt auf den Boden zurück.

c. –

d. Langer, tiefer Atem

e. –

f. 1 Minute

g. Nach Ablauf: Tiefes Einatmen, vollständiges Ausatmen, Aushalten der Luft und Anziehen der Wurzelschleuse, einatmen und entspannen, dann *Wiederholung* der Gesamtübung.

4. a. Aufrechtes Stehen auf den Zehenspitzen – Die Arme senkrecht nach oben ausgestreckt.

b. Einatmen: In aufrechter Position.
Ausatmen: Der Oberkörper knickt in der Hüfte nach vorne, bis die Handflächen den Boden berühren; die Knie bleiben durchgedrückt.
Einatmen: Der Oberkörper kommt zurück in die aufrechte Haltung.

c. –

d. Langer, tiefer Atem

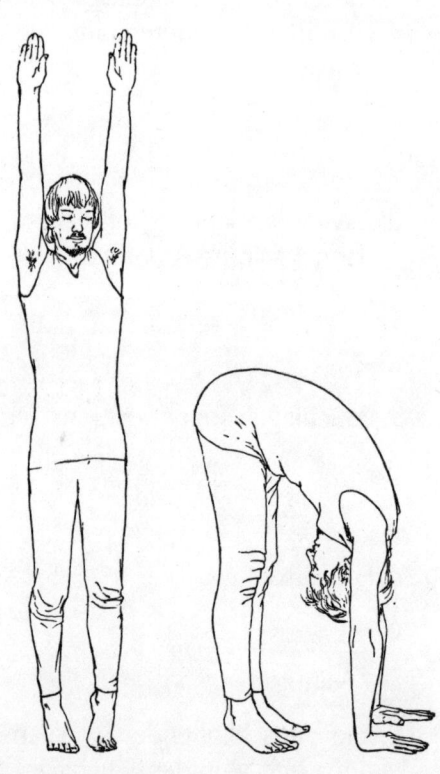

e. –

f. 2 Minuten

g. Zwischen den Beuge- und Streckbewegungen wird aus der stehenden Haltung heraus, ohne Zuhilfenahme der Hände, jeweils einmal der Schneidersitz eingenommen. Auch das Aufstehen in die aufrechte Haltung geschieht »freihändig«.

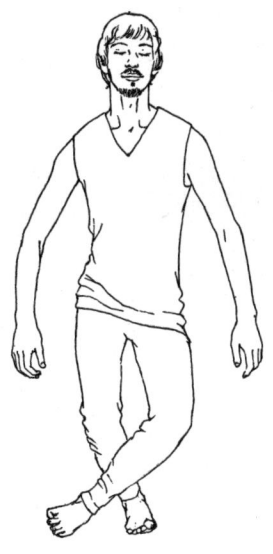

5. a. Einfache Haltung – Geistige Konzentration auf das sechste Chakra.

b. –

c. Gyan-Mudra

d. Langer, tiefer Atem

e. *Sat Nam*

f. 5 Minuten

g. –

Set IV   *Schwierigkeitsgrad:* A

Übungsdauer: 22 Minuten   *Anzahl der Übungen:* 5

Physische Merkmale: Allgemeine körperliche Reinigung.

Psychische Merkmale: Aktivierung der geistigen Energien.

1. a. Einfache Haltung

   b. –

   c. Gyan-Mudra

   d. Feueratem

   e. –

   f. 7 Minuten

   g. –

2. a. Einfache Haltung

   b. –

   c. Gyan-Mudra

   d. Sehr langer, sehr tiefer Atem; der Brustkorb hebt und senkt sich.

   e. –

   f. 5 Minuten

   g. –

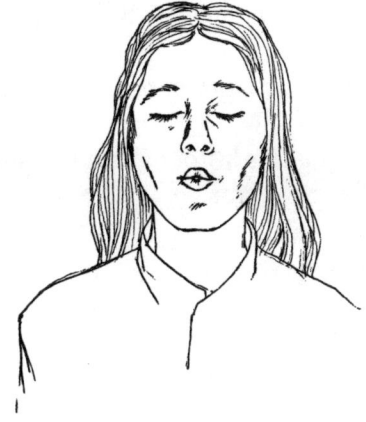

3. a. Einfache Haltung – Die Lippen sind nach vorne gespitzt.

   b. –

   c. Gyan-Mudra

   d. Langer, tiefer Atem. Einatmen durch den Mund, ausatmen durch die Nase.

   e. –

   f. 3 Minuten

   g. –

4. a. Einfache Haltung – Geistige Konzentration auf das sechste Chakra.

   b. –

   c. Gyan-Mudra

   d. Feueratem

   e. –

   f. 2 Minuten

   g. Nach Ablauf: Tiefes Einatmen, Anhalten des Atems, ausatmen.

5. a. Einfache Haltung – Geistige Konzentration auf den Energiefluß im Körper.

   b. –

   c. Gyan-Mudra

   d. Normaler Atem

   e. –

   f. 5 Minuten

   g. –

Set V   *Schwierigkeitsgrad:* A/B

Übungsdauer: 3 Minuten   *Anzahl der Übungen:* 1

Physische Merkmale: Allgemeine Verbesserung des körperlichen Befindens
– Stärkung des Herzens – Stärkung des Sexualsystems.

Psychische Merkmale: Aktivierung kreativer Energien.

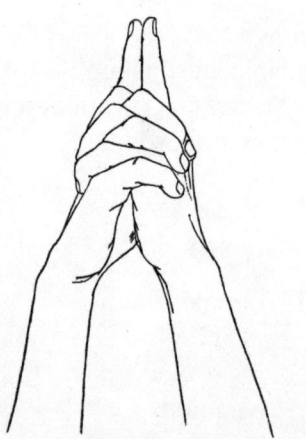

1. a. Fersensitz – Die Arme senkrecht nach oben ausgestreckt,
Hände verschränkt, die Zeigefinger weisen aufwärts; die Wirbelsäule gerade und aufrecht;
Kopf aufrecht.
Wenn das Nervensystem nicht
durch die Einnahme von Drogen oder Psychopharmaka ge-
schwächt ist, kann die Handhal-
tung zur Gebetsposition verändert werden. Dies verstärkt den
Energiefluß.

b. –

c. –

d. Kurzer Atem; die Betonung
liegt auf dem Ausatemvorgang.

e. *Sat Nam.* Das Mantra *Sat Nam*
wird in folgender Weise mit
dem Atem kombiniert: Ausatmen: *Sat;* Einatmen: *Nam;*
gleichmäßiger Rhythmus, etwa
einmal pro Sekunde.
Der Ausatemvorgang und das
Sprechen der Silbe *Sat* ist mit
einem gleichzeitigen kräftigen
und kurzen Anziehen des Nabelpunkts verbunden; beim

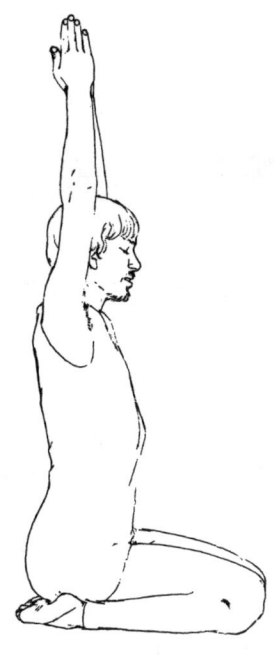

Einatmen erfolgt die Entspannung des Nabelpunkts. Es entsteht eine Pumpbewegung.

f. 3 Minuten

g. Nach Ablauf: Tiefes Einatmen – Anhalten des Atems und gleichzeitig kräftiges Anziehen der Großen Schleuse, verbunden mit der Vorstellung, daß die freigesetzten Energien, vom Becken ausgehend, durch das Rückenmark bis zur Schädeldecke aufsteigen und dort, am siebten Chakra, ausstrahlen.

Set VI   *Schwierigkeitsgrad:* A

Übungsdauer: 30 Minuten   *Anzahl der Übungen:* 9

Physische Merkmale: Förderung der Wirbelsäulenbeweglichkeit – Energetische Stimulation des Chakras.

Psychische Merkmale: Steigerung der geistigen Klarheit und Lebhaftigkeit.

1. a. Einfache Haltung – Die Hände ergreifen die Fußgelenke.

   b. Einatmen: Die Wirbelsäule wird weit nach vorne gebogen, die Brust hebt sich.
   Ausatmen: Die Wirbelsäule wird weit nach hinten gebogen, die Brust wird hereingedrückt. Der Kopf bleibt während der Bewegung gerade und aufrecht.

   c. –

   d. Langer, tiefer Atem

   e. –

   f. 108mal

   g. –

2. a. Fersensitz

   b. Einatmen: Die Wirbelsäule wird weit nach vorne gebogen, die Brust hebt sich.
   Ausatmen: Die Wirbelsäule wird weit nach hinten gebogen, die Brust wird hereingedrückt. Der Kopf bleibt während der Bewegung gerade und aufrecht.

c. –

d. Langer, tiefer Atem

e. –

f. 108mal

g. –

3.  a. Einfache Haltung – Die Hände greifen an die Schultern, die Finger sind vorne, die Daumen liegen auf den Schulterblättern.

b. Einatmen: Der Oberkörper dreht aus der Hüfte heraus weit nach links.
Ausatmen: Der Oberkörper dreht aus der Hüfte heraus weit nach rechts.

c. –

d. Langer, tiefer Atem

e. –

f. 26mal

g. –

4.  a. Einfache Haltung – Die Hände sind im Bärengriff vor der Brust verschränkt, die Unterarme sind waagerecht, die Ellenbogen etwas nach hinten gebogen.

b. Einatmen: Der linke Ellenbogen bewegt sich so weit wie möglich nach oben, der rechte Ellenbogen senkt sich entsprechend.
Ausatmen: Der rechte Ellenbogen bewegt sich so weit wie möglich nach oben, der linke Ellenbogen senkt sich entsprechend.

c. Bärengriff

d. Langer, tiefer Atem

e. –

f. 26mal

g. –

5. a. Einfache Haltung – Die Hände greifen die Knie, die Ellenbogen sind durchgedrückt.

b. Einatmen: Die Wirbelsäule wird weit nach vorne gebogen, die Brust hebt sich.
Ausatmen: Die Wirbelsäule wird weit nach hinten gebogen, die Brust wird hereingedrückt.

c. –

d. Langer, tiefer Atem

e. –

f. 108mal

g. –

6. a. Einfache Haltung

b. Einatmen: Die Schultern werden weit nach oben gezogen.
Ausatmen: Die Schultern fallen nach unten.

c. –

d. Schneller, tiefer Atem

e. –

f. 2 Minuten

g. Nach Ablauf: Tiefes Einatmen, Anhalten des Atems für 15 Sekunden bei hochgezogenen Schultern, ausatmen, entspannen.

7. a. Einfache Haltung

b. Der Kopf rollt in weiten, tiefen Kreisen über die Schultern, den Nacken und die Brust.

c. –

d. Langer, tiefer Atem

e. –

f. 5mal in jeder Bewegungsrichtung.

g. –

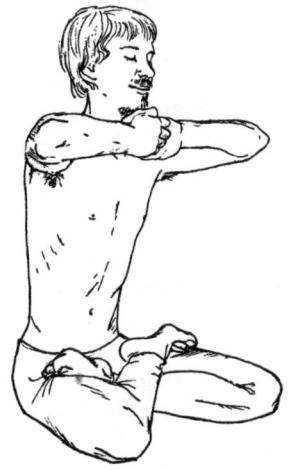

8. a. Einfache Haltung – Die Hände sind vor dem Hals verschränkt, Ellenbogen etwas nach hinten gebogen, Unterarme waagerecht.

b. Die Arme werden weit über den Kopf gehoben, dann Einatmen; Atem anhalten und kräftiges Anziehen der Wurzelschleuse; ausatmen, entspannen.

c. Bärengriff

d. Tiefer Atem

e. –

f. dreimal

g. –

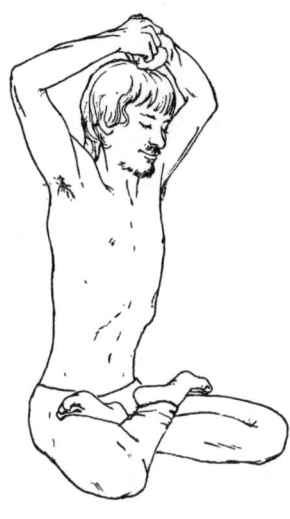

9. Siehe Set-Nr. V; Ausführungszeit 5 Minuten. Nach Ablauf: 15 Minuten Entspannung in der Rückenlage.

141

Set VII Schwierigkeitsgrad: A

Übungsdauer: 25 Minuten *Anzahl der Übungen:* 7

Physische Merkmale: Körperreinigend, verdauungs- und ausscheidungsfördernd.

Psychische Merkmale: Steigerung der geistigen Energie, aktivitätssteigernd.

1. a. Einfache Haltung – Der rechte Arm ist ausgestreckt, die Hand ruht auf dem rechten Knie, die Finger formen das Gyan-Mudra; der linke Arm ist angewinkelt, die Hand befindet sich in Gesichtshöhe, der Daumen verschließt das linke Nasenloch.

   b. –

   c. Gyan-Mudra (nur mit der rechten Hand).

   d. Langer, tiefer Atem durch das rechte Nasenloch.

   e. –

   f. 3 bis 5 Minuten

   g. –

2. siehe Set-Nr. V; Ausführungszeit 3 Minuten

3. a. Einfache Haltung

b. Einatmen: Die Wirbelsäule wird weit nach vorne gebogen, die Brust hebt sich.
Ausatmen: Die Wirbelsäule wird weit nach hinten gebogen, die Brust wird hereingedrückt. Der Kopf bleibt während der Bewegung gerade und aufrecht.

c. –

d. Langer, tiefer Atem

e. *Sat Nam*

f. 108mal

g. Kurzes, kräftiges Anziehen der Wurzelschleuse nach jedem Ausatmen.

4. a. Froschposition

b. Einatmen: Die Beine werden durchgestreckt, Gesäß und Hüfte heben sich, die Hände bleiben am Boden.
Ausatmen: Die Beine werden eingeknickt – Gesäß und Hüfte senken sich. Während der Auf- und Abbewegung wird die Stellung auf den Zehenspitzen beibehalten.

c. –

d. Langer, tiefer Atem

e. –

f. 26mal

g. –

143

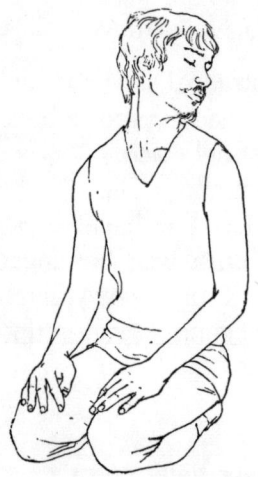

5. a. Fersensitz

   b. Einatmen: Der Kopf dreht sich weit nach links.
   Ausatmen: Der Kopf dreht sich weit nach rechts.

   c. –

   d. Langer, tiefer Atem

   e. –

   f. 3 Minuten

   g. –

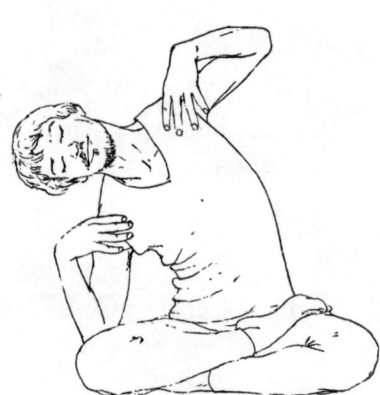

6. a. Einfache Haltung – Die Hände greifen an die Schultern, die Finger sind vorn, die Daumen liegen auf den Schulterblättern.

   b. Einatmen: Der Oberkörper und die Schultern beugen sich so weit es geht nach links.
   Ausatmen: Der Oberkörper und die Schultern beugen sich so weit es geht nach rechts.

   c. –

   d. Langer, tiefer Atem

   e. –

   f. 3 Minuten

   g. –

7. a. Einfache Haltung – Der Nabelpunkt ist leicht eingezogen, die Wurzelschleuse ist leicht angezogen, die geistige Konzentration liegt auf dem sechsten Chakra.

b. –

c. –

d. Langer, tiefer Atem

e. *Sat Nam*

f. 6 Minuten

g. –

Set VIII

Schwierigkeitsgrad: A/B

Übungsdauer: 20 Minuten

Anzahl der Übungen: 6

Physische Merkmale: Allgemeine körperliche Reinigung; vermindert Kopfschmerz.

1. a. Rückenlage – Die Hände befinden sich im Nacken in der Höhe des Haaransatzes, die Ellenbogen sind zum Boden gedrückt.

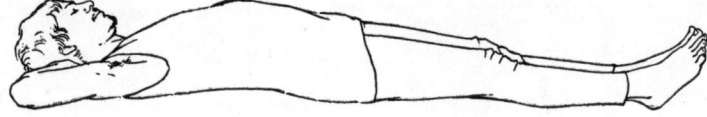

b. –

c. Venusgriff

d. Feueratem

e. –

f. 1 bis 2 Minuten

g. Nach Ablauf: Tiefes Einatmen, Anhalten des Atems, gleichzeitiges Anheben der Beine auf 30 Zentimeter Höhe für 15 Sekunden; ausatmen und entspannen.

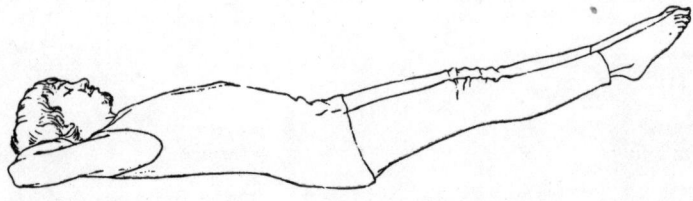

2. a. Rückenlage – Die Hände befinden sich im Nacken in der
   Höhe des Haaransatzes, die Ellenbogen sind zum Boden gedrückt, die Beine sind weit aus-
   einandergespreizt.

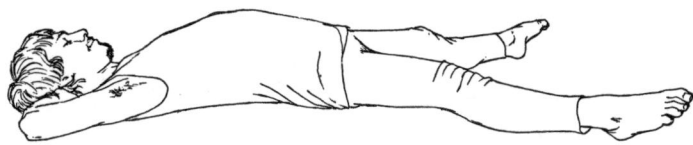

   b. –

   c. Venusgriff

   d. Feueratem

   e. –

   f. 1 Minute

   g. Nach Ablauf: Tiefes Einatmen,
   Anhalten des Atems, gleichzeitiges Anheben der Beine auf 90
   Zentimeter Höhe für 5 Sekunden; ausatmen und entspannen, dann *zweimalige Wiederholung* der Gesamtübung.

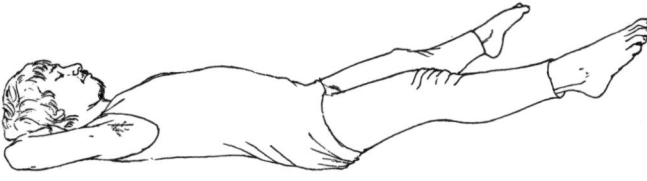

3. a. Rückenlage – Streckposition

b. ⁓

c. ⁓

d. Feueratem

e. ⁓

f. 3 Minuten

g. ⁓

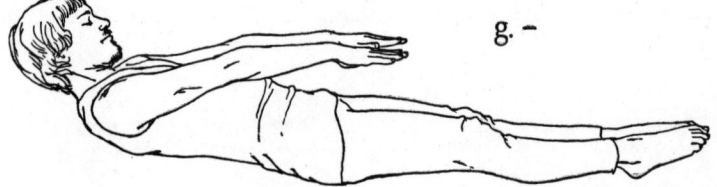

4. a. Einfache Haltung – Das linke Bein ist nach vorne ausgestreckt, der rechte Fuß liegt auf dem linken Oberschenkel, die Arme sind in Schulterhöhe nach vorne ausgestreckt, die Handflächen weisen nach unten.

b. Ausatmen: Der Oberkörper beugt in der Hüfte nach vorne, bis die Handflächen zu beiden Seiten des ausgestreckten Fußes den Boden berühren.
Einatmen: Der Oberkörper kehrt zurück in die aufrechte Haltung.

c. ⁓

d. Langer, tiefer Atem

e. ⁓

f. 25mal

g. *Wiederholung* der Übung mit gewechselter Beinhaltung.

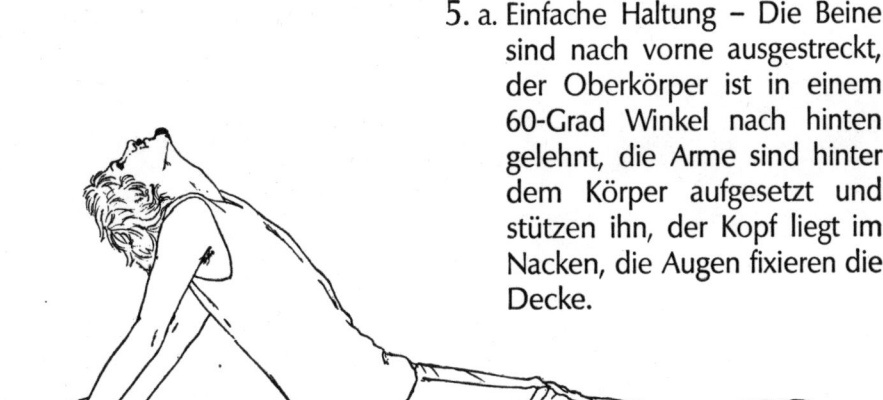

5. a. Einfache Haltung – Die Beine sind nach vorne ausgestreckt, der Oberkörper ist in einem 60-Grad Winkel nach hinten gelehnt, die Arme sind hinter dem Körper aufgesetzt und stützen ihn, der Kopf liegt im Nacken, die Augen fixieren die Decke.

b. -

c. -

d. Feueratem

e. -

f. 2 Minuten

g. Nach Ablauf: Tiefes Einatmen, Anhalten des Atems, gleichzeitiges Anheben der Beine auf 30 Zentimeter Höhe für 15 Sekunden; ausatmen und entspannen, dann *Wiederholung* der Gesamtübung.

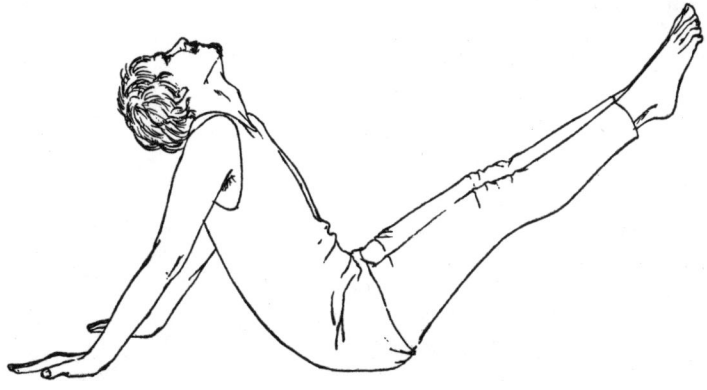

6. a. Rückenlage – Die Hände liegen auf der Brust.

b. Ausatmen: Während des Ausatmens werden die Arme senkrecht nach oben ausgestreckt, die Finger sind gespreizt. Der Atem bleibt ausgehalten, die Finger schließen sich zu Fäusten und werden gegen einen imaginären Widerstand mit großer Kraftanstrengung zur Brust gezogen.
Einatmen: Die Einatmung erfolgt, sobald die Fäuste die Brust berühren.

c. –

d. Tiefer Atem

e. –

f. Einmal

g. *Wiederholung* der Übung.

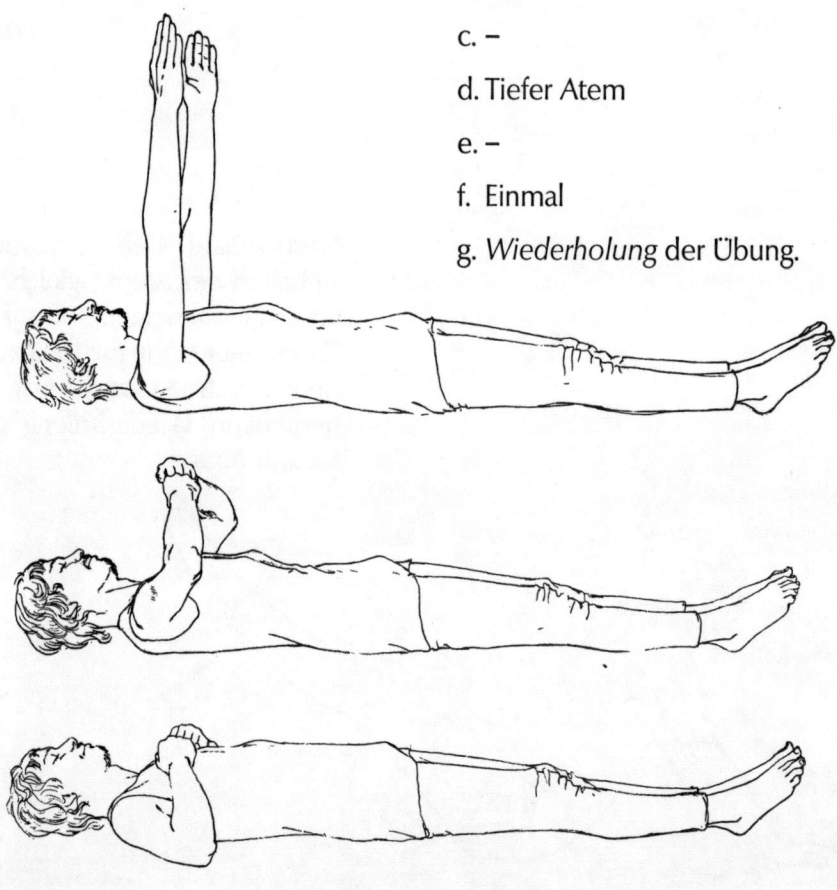

Set IX

Schwierigkeitsgrad: A

Übungsdauer: 20 Minuten

Anzahl der Übungen: 11

Physische Merkmale: Steigerung der Wirbelsäulenelastizität; Harmonisierung der Chakraenergie.

Psychische Merkmale: Steigerung der geistigen Energie.

1. a. Einfache Haltung – Die Arme sind in einem 60-Grad-Winkel seitlich nach oben ausgestreckt, die Handflächen weisen nach vorn; die Daumen zeigen aufwärts, die übrigen Finger sind zu den Fingerwurzeln eingeknickt.

   b. –

   c. –

   d. Feueratem

   e. –

   f. 2 bis 3 Minuten

   g. Nach Ablauf: Tiefes Einatmen, Anhalten des Atems, gleichzeitiges Zusammenführen der Hände über dem Kopf; die Daumen berühren sich; Anziehen der Wurzelschleuse; ausatmen und entspannen.

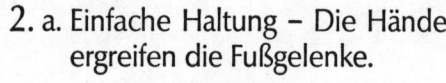

2. a. Einfache Haltung – Die Hände ergreifen die Fußgelenke.

b. Einatmen: Die Wirbelsäule wird weit nach vorne gebogen, die Brust hebt sich.
Ausatmen: Die Wirbelsäule wird weit nach hinten gebogen, die Brust wird hereingedrückt. Der Kopf bleibt während der Bewegung gerade und aufrecht.

c. –

d. Langer, tiefer Atem

e. –

f. 2 bis 3 Minuten

g. –

3. a. Einfache Haltung – Die Hände greifen an die Schultern, die Finger sind vorne, die Daumen liegen auf den Schulterblättern.

b. Einatmen: Der Oberkörper dreht aus der Hüfte heraus weit nach links.
Ausatmen: Der Oberkörper dreht aus der Hüfte heraus weit nach rechts.

c. –

d. Langer, tiefer Atem

e. –

f. 2 bis 3 Minuten

g. –

4. a. Maha-Mudra-Haltung – jedoch: beide Beine nach vorne ausgestreckt; beide Zehennägel werden kräftig gedrückt.

   b. Ausatmen: Der Oberkörper beugt sich in der Hüfte nach vorne, bis die Stirn die Beine berührt; die Beine bleiben durchgedrückt.
   Einatmen: Der Oberkörper richtet sich auf, der Kopf kommt in den Nacken.

   c. –

   d. Tiefer Atem

   e. –

   f. 2 bis 3 Minuten

   g. –

5. a. Maha-Mudra Haltung – jedoch: der Oberkörper ist von der Hüfte aus nach vorne gebeugt, die Stirn berührt das ausgestreckte Bein; der Körper ist in dieser Haltung entspannt.

   b. –

   c. –

   d. Feueratem

   e. 1 bis 2 Minuten

   f. *Wiederholung* der Übung mit gewechselter Beinhaltung.

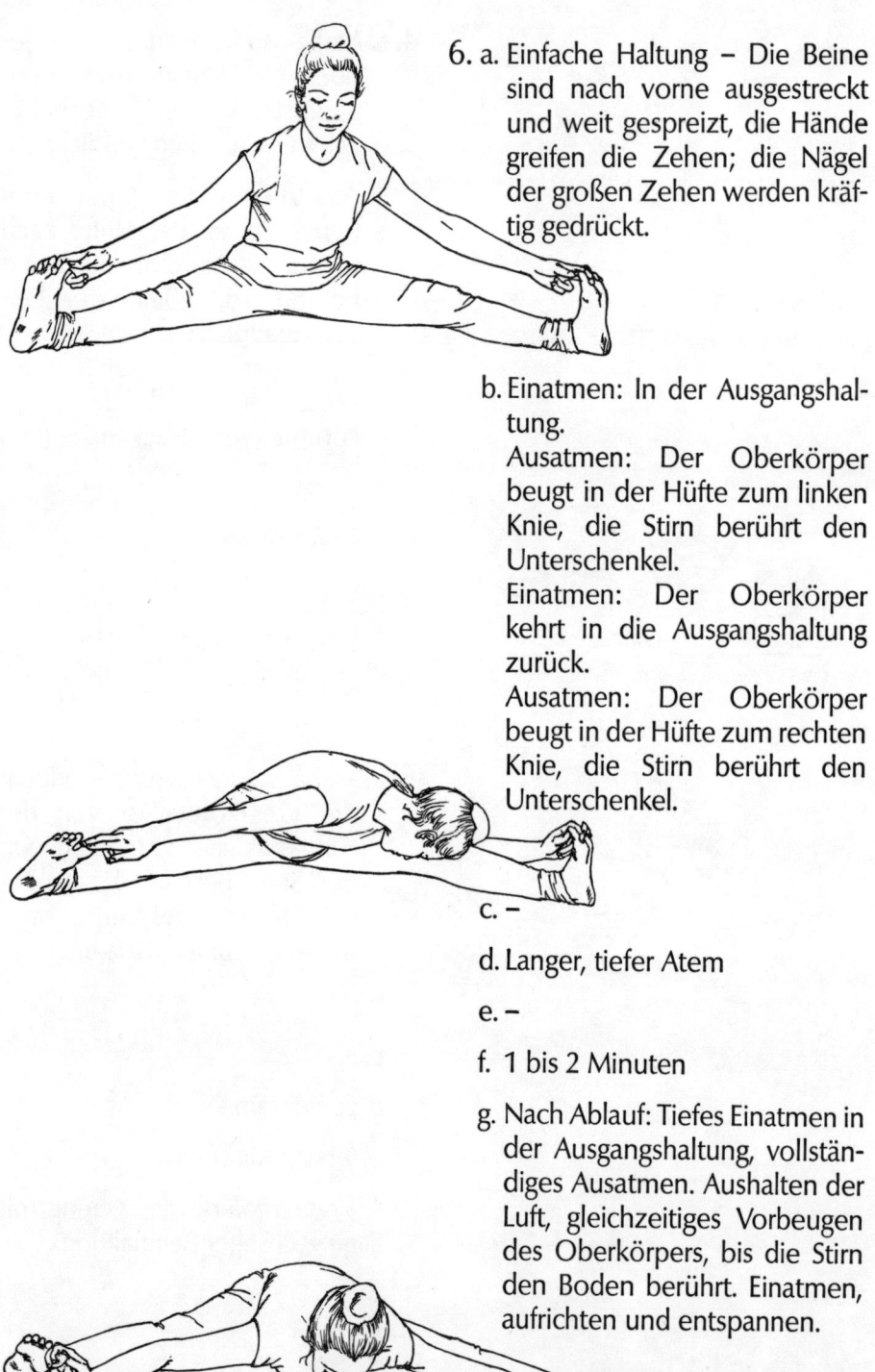

6. a. Einfache Haltung – Die Beine sind nach vorne ausgestreckt und weit gespreizt, die Hände greifen die Zehen; die Nägel der großen Zehen werden kräftig gedrückt.

b. Einatmen: In der Ausgangshaltung.
Ausatmen: Der Oberkörper beugt in der Hüfte zum linken Knie, die Stirn berührt den Unterschenkel.
Einatmen: Der Oberkörper kehrt in die Ausgangshaltung zurück.
Ausatmen: Der Oberkörper beugt in der Hüfte zum rechten Knie, die Stirn berührt den Unterschenkel.

c. –

d. Langer, tiefer Atem

e. –

f. 1 bis 2 Minuten

g. Nach Ablauf: Tiefes Einatmen in der Ausgangshaltung, vollständiges Ausatmen. Aushalten der Luft, gleichzeitiges Vorbeugen des Oberkörpers, bis die Stirn den Boden berührt. Einatmen, aufrichten und entspannen.

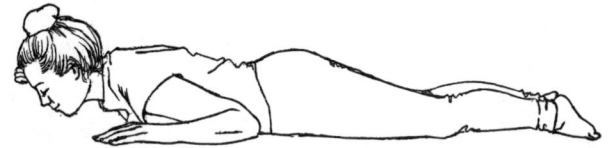

7. a. Bauchlage – Kobraposition

   b. –

   c. –

   d. Feueratem

   e. –

   f. 2 bis 3 Minuten

   g. –

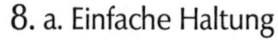

8. a. Einfache Haltung

   b. Einatmen: Die Schultern wer-
      den weit nach oben gezogen.
      Ausatmen: Die Schultern fallen
      nach unten.

   c. –

   d. Schneller, rhythmischer Atem

   e. –

   f. 1 bis 2 Minuten

   g. –

9. a. Einfache Haltung

b. Der Kopf rollt in weiten, tiefen Kreisen über die Schultern, den Nacken und die Brust.

c. –

d. Langer, tiefer Atem

e. –

f. 1 bis 2 Minuten in jeder Bewegungsrichtung.

g. –

10. Siehe Set-Nr. V, Ausführungszeit 3 bis 7 Minuten.

11. Entspannung in der einfachen Haltung oder in der Rückenlage für 15 Minuten.

Set X

Übungsdauer: 10 Minuten

Anzahl der Übungen: 4

Psychische Merkmale: Abbau seelischer und geistiger Spannungen; »streß«-mindernd.

1. a. Einfache Haltung – Die Arme sind in einem Winkel von 60 Grad seitlich nach oben gestreckt, die offenen Handflächen weisen nach oben.

   b. –

   c. –

   d. Langer, tiefer Atem

   e. –

   f. 2 bis 3 Minuten

   g. –

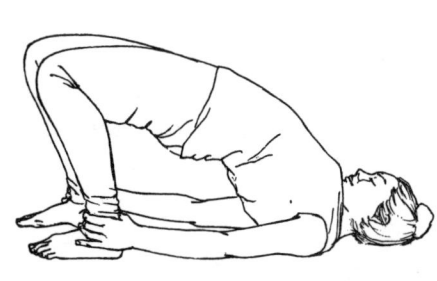

2. a. Rückenlage – Die Füße sind zum Gesäß gezogen, die Knie weisen nach oben, die Hände greifen die Fußgelenke.

   b. Einatmung: Hüfte und Gesäß werden weit nach oben gedrückt, Brust und Oberkörper richten sich auf.
   Ausatmung: Hüfte und Gesäß kommen zum Boden zurück, Brust und Oberkörper senken sich.

   c. –

   d. Langer, tiefer Atem

   e. –

   f. 12- bis 26mal

   g. –

157

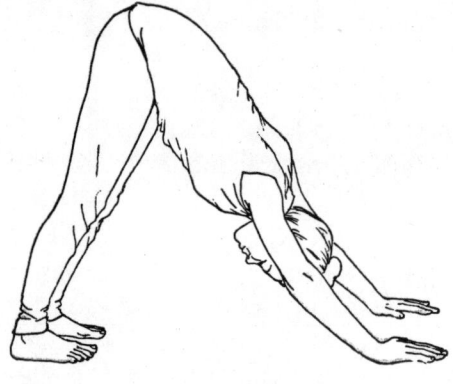

3. a. Dreieckshaltung: Kniende Position – der Oberkörper senkt sich in der Hüfte nach vorn; ausgestreckte Arme; die Hände liegen auf dem Boden; Anheben von Gesäß und Hüfte; die Beine werden durchgestreckt, der Körper bildet ein aufrechtes Dreieck von 60 Grad.

b. –

c. –

d. Langer, tiefer Atem

e. –

f. 2 bis 3 Minuten

g. Das Körpergewicht wird gleichmäßig auf die Arme und Beine verteilt.

4. a. Einfache Haltung

b. Der Kopf rollt in weiten, tiefen Kreisen über die Schultern, den Nacken und die Brust.

c. –

d. Langer, tiefer Atem

e. –

f. 12mal in jeder Bewegungsrichtung.

g. –

Set XI   *Schwierigkeitsgrad:* A

Übungsdauer: 20 Minuten   *Anzahl der Übungen:* 10

Physische Merkmale: Steigerung der körperlichen Widerstandskraft gegenüber Krankheiten.

Psychische Merkmale: Emotional stabilisierend.

1. a. Fersensitz – Die Arme sind senkrecht nach oben ausgestreckt, die Handflächen liegen aufeinander.

   b. Einatmen – Anhalten des Atems und permanentes, kräftiges Einziehen und Loslassen des Nabelpunktes; die Bauchdecke vollzieht eine Pumpbewegung.
      Ausatmen: Entspannung der Bauchdecke.
      Einatmen: Siehe oben.

   c. –

   d. Tiefer Atem

   e. –

   f. 2 bis 3 Minuten

   g. –

2. a. Fersensitz – Die Hände sind vor der Brust verschränkt, die Unterarme sind waagerecht.

   b. Einatmen: Die Arme werden sehr kräftig auseinandergezogen, ohne den Griff der Hände zu lösen.
      Ausatmen: Entspannung der Arme.
      Einatmen: Siehe oben.

159

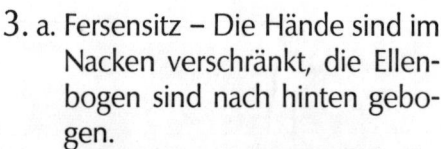

c. Bärengriff

d. Tiefer Atem

e. –

f. 2 bis 3 Minuten

g. –

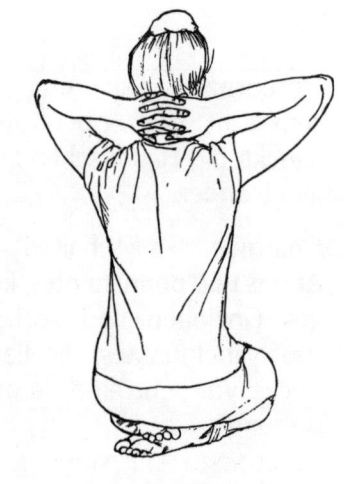

3. a. Fersensitz – Die Hände sind im Nacken verschränkt, die Ellenbogen sind nach hinten gebogen.

b. Ausatmen: Der Oberkörper beugt sich aus der Hüfte nach vorne, bis die Stirn den Boden berührt.
Einatmen: Der Oberkörper richtet sich zur aufrechten Haltung auf.

c. Venusgriff

d. Tiefer, kraftvoller Atem

e. –

f. 2 bis 3 Minuten

g. –

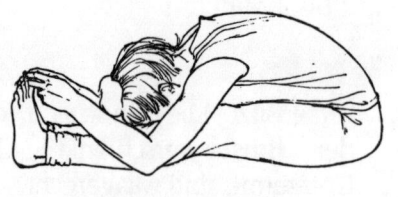

4. a. Einfache Haltung – Die Beine sind geschlossen nach vorne ausgestreckt, der Oberkörper ist aus der Hüfte heraus nach vorne gebeugt; Brust und Stirn liegen auf den Beinen; die Hände greifen die Zehen, der Körper ist entspannt.

b. –

c. –

d. Normaler Atem

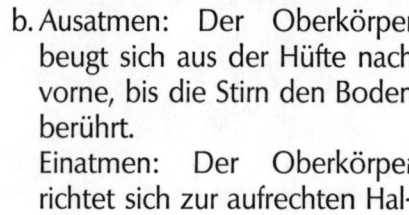

160

e. –

f. 2 bis 3 Minuten

g. –

5. a. Einfache Haltung

b. Der Kopf rollt in weiten, tiefen Kreisen über die Schultern, den Nacken und die Brust.

c. –

d. Langer, tiefer Atem

e. –

f. 1 bis 2 Minuten

g. –

6. a. Hände und Knie am Boden, die Wirbelsäule ist gerade; Unterschenkel und Füße sind nach hinten ausgestreckt.

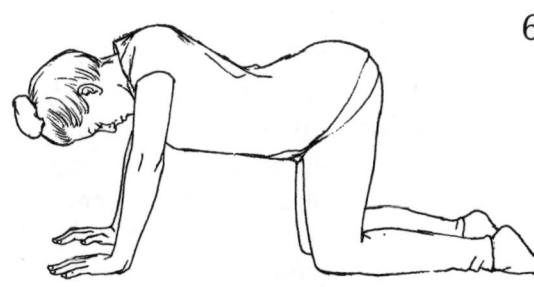

b. Einatmen: Der Kopf geht in den Nacken, die Wirbelsäule hängt in einem tiefen Bogen entspannt nach unten durch.
Ausatmen: Das Kinn kommt zur Brust, die Wirbelsäule beschreibt einen hohen »Buckel«.

c. –

d. Tiefer, rhythmischer Atem

e. –

f. 2 bis 3 Minuten

g. –

161

7. a. Fersensitz

   b. Einatmen: Die linke Schulter wird weit heraufgezogen.
      Ausatmen: Die rechte Schulter wird weit heraufgezogen, die linke Schulter fällt nach unten.

   c. –

   d. Tiefer Atem

   e. –

   f. 2 bis 3 Minuten

   g. –

8.   Tiefe Entspannung in der Rük-kenlage für 5 bis 7 Minuten.

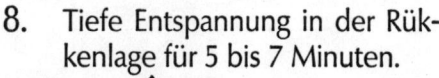

9. a. Dreieckshaltung: Kniende Position – Der Oberkörper senkt sich in der Hüfte nach vorn; ausgestreckte Arme; die Hände liegen auf dem Boden; Anheben von Gesäß und Hüfte; die Beine werden durchgedrückt; der Körper bildet ein aufrechtes Dreieck von 60 Grad.

   b. –

   c. –

   d. Normaler Atem

   e. –

   f. 5 Minuten

   g. Das Körpergewicht wird gleichmäßig auf die Arme und Beine verteilt.

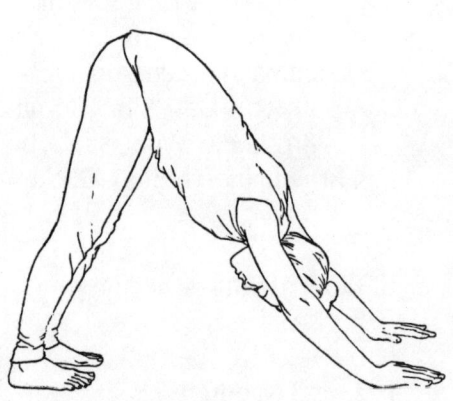

10. a. Aufrechtes Stehen – Der Oberkörper knickt in der Hüfte nach
vorn, die Hände greifen die
Fußgelenke; die Beine sind
durchgedrückt.

b. Langsames Gehen, ohne die
Haltung zu verändern.

c. –

d. Normaler Atem

e. –

f. 2 bis 3 Minuten

g. Die abschließende Entspannung in der einfachen Haltung.

Set XII   *Schwierigkeitsgrad:* A

Übungsdauer: 10 Minuten   *Anzahl der Übungen:* 5

Physische Merkmale: Entspannung des Körpers.

Psychische Merkmale: Beruhigung der Gedanken.

1. a. Aufrechtes Stehen – Die Arme hängen entspannt herab.

   b. Zu einer Musik freier Wahl (meditative Klänge sollten bevorzugt werden) werden freie, fließende Tanzbewegungen ausgeführt.

   c. –

   d. Normaler Atem

   e. –

   f. 3 bis 11 Minuten; kann beliebig verlängert werden.

   g. Die Augen sind bei der Übung geschlossen.

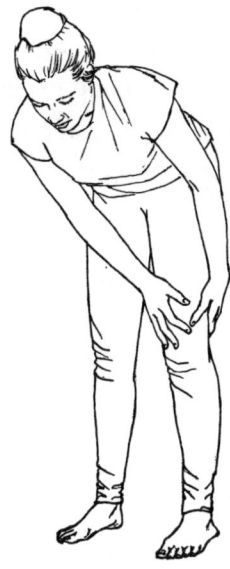

2. a. Aufrechtes Stehen

   b. Die Hände betasten konti-
      nuierlich den gesamten Körper.

   c. –

   d. Normaler Atem

   e. –

   f. 3 bis 5 Minuten

   g. –

3. a. Aufrechtes Stehen – Der Ober-
      körper ist in der Hüfte weit
      nach unten gebeugt, die Arme
      und der Kopf hängen ent-
      spannt herunter.

   b. –

   c. –

   d. Normaler Atem

   e. –

   f. 3 bis 11 Minuten

   g. –

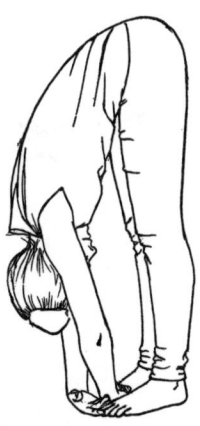

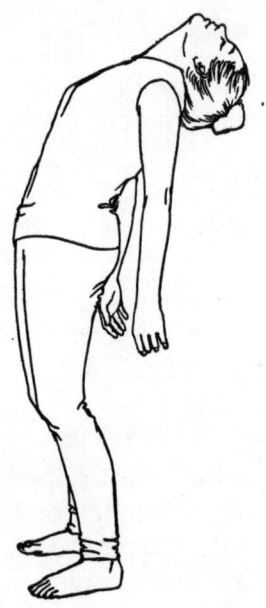

4. a. Aufrechtes Stehen – Der Oberkörper ist nach hinten gebeugt,
die Arme hängen entspannt
herab.

   b. –

   c. –

   d. Normaler Atem

   e. –

   f. 1 Minute

   g. –

5. Tiefe und vollständige Entspannung in der Rückenlage.

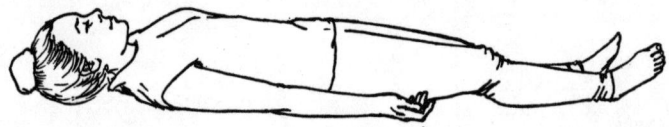

Set XIII

Schwierigkeitsgrad: B

Übungsdauer: 12 Minuten

Anzahl der Übungen: 8

Physische Merkmale: Aktivierung der Kundalini-Energie.

Psychische Merkmale: Steigerung der geistigen Klarheit.

1. a. Zölibatshaltung – Der Körper ist vollkommen entspannt.

   b. –

   c. –

   d. Normaler Atem

   e. –

   f. 2 Minuten

   g. Geistige Konzentration auf den Körper und Bewußtmachung aller Körperteile und Organe.

2. a. Fersensitz – Die Arme sind seitlich ausgestreckt, parallel zum Boden; die Handflächen weisen nach oben.

   b. Einatmen: Gleichzeitiges Zählen bis sechs und zeitgleiches Anheben des Gesäßes.
   Einhalten des Atems: Gleichzeitiges Zählen bis zwölf und Verharren in der leicht erhobenen Haltung.
   Ausatmen: Gleichzeitiges Zählen bis sechs und zeitgleiches Senken des Gesäßes auf den Boden.

   c. –

   d. Langer, tiefer Atem

167

e. –

f. achtmal.

g. Während der letzten Phase des Atemeinhaltens werden die Hände über dem Kopf kraftvoll zusammengeklatscht. Unmittelbares Weitergehen zur nächsten Übung.

3. a. Rückenlage – Die ausgestreckten Beine sind 45 Zentimeter angehoben.

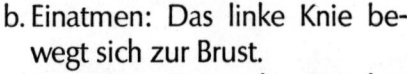

b. Einatmen: Das linke Knie bewegt sich zur Brust.
Ausatmen: Das rechte Knie bewegt sich zur Brust, das linke Bein wird ausgestreckt.
Einatmen: Das linke Knie bewegt sich zur Brust, das rechte Bein wird ausgestreckt.

c. –

d. Tiefer Atem

e. –

f. 2 bis 3 Minuten

g. Während der »Radfahrbewegung« bleiben die Unterschenkel in jeder Phase des Bewegungsablaufs parallel zum Boden. Unmittelbares Weitergehen zur nächsten Übung.

4. a. Rückenlage

   b. Einatmen: Die ausgestreckten Beine werden zur senkrechten Stellung angehoben; Einhalten des Atems für 30 Sekunden. Ausatmen: Die Beine senken sich langsam zum Boden.

   c. –

   d. Tiefer Atem

   e. –

   f. einmal

   g. –

5. a. Rückenlage – Die Beine sind 15 Zentimeter angehoben.

   b. –

   c. –

   d. Feueratem

   e. –

   f. 1 Minute

   g. –

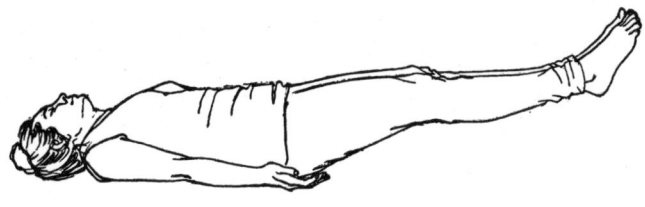

6. a. Bauchlage – Die Hände sind auf dem Rücken in Höhe des Kreuzbeines verschränkt.

   b. Einatmen: Der Oberkörper wird weit aufgerichtet, der Kopf kommt in den Nacken; die Arme werden weit angehoben. Ausatmen: Oberkörper, Kopf und Arme senken sich.

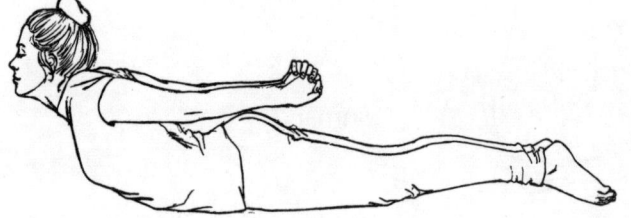

   c. Venusgriff

   d. kraftvoller, tiefer Atem

   e. –

   f. zehnmal

   g. Während des Ausatemvorgangs sind die Augen geöffnet.

7. a. Rückenlage – Die Arme sind senkrecht nach oben ausgestreckt, die Handflächen weisen nach innen.

   b. –

   c. –

   d. Feueratem

   e. –

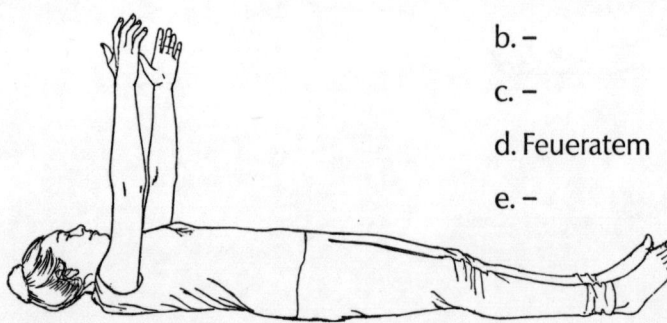

f. 1 Minute

g. Nach Ablauf: Tiefes Einatmen, Anhalten des Atems; die Hände schließen sich zu Fäusten und werden mit großer Kraftanstrengung gegen einen imaginären Widerstand zur Brust gezogen; diese Bewegung wird einmal wiederholt.

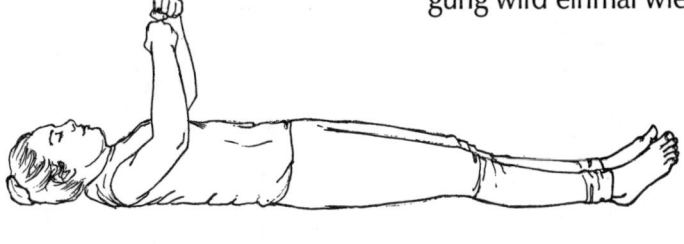

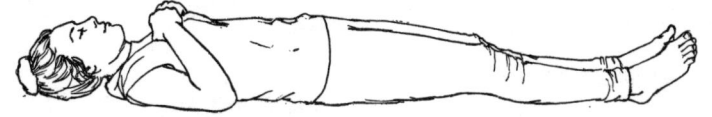

8. Tiefe Entspannung in der Rükkenlage – Die geistige Konzentration gilt dem Herzschlag, dieser wird verbunden mit dem Mantra: Ong, Ong, Ong ... nung in der Rückenlage.

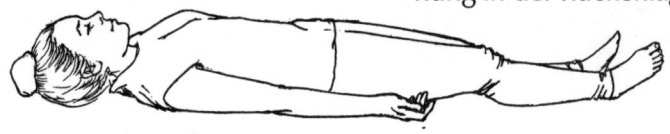

Set XIV   *Schwierigkeitsgrad:* C

Übungsdauer: 30 Minuten   *Anzahl der Übungen:* 16

Physische Merkmale: Kreislaufstärkend; verdauungsfördernd; Kräftigung der Rückenmuskulatur.

Psychische Merkmale: Nervenstärkend; Steigerung der Spontaneität.

1. a. Fersensitz – Die Hände sind im Nacken verschränkt, die Ellenbogen sind leicht nach hinten gebogen.

   b. –

   c. –

   d. Feueratem

   e. –

   f. 2 Minuten

   g. –

2. a. Bauchlage – Die Unterschenkel sind zum Gesäß geknickt, die Hände greifen die Fußgelenke; das Kinn ruht am Boden.

   b. –

   c. –

   d. Langer, tiefer Atem

   e. –

   f. 2 Minuten

   g. –

3. a. Rückenlage – Streckposition

   b. –

   c. –

   d. Feueratem

   e. –

   f. 2 Minuten

   g. –

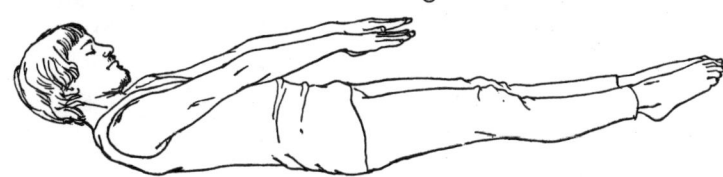

4. a. Rückenlage – Die ausgestreckten Beine sind 45 Zentimeter angehoben.

   b. Einatmen: Das linke Knie bewegt sich zur Brust.
Ausatmen: Das rechte Knie bewegt sich zur Brust, das linke Bein wird ausgestreckt.
Einatmen: Das linke Knie bewegt sich zur Brust, das rechte Bein wird ausgestreckt.

   c. –

   d. Tiefer Atem

   e. –

   f. 2 Minuten

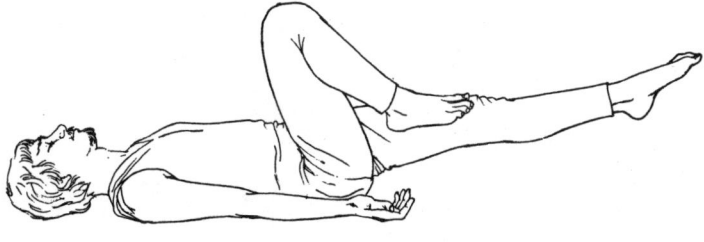

g. Während der »Radfahrbewegung« bleiben die Unterschenkel in jeder Phase des Bewegungsablaufs parallel zum
Boden.

5. a. Rückenlage – Die Zehen sind
kraftvoll nach vorne gestreckt.

b. Einatmen: Die Beine heben
sich geschlossen und durchgedrückt zur senkrechten Stellung.
Ausatmen: Die Beine senken
sich langsam auf den Boden.

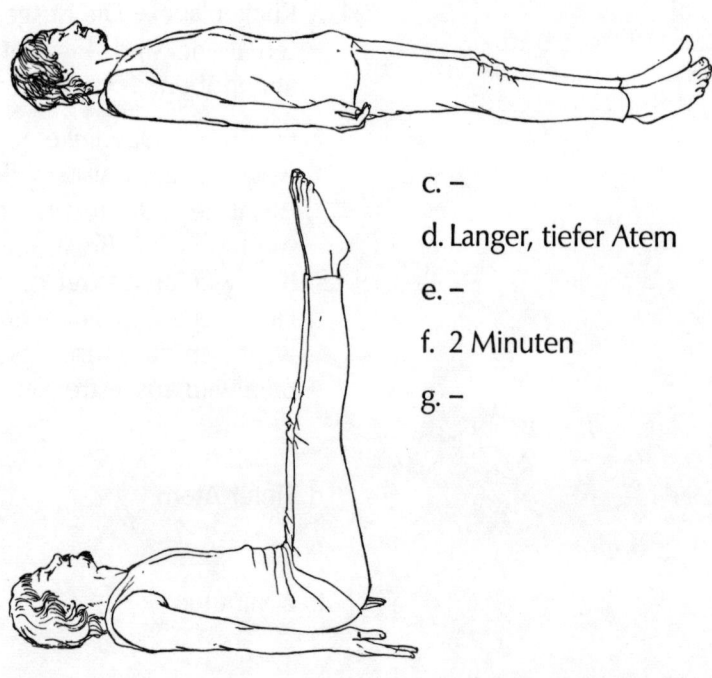

c. –

d. Langer, tiefer Atem

e. –

f. 2 Minuten

g. –

6. a. Kobraposition – jedoch: Die Unterschenkel nach oben geknickt und gleichzeitiges Anheben der Beine.

   b. –

   c. –

   d. Langer, tiefer Atem

   e. –

   f. 2 Minuten

   g. –

7. a. Rückenlage – Die Knie sind zur Brust gezogen; die Hände umfassen die Unterschenkel und drücken die Beine an den Körper; das Kinn liegt auf der Brust.

b. Schaukelnde Bewegung auf der Wirbelsäule; der Körper rollt auf und ab.

c. –

d. Normaler Atem

e. –

f. 2 Minuten

g. Diese Übung muß auf einer weichen Unterlage ausgeführt werden.

8. a. Bauchlage – Streckposition

b. –

c. –

d. Feueratem

e. –

f. 2 Minuten

g. –

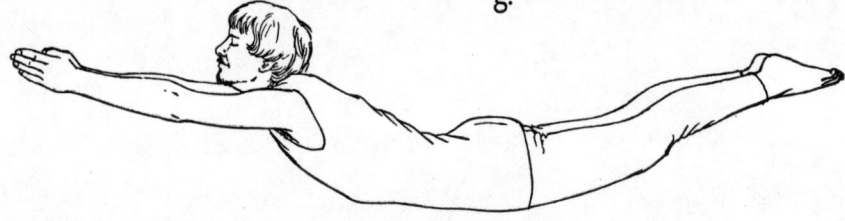

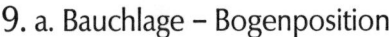

9. a. Bauchlage – Bogenposition

   b. –

   c. –

   d. Feueratem

   e. –

   f. 2 Minuten

   g. –

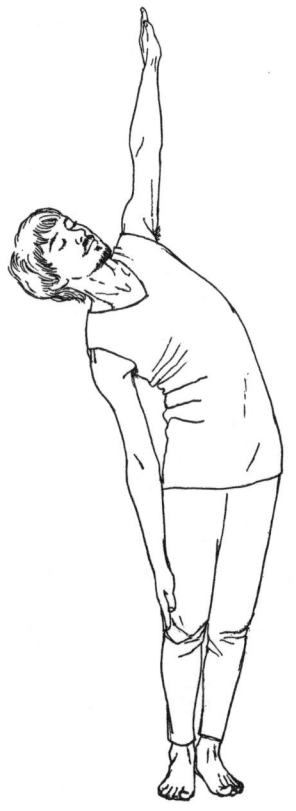

10. a. Aufrechtes Stehen – Die Arme sind parallel zum Boden seitlich ausgestreckt.

    b. Einatmen: Der Oberkörper beugt sich ohne Drehung in der Hüfte weit nach links.
    Ausatmen: der Oberkörper beugt sich ohne Drehung in der Hüfte weit nach rechts.

    c. –

    d. Langer, tiefer Atem

    e. –

    f. 2 Minuten

    g. –

11. a. Aufrechtes Stehen – Die Füße stehen schulterbreit auseinander; der rechte Arm ist seitlich parallel zum Boden ausgestreckt, die linke Hand ruht auf der Brust.

b. Einatmen: Der linke Arm schwingt in die ausgestreckte Stellung, die rechte Hand bewegt sich zur Brust.
Ausatmen: Der rechte Arm schwingt in die ausgestreckte Stellung, die linke Hand bewegt sich zur Brust.

c. ⌒

d. Langer, tiefer Atem

e. ⌒

f. 2 Minuten

g. ⌒

12. a. Aufrechtes Stehen – Die Arme sind senkrecht nach oben ausgestreckt.

b. Einatmen: In der Ausgangsposition.
Ausatmen: Der Oberkörper bewegt sich in der Hüfte nach vorn, die Hände berühren den Boden; die Knie bleiben durchgedrückt.
Einatmen: Der Oberkörper bewegt sich in die aufrechte, gestreckte Haltung.

c. ⌒

d. Langer, tiefer Atem

178

e. –

f. 2 Minuten.

g. –

13. Wiederholung der Übung 4., 2 Minuten.

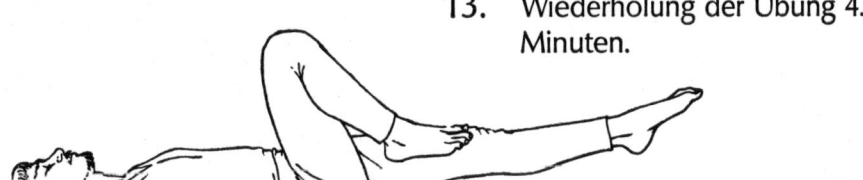

14. a. Rückenlage

b. Einatmen: Das linke Bein wird bis zur senkrechten Stellung angehoben.
Ausatmen: Das rechte Bein wird bis zur senkrechten Stellung angehoben – das linke Bein senkt sich auf den Boden.
Einatmen: Das linke Bein wird bis zur senkrechten Stellung angehoben – das rechte Bein senkt sich auf den Boden.

c. –

d. Langer, tiefer Atem

e. –

f. 2 Minuten

g. –

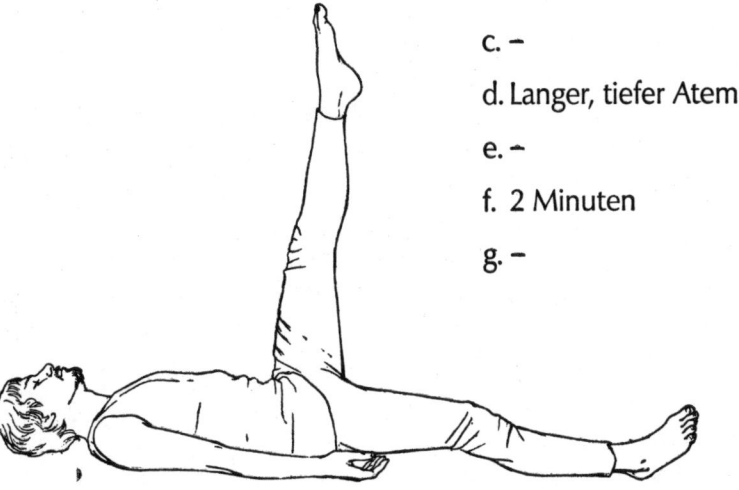

15. Siehe Set-Nr. V; Ausführungszeit 2 Minuten.

16. a. Einfache Haltung – Die Beine
sind nach vorne ausgestreckt
und in einem 60-Grad-Winkel
angehoben; der Oberkörper ist
in einem 60-Grad-Winkel nach
hinten gelehnt; die Arme sind
nach vorne ausgestreckt, parallel zum Boden.

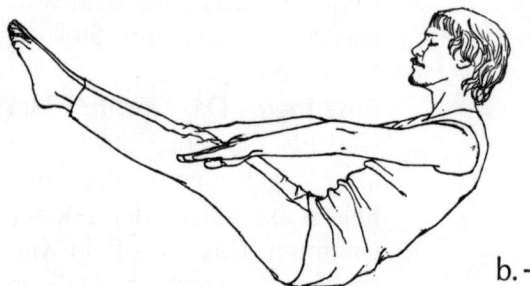

b. –

c. –

d. Feueratem

e. –

f. 2 Minuten

g. –

17. Vollständige und tiefe Entspannung in der Rückenlage.

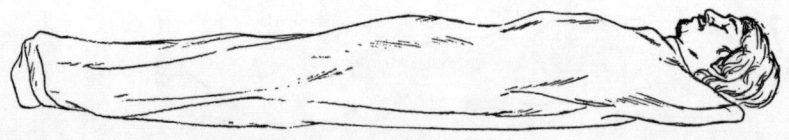

Set XV

Übungsdauer: 45 Minuten

Anzahl der Übungen: 17

Physische Merkmale: Aktivierung der Körperfunktionen; Stärkung des Verdauuungssystems.

Psychische Merkmale: Harmonisierung und Stabilisierung emotionaler und geistiger Prozesse.

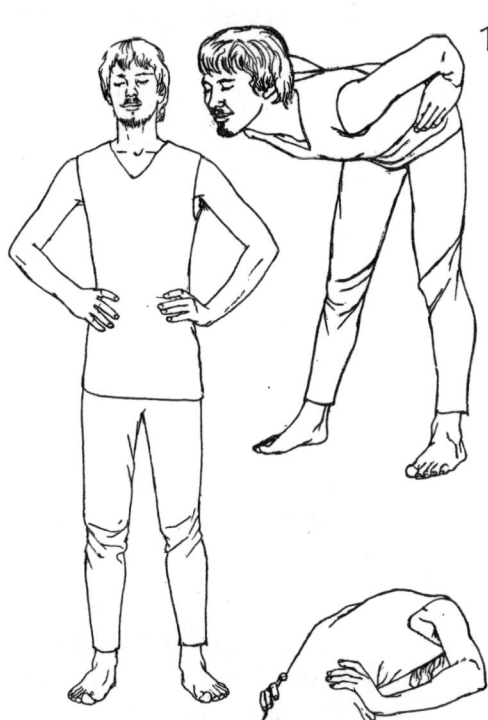

1. a. Aufrechtes Stehen – Die Füße stehen schulterbreit auseinander; die Hände liegen in den Hüften.

   b. Der Oberkörper biegt sich in einem gleichmäßigen Rhythmus nach vorne, nach hinten, nach rechts und nach links; zwischendurch wird jedesmal die aufrechte Stellung eingenommen.

   c. –

   d. Tiefer, rhythmischer Atem

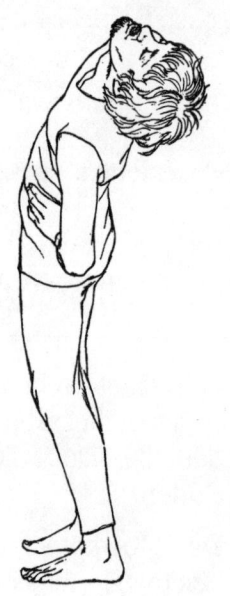

e. *Sa – Ta – Na – Ma*; jede Silbe wird mit einer Biegebewegung kombiniert.

f. 5 Minuten

g. –

2. a. Aufrechtes Stehen – Die Füße stehen schulterbreit auseinander; die Hände liegen in den Hüften.

b. Der Oberkörper beschreibt aus der Hüfte heraus weite, tiefe Kreise.

c. –

d. Langer, tiefer Atem

e. –

f. 5 Minuten

g. Die letzten zwei Minuten der Übung werden mit dem Mantra *Har Hari* kombiniert.

3. a. Aufrechtes Stehen – Die Füße stehen schulterbreit auseinander; die Arme hängen entspannt nach unten.

b. 1. Die Arme werden vor der Brust verschränkt.

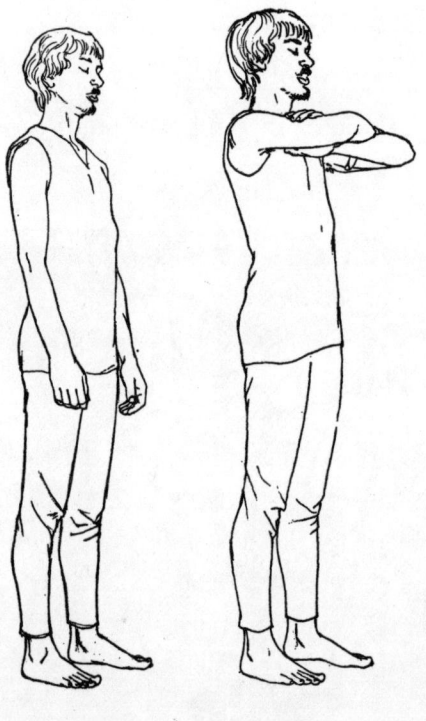

2. Der Kopf fällt in den Nacken, die verschränkten Arme zeigen senkrecht aufwärts.

3. Der Kopf kehrt in die aufrechte Haltung zurück, die verschränkten Arme senken sich vor die Brust.

4. Die Arme fallen entspannt nach unten.

Dieser vierteilige Bewegungszyklus wird kontinuierlich ausgeführt.

c. –

d. Tiefer Atem

e. *Sa – Ta – Na – Ma*. Jede Silbe wird mit einer Phase des Bewegungsablaufs kombiniert.

f. 3 Minuten

g. –

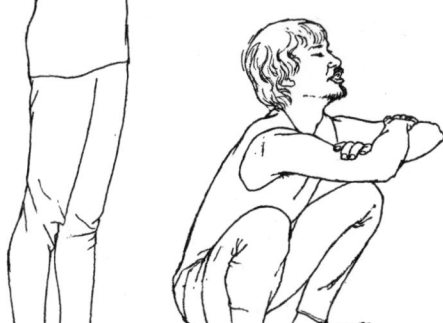

4. a. Aufrechtes Stehen – Die Arme sind vor der Brust verschränkt.

b. Ausatmen: Der Körper senkt sich in die Krähenposition, die Arme bleiben verschränkt. Einatmen: Der Körper hebt sich in die aufrechte Stellung.

c. –

d. Tiefer Atem

e. *Sa – Ta – Na – Ma*. Jede Silbe wird mit einer Bewegungsphase kombiniert.

f. 3 Minuten.

g. –

5. a. Aufrechtes Stehen – Die Füße stehen schulterbreit auseinander, die Arme hängen entspannt herab; der Daumen in der Handfläche und die Hände sind zu Fäusten geschlossen.

   b. Die Arme schwingen in großen, schnellen Kreisen rückwärts; die Schultern sind in die Bewegung einbezogen.

   c. –

   d. Normaler Atem

   e. *Har, Har, Har, Har, Har, Har, Hari.*

   f. 2 bis 3 Minuten

   g. –

6. a. Aufrechtes Stehen – Die Hände liegen auf den Hüften.

   b. Schnelles Traben auf der Stelle; nur die Fußspitzen und die Fußballen berühren den Boden.

   c. –

   d. Normaler Atem

   e. *Ham Dam Har Har – Har Har Ham Dam.*

   f. 3 Minuten

   g. Unmittelbares Weitergehen zur nächsten Übung.

7. a. Rückenlage – Katzenstreckposition

b. –

c. –

d. Langer, tiefer Atem

e. –

f. 1 bis 2 Minuten

g. Ausführung der Übung für
beide Körperseiten.

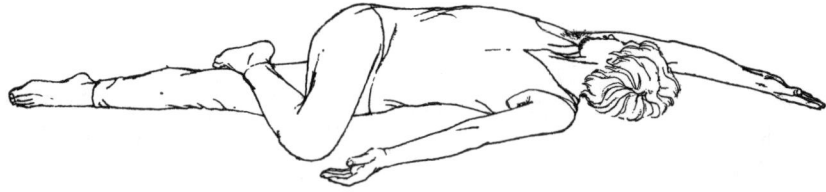

8. a. Bauchlage-Kobraposition – je-
doch: Die Arme sind mit den
Ellenbogen aufgesetzt, die
Unterarme zeigen nach vorne.

b. Der linke und der rechte Fuß
schlagen mit der Ferse in einem
abwechselnden Rhythmus auf
das Gesäß.

c. –

d. normaler Atem

e. –

f. 3 bis 4 Minuten

g. –

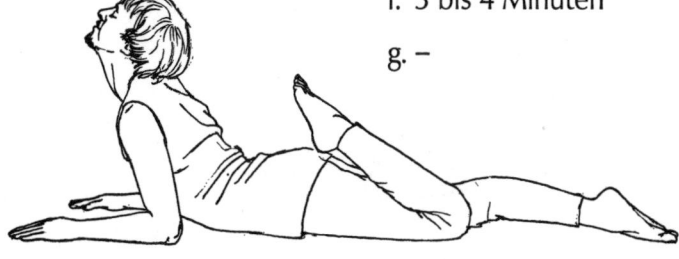

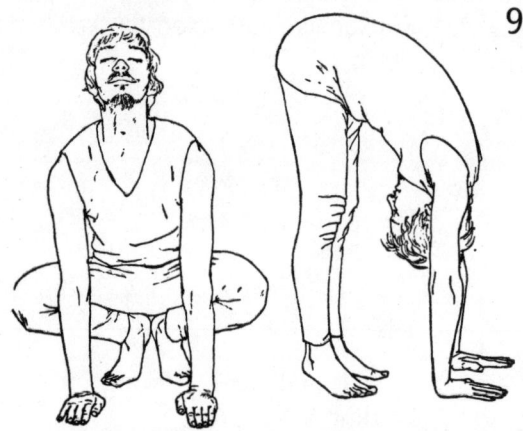

9. a. Froschposition

b. Einatmen: Die Beine werden durchgestreckt, – Gesäß und Hüfte heben sich; die Hände bleiben am Boden.
Ausatmen: Die Beine werden eingeknickt, Gesäß und Hüfte senken sich. Während der Auf- und Abbewegung wird die Stellung auf den Zehenspitzen beibehalten.

c. –

d. Tiefer Atem

e. *Sa – Ta – Na – Ma*. Jede Silbe wird mit einer Bewegungsphase kombiniert.

f. 2 Minuten

g. –

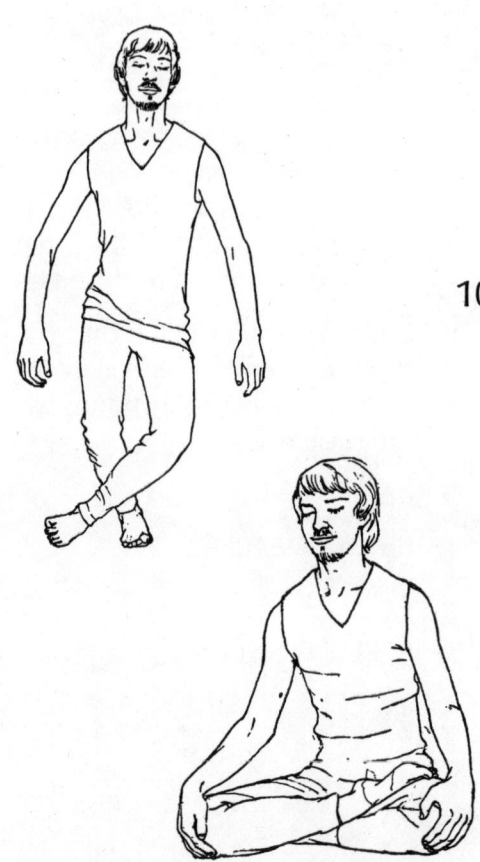

10. a. Aufrechtes Stehen

b. 1. Es wird die einfache Haltung eingenommen, ohne mit den Händen den Boden zu berühren.
2. Rückkehr zum aufrechten Stehen, ebenfalls ohne Zuhilfenahme der Hände.

c. –

d. Normaler Atem

e. –

f. dreimal.

g. –

186

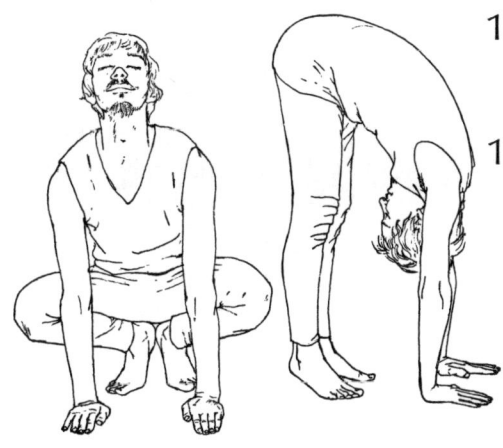

11. Wiederholung der Übung 9.; 1 Minute.

12. a. Maha-Mudra Haltung – jedoch: Beide Beine nach oben ausgestreckt; beide Zehennägel werden kräftig gedrückt.

b. Sitali Pranayam: Die Zunge wird in ihrer Längsrichtung zusammengerollt und etwas aus dem Mund herausgestreckt.

c. –

d. Langer, tiefer Atem; einatmen durch die gerollte Zunge, ausatmen durch die Nase.

e. –

f. 1 bis 2 Minuten

g. –

13. a. Einfache Haltung – Die Hände befinden sich vor der Brust, die Fingerspitzen berühren sich; die Unterarme sind parallel zum Boden.

b. Einatmen: Der linke Arm bewegt sich schwungvoll, aber präzise in eine seitlich ausgestreckte Position.

Ausatmen: Der linke Arm bewegt sich zurück, die Hand kommt vor die Brust.
Einatmen: Der rechte Arm bewegt sich schwungvoll, aber präzise in eine seitlich ausgestreckte Position.
Ausatmen: Der rechte Arm bewegt sich zurück, die Hand kommt vor die Brust.

c. –

d. Tiefer, kräftiger Atem

e. –

f. 3 Minuten

g. –

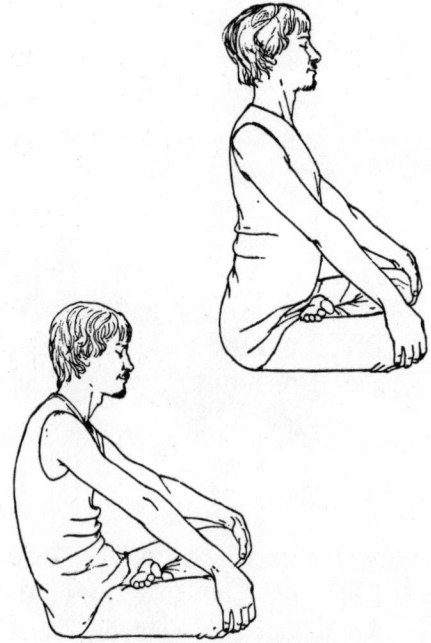

14. a. Einfache Haltung

b. Einatmen: Die Wirbelsäule wird weit nach vorne gebogen, die Brust hebt sich.
Ausatmen: Die Wirbelsäule wird weit nach hinten gebogen, die Brust wird hereingedrückt. Der Kopf bleibt während der Bewegung gerade und aufrecht.

c. –

d. Tiefer Atem

e. –

f. 4 Minuten

g. –

15. a. Einfache Haltung – Die Arme sind angewinkelt, die Hände sind lose zu Fäusten geschlossen; sie befinden sich neben den Schultern.

b. Einatmen: Die Arme werden in einem 60-Grad-Winkel nach oben ausgestreckt.
Ausatmen: Die Arme werden angezogen, die Hände kommen auf Schulterhöhe zurück.

c. –

d. Tiefer Atem

e. –

f. 2 bis 3 Minuten

g. –

16. a. Einfache Haltung – Die Arme sind vor der Brust verschränkt.

b. 1. Der Oberkörper knickt in der Hüfte nach links.
2. Der Oberkörper kehrt in die aufrechte Haltung zurück.
3. Der Oberkörper knickt in der Hüfte nach rechts.
4. Der Oberkörper kehrt in die aufrechte Haltung zurück.

c. –

d. Tiefer Atem

e. *Sa – Ta – Na – Ma.* Jede Silbe wird mit einer Bewegungsphase kombiniert.

f. 1 bis 2 Minuten

g. –

17. a. Einfache Haltung

b. –

c. –

d. Langer, tiefer Atem

e. –

f. 4 Minuten

g. –

Set XVI

Schwierigkeitsgrad: B

Übungsdauer: 12 Minuten

Anzahl der Übungen: 4

Physische Merkmale: Aktivierung der Leberfunktionen.

1. a. Aufrechtes Stehen – Die Füße stehen schulterbreit auseinander.

   b. Das linke Bein macht einen großen Schritt nach hinten, das rechte Bein macht einen kleinen Schritt nach vorn. Die Hände werden nach vorne ausgestreckt. Die rechte Hand weist mit der Handfläche nach oben, die linke Hand weist mit der Handfläche nach unten. Die Arme sind parallel zum Boden. Diese Haltung wird für die Dauer der Übung beibehalten.

   c. –

   d. Langer, tiefer Atem

   e. –

   f. 3 Minuten

   g. Die Entspannung erfolgt in der einfachen Haltung.

2. a. Aufrechtes Stehen – Die Füße stehen schulterbreit auseinander; die Arme sind seitlich ausgestreckt, parallel zum Boden.

   b. Der Oberkörper dreht in der Hüfte nach links, ohne daß die Stellung oder die Haltung der Arme verändert werden, bis der

191

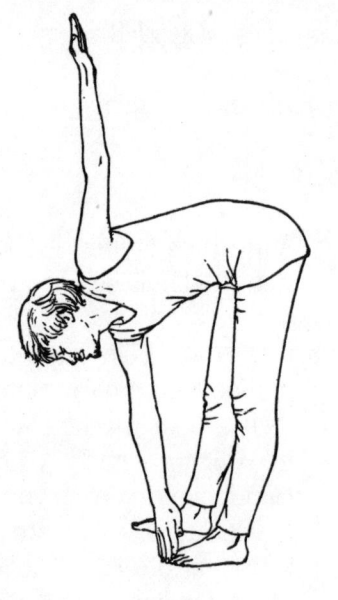

rechte Arm nach vorne zeigt. Nun beugt sich der Oberkörper nach vorn, bis die rechte Hand den Boden berührt. Der linke Arm zeigt senkrecht aufwärts. Diese Haltung wird für die Dauer der Übung beibehalten.

c. –

d. Langer, tiefer Atem

e. –

f. 3 Minuten

g. Die Entspannung erfolgt in der einfachen Haltung.

3. a. Rückenlage – Die rechte Hand liegt unter dem Gesäß, das rechte Bein ist zur senkrechten Stellung angehoben.

b. Der Oberkörper wird angehoben und die Nase berührt das linke Knie. Das linke Bein bleibt ausgestreckt am Boden. Diese Haltung wird für die Dauer der Übung beibehalten.

c. –

d. Langer, tiefer Atem

e. –

f. 3 Minuten

g. Unmittelbares Weitergehen zur nächsten Übung.

4. a. Einfache Haltung

b. –

c. Gyan-Mudra

d. Langer, tiefer Atem.

e. *Sat Nam, Wahe Guru, Hari Narayen Sat Nam.*

f. 3 Minuten

g. –

Set XVII

Schwierigkeitsgrad: B

Übungsdauer: 35 Minuten

Anzahl der Übungen: 6

Physische Merkmale: Aktivierung der Nieren und des Harnsystems.

1. a. Einfache Haltung – Die Beine sind nach vorne ausgestreckt. Die Arme sind parallel zum Boden nach vorne ausgestreckt, die Finger sind eingerollt. Die Daumen weisen nach oben.

   b. Ausatmen: Der Oberkörper beugt sich aus der Hüfte heraus weit nach vorn. Die Brust bewegt sich zum Boden, die Arme bleiben ausgestreckt.
   Einatmen: Der Oberkörper richtet sich auf.

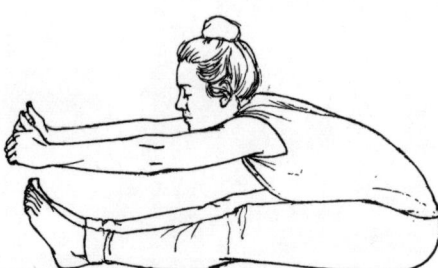

   c. –

   d. Tiefer, kraftvoller Atem

   e. –

   f. 5 bis 6 Minuten

   g. –

2. a. Rückenlage – Die Füße sind zum Gesäß gezogen, die Knie sind aufgerichtet; die Hände greifen die Fußgelenke.

   b. Einatmen: Das Gesäß und die Hüfte werden weit angehoben, Brust und Oberkörper richten sich auf.

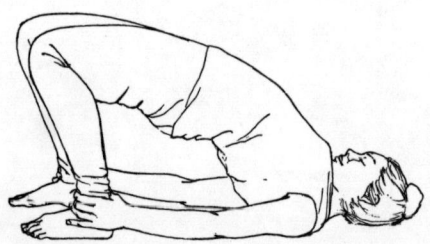

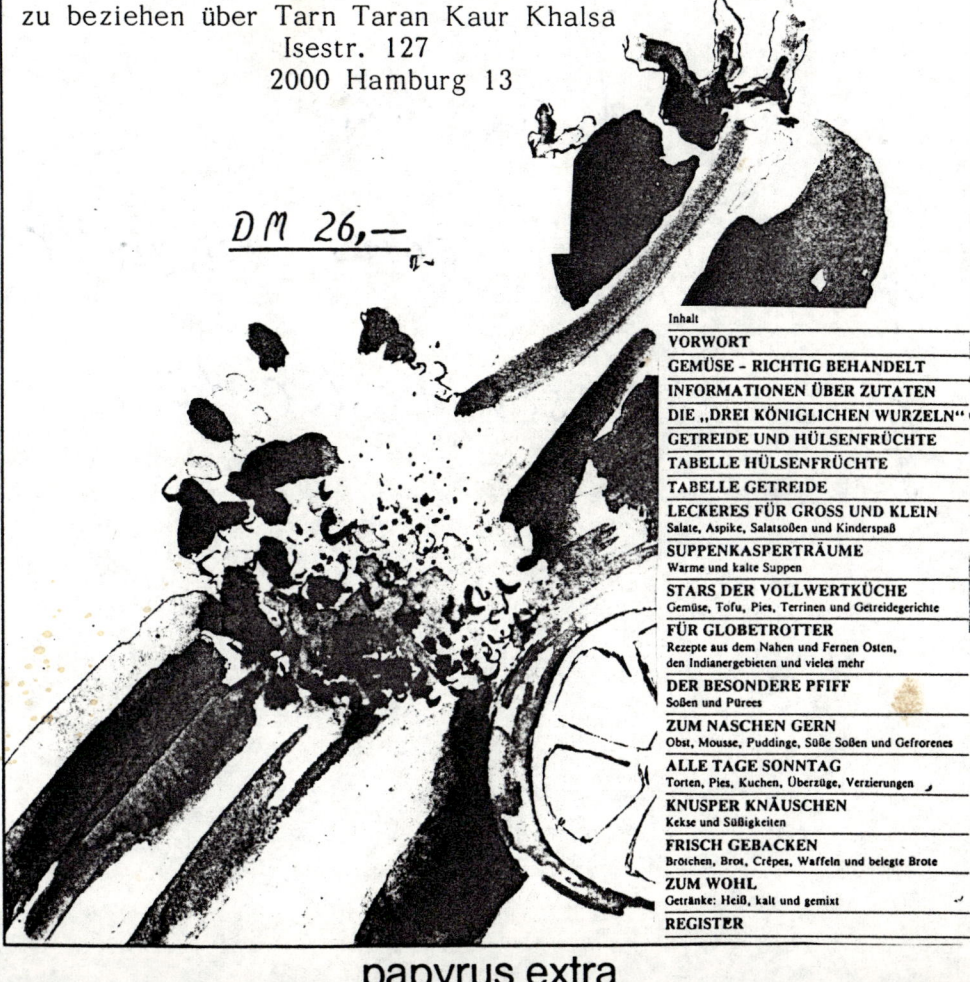

Endlich da!!

TARN TARAN KAUR KHALSA

ESSEN FÜR LEIB UND SEELE

DAS VEGETARISCHE KOCHBUCH DER BESTEN REZEPTE AUS DEM GOLDEN TEMPLE RESTAURANT

zu beziehen über Tarn Taran Kaur Khalsa
Isestr. 127
2000 Hamburg 13

DM 26,—

papyrus extra

a = Grundhaltung
b = Bewegungsablauf
c = Mudra
d = Atem
e = Mantra
f = Zeit oder Anzahl
g = Besonderheiten

Ausatmen: Gesäß und Hüfte kommen zum Boden zurück, Brust und Oberkörper senken sich.

c. –

d. Langer, tiefer Atem

e. –

f. 8 Minuten

g. –

3. a. Hände und Knie am Boden; die Wirbelsäule ist gerade; Unterschenkel und Füße sind nach hinten ausgestreckt.

b. Einatmen: Der Kopf geht in den Nacken; die Wirbelsäule hängt in einem tiefen Bogen entspannt nach unten durch.
Ausatmen: Das Kinn kommt zur Brust, die Wirbelsäule beschreibt einen hohen »Buckel«.

c. –

d. Tiefer, rhythmischer Atem

e. –

f. 2 Minuten

g. Nach Ablauf: Anheben des ausgestreckten rechten Beines für 30 Sekunden; Wechsel der Beine. Anheben des ausgestreckten linken Beines für 30 Sekunden; Wechsel der Beine. Erneutes Anheben des rechten Beines. Nun schlägt der Fuß in

einer rhythmischen Bewegung mit der Ferse auf das Gesäß; 1 Minute. Letzter Wechsel der Beine und Wiederholung der Übung mit dem linken Bein.

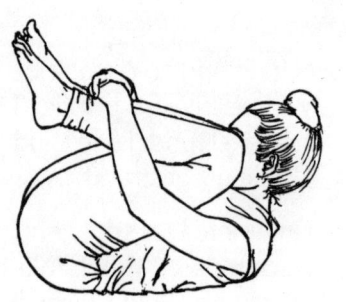

4. a. Rückenlage – Die Knie sind zur Brust gezogen; die Arme umfassen die Unterschenkel und drücken die Beine zur Brust. Der Kopf ist angehoben, das Kinn berührt die Brust. Der Körper ist in dieser Haltung entspannt.

   b. –

   c. –

   d. Normaler Atem

   e. »Alles kommt von Gott, und alles geht zurück zu Gott.«

   f. 7 bis 9 Minuten

   g. –

5. a. Krähenposition

   b. –

   c. –

   d. Normaler Atem

   e. *Har, Har, Har, Har . . .*

   f. 2 bis 3 Minuten

   g. –

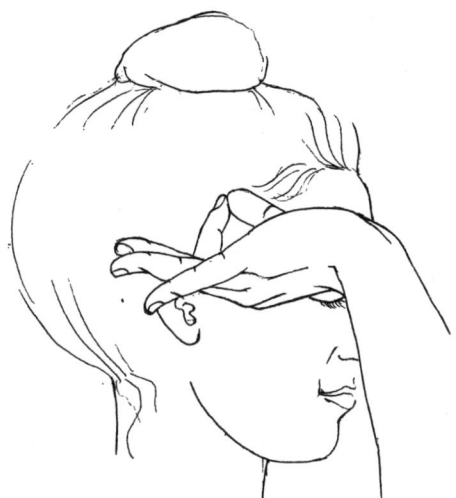

6. a. Einfache Haltung – Die linke Hand befindet sich vor der Brust, die rechte Hand ist in Kopfhöhe gehoben.

b. Die Muskeln von Gesäß, Hüften und Oberkörper werden angezogen; der Bauch ist eingezogen und die Brust herausgedrückt.

c. Gyan-Mudra

d. Langer, tiefer Atem – Die geistige Konzentration ist mit dem Atem verbunden.

e. –

f. 5 Minuten.

g. Nach Ablauf: Singen des Mantras *Wahe Guru, Wahe Guru, Wahe Guru, Wahe Jio* für 5 Minuten in unveränderter Haltung.

Set XVIII

Schwierigkeitsgrad: B

Übungsdauer: 25 Minuten

Anzahl der Übungen: 8

Physische Merkmale: Kräftigung der Herztätigkeit

1. a. Einfache Haltung

b. –

c. Gyan-Mudra

d. Stoßweises Einatmen in drei Teilen; Einhalten des Atems für einige Sekunden; stoßweises Ausatmen in drei Teilen.

e. –

f. fünfmal

g. –

2. a. Einfache Haltung – Die Beine sind nach vorne ausgestreckt; das linke Bein ist im 60-Grad-Winkel angehoben, Zehen sind nach vorne gestreckt. Die Arme sind seitlich im 60-Grad-Winkel nach oben ausgestreckt; die Finger zeigen »antennenförmig« nach oben.

b. –

c. –

d. Feueratem

e. –

f. 3 Minuten

g. *Wiederholung* der Übung mit gewechselter Beinhaltung.

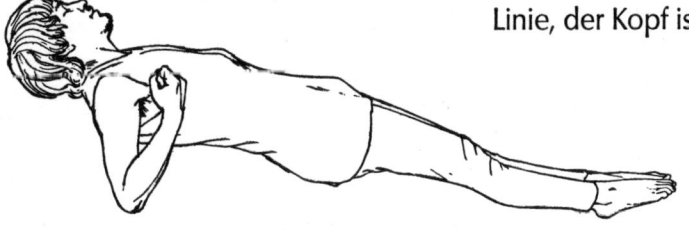

3. a. Rückenlage – Die Oberarme sind zum Boden ausgestreckt, die Ellenbogen berühren den Boden. Die Unterarme sind nach oben angewinkelt; die Hände sind zu Fäusten geschlossen. Oberkörper, Hüften und Beine bilden eine gerade Linie, der Kopf ist angehoben.

b. –

c. –

d. Feueratem

e. –

f. 3 Minuten

g. –

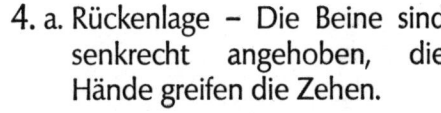

4. a. Rückenlage – Die Beine sind senkrecht angehoben, die Hände greifen die Zehen.

b. –

c. –

d. Feueratem

e. –

f. 3 Minuten

g. –

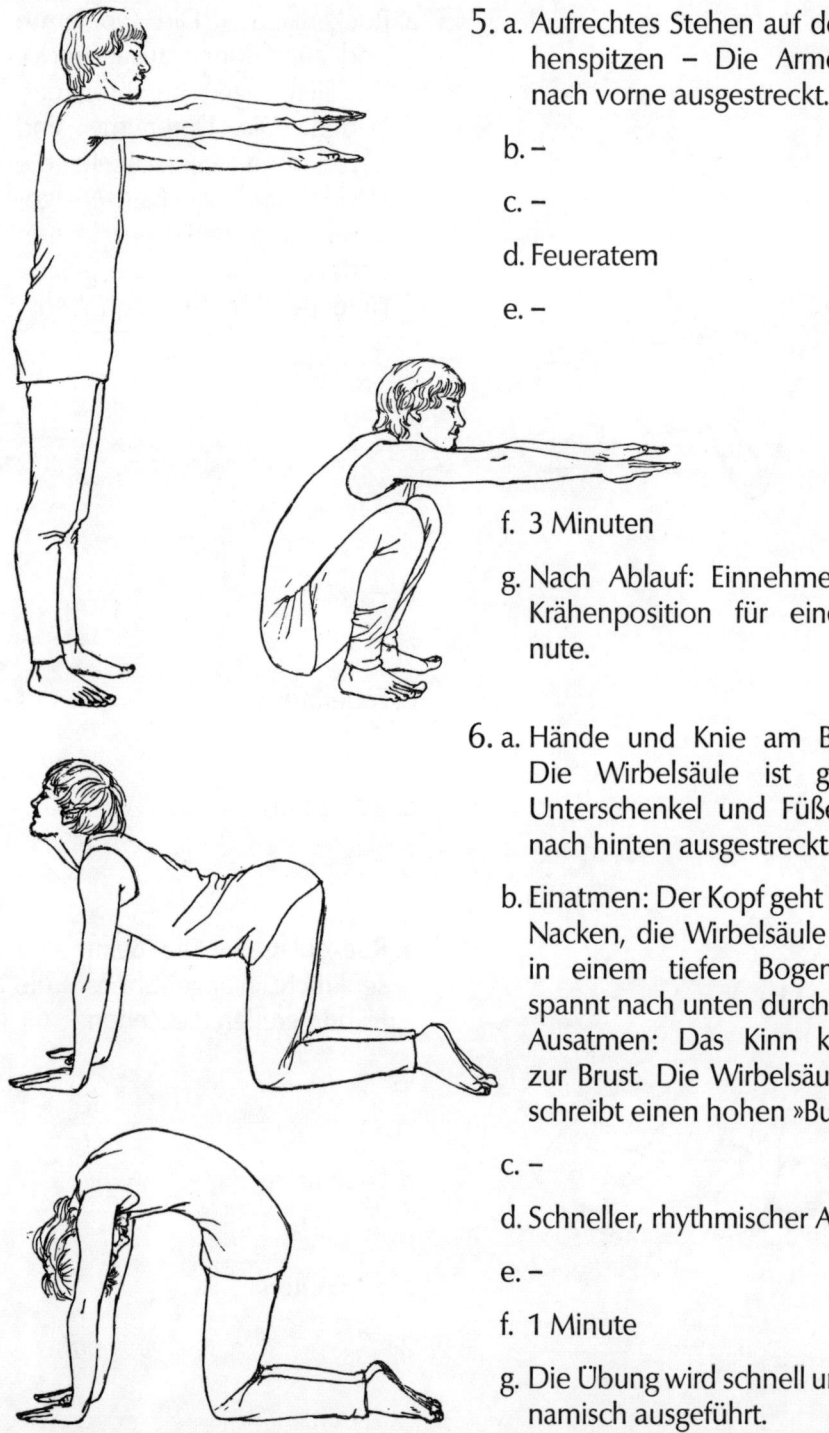

5. a. Aufrechtes Stehen auf den Zehenspitzen – Die Arme sind
nach vorne ausgestreckt.

b. –

c. –

d. Feueratem

e. –

f. 3 Minuten

g. Nach Ablauf: Einnehmen der
Krähenposition für eine Minute.

6. a. Hände und Knie am Boden.
Die Wirbelsäule ist gerade,
Unterschenkel und Füße sind
nach hinten ausgestreckt.

b. Einatmen: Der Kopf geht in den
Nacken, die Wirbelsäule hängt
in einem tiefen Bogen entspannt nach unten durch.
Ausatmen: Das Kinn kommt
zur Brust. Die Wirbelsäule beschreibt einen hohen »Buckel«.

c. –

d. Schneller, rhythmischer Atem

e. –

f. 1 Minute

g. Die Übung wird schnell und dy-
namisch ausgeführt.

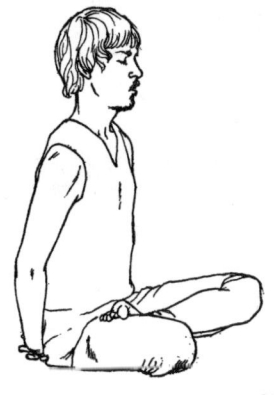

7. a. Einfache Haltung – Die Hände sind auf dem Rücken in Höhe des Kreuzbeins verschränkt.

   b. Ausatmen: Der Oberkörper beugt sich in der Hüfte weit nach vorne, bis die Stirn den Boden berührt. Die Arme kommen in eine senkrechte Stellung.
   Einatmen: Der Oberkörper richtet sich auf, die Arme senken sich.

   c. Venusgriff

   d. Tiefer Atem

   e. *Ong Sohong*. Die Wörter werden mit der Bewegung des Oberkörpers kombiniert.

   f. 3 Minuten

   g. –

8. a. Einfache Haltung – Die geistige Konzentration ist auf den Atem gerichtet.

   b. –

   c. Gyan-Mudra

   d. Langer, tiefer Atem

   e. *Sat Nam*

   f. 5 Minuten

   g. –

Set XIX

Schwierigkeitsgrad: D !

Übungsdauer: 80 Minuten

Anzahl der Übungen: 18

Physische Merkmale: Entgiftung des Körpers; Steigerung der körperlichen Flexibilität.

1. a. Bogenschützenposition

   b. –

   c. –

   d. Langer, tiefer Atem

   e. –

   f. 3 bis 5 Minuten

   g. *Wiederholung* mit gewechselter Beinhaltung.
In diesem Set sind keine Entspannungspausen vorgesehen.

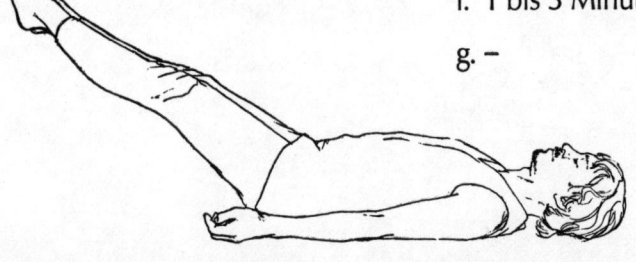

2. a. Rückenlage – Die Beine sind 60 Zentimeter angehoben.

   b. –

   c. –

   d. Langer, tiefer Atem

   e. –

   f. 1 bis 3 Minuten

   g. –

202

3. a. Bauchlage – Die Hände, zu Fäusten geschlossen, liegen unter dem Unterleib zwischen den Beckenknochen. Der Kopf und die ausgestreckten Beine sind so weit wie möglich hochgehoben.

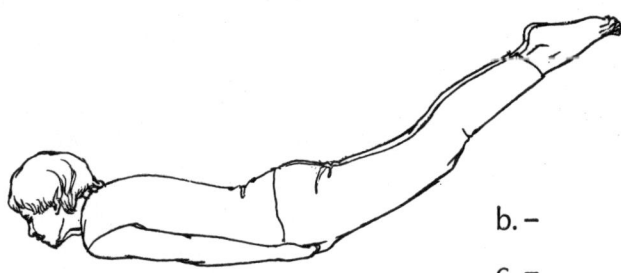

b. –

c. –

d. Langer, tiefer Atem

e. –

f. 3 Minuten

g. –

4. a. Bauchlage – Bogenposition.

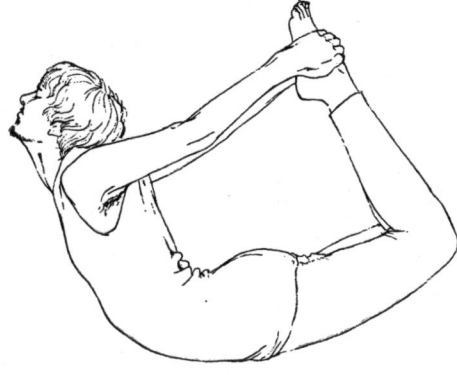

b. –

c. –

d. Langer, tiefer Atem

e. –

f. 2 bis 3 Minuten

g. –

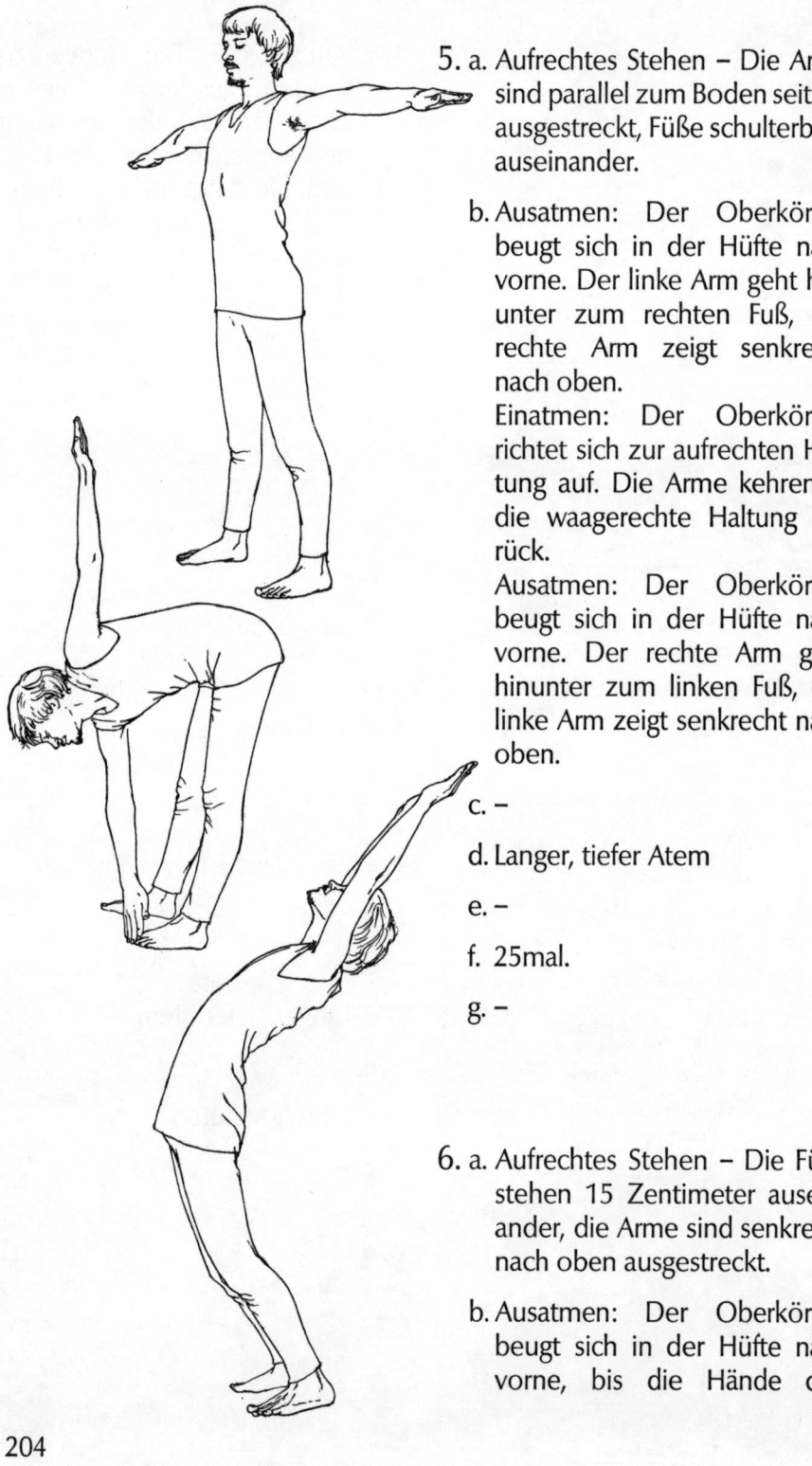

5. a. Aufrechtes Stehen – Die Arme sind parallel zum Boden seitlich ausgestreckt, Füße schulterbreit auseinander.

   b. Ausatmen: Der Oberkörper beugt sich in der Hüfte nach vorne. Der linke Arm geht hinunter zum rechten Fuß, der rechte Arm zeigt senkrecht nach oben.
   Einatmen: Der Oberkörper richtet sich zur aufrechten Haltung auf. Die Arme kehren in die waagerechte Haltung zurück.
   Ausatmen: Der Oberkörper beugt sich in der Hüfte nach vorne. Der rechte Arm geht hinunter zum linken Fuß, der linke Arm zeigt senkrecht nach oben.

   c. –

   d. Langer, tiefer Atem

   e. –

   f. 25mal.

   g. –

6. a. Aufrechtes Stehen – Die Füße stehen 15 Zentimeter auseinander, die Arme sind senkrecht nach oben ausgestreckt.

   b. Ausatmen: Der Oberkörper beugt sich in der Hüfte nach vorne, bis die Hände den

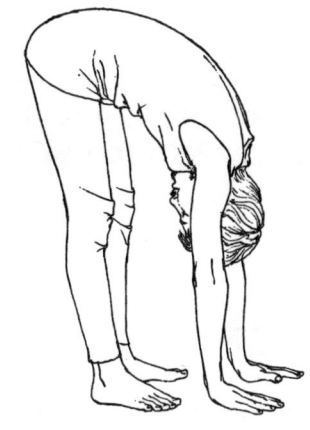

Boden berühren. Die Beine
bleiben durchgedrückt.
Einatmen: Der Oberkörper
richtet sich wieder auf; die
Arme kehren in die nach oben
ausgestreckte Haltung zurück.

c. –

d. Langer, tiefer Atem

e. –

f. 25mal.

g. –

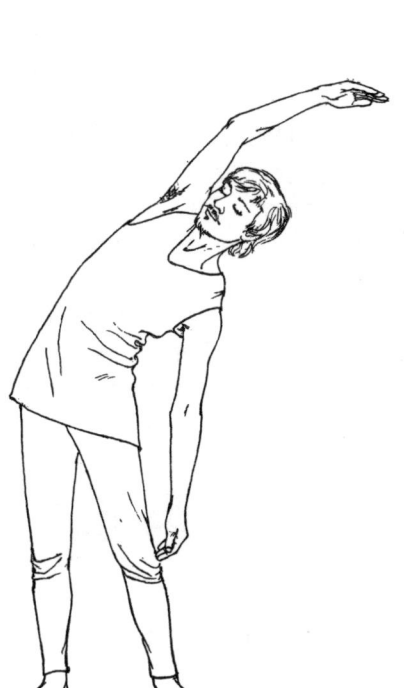

7. a. Aufrechtes Stehen – Die Füße
stehen 15 Zentimeter auseinander.

b. Einatmen: Der linke Arm wird
nach oben ausgestreckt. Der
Oberkörper beugt sich, ohne
eine Drehung zu vollziehen,
weit nach rechts.
Ausatmen: Der Oberkörper
kommt in die senkrechte Stellung zurück; der linke Arm
hängt entspannt herunter.
Einatmen: Der rechte Arm wird
nach oben ausgestreckt. Der
Oberkörper beugt sich, ohne
eine Drehung zu vollziehen,
weit nach links.

c. –

d. Langer, tiefer Atem

e. –

f. 25mal zu jeder Seite.

g. –

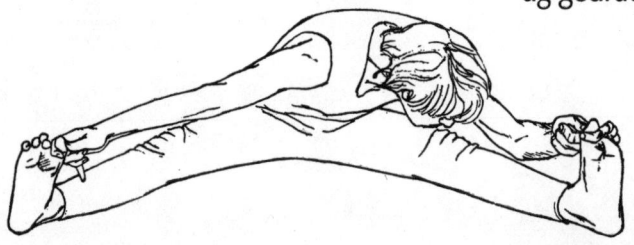

8. a. Einfache Haltung – Die Beine
sind nach vorne ausgestreckt
und weit gespreizt. Die Hände
greifen die Zehen; die Nägel
der großen Zehen werden kräftig gedrückt.

b. Einatmen: In der Ausgangshal-
tung.
Ausatmen: Der Oberkörper
beugt in der Hüfte zum linken
Knie. Die Stirn berührt den
Unterschenkel.
Einatmen: Der Oberkörper
kehrt in die Ausgangshaltung
zurück.
Ausatmen: Der Oberkörper
beugt in der Hüfte zum rechten
Knie. Die Stirn berührt den
Unterschenkel.

c. –

d. Langer, tiefer Atem

e. –

f. 25mal zu jeder Seite.

g. –

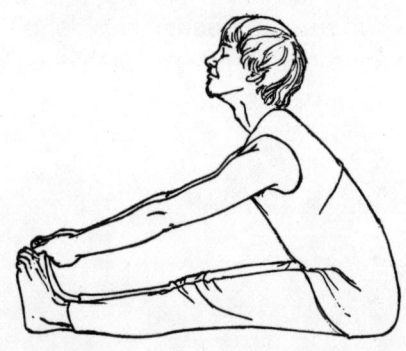

9. a. Maha-Mudra Haltung – jedoch:
Beide Beine nach vorne ausgestreckt, beide Zehennägel werden kräftig gedrückt.

b. Ausatmen: Der Oberkörper beugt sich in der Hüfte nach vorne, bis die Stirn die Beine berührt. Die Beine bleiben durchgedrückt.
Einatmen: Der Oberkörper richtet sich auf; der Kopf kommt in den Nacken.

c. –

d. Langer, tiefer Atem

e. –

f. 25mal.

g. –

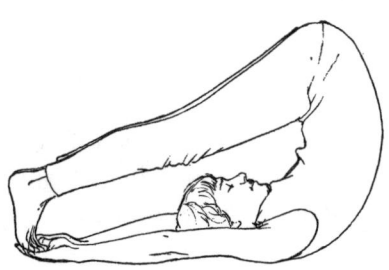

10. a. Rückenlage – Hüfte und Gesäß sind angehoben. Die Beine sind geschlossen über den Kopf ausgestreckt. Die Zehen berühren den Boden und weisen in Richtung Kopf. Die Arme sind gerade nach oben am Boden ausgestreckt. Die Beine sind durchgedrückt, der Körper ist entspannt.

b. –

c. –

d. Langer, tiefer Atem

e. –

f. 5 Minuten

g. Die Haltung wird langsam zur Rückenlage verlassen. Die Wirbelsäule rollt Wirbel für Wirbel nach vorne ab.

11. a. Schulterstand – Der Körper ruht auf den Schultern und den Ellenbogen. Die Hände stützen den Körper in den Hüften ab; das Kinn ist fest auf die Brust gepreßt.

b. –

c. –

d. Langer, tiefer Atem

e. –

f. 3 bis 5 Minuten

g. Nach Ablauf: Die Beine werden gespreizt und hinter dem Kopf mit den Zehenspitzen aufgesetzt, dann wieder angehoben zur senkrechten Stellung. Die Bewegung wird 4mal ausgeführt, dann Abrollen aus dem Schulterstand in die Rückenlage. Die Wirbelsäule rollt langsam Wirbel für Wirbel ab.

12. a. Rückenlage.

b. Einatmen: Die Beine werden angehoben und weit hinter dem Kopf mit den Zehenspitzen aufgesetzt.
Ausatmen: Die Beine kommen nach vorne, der Oberkörper senkt sich zur Rückenlage.

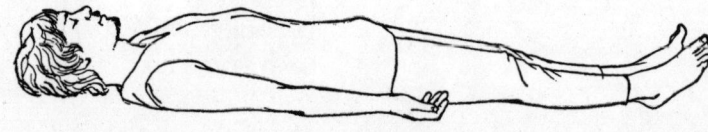

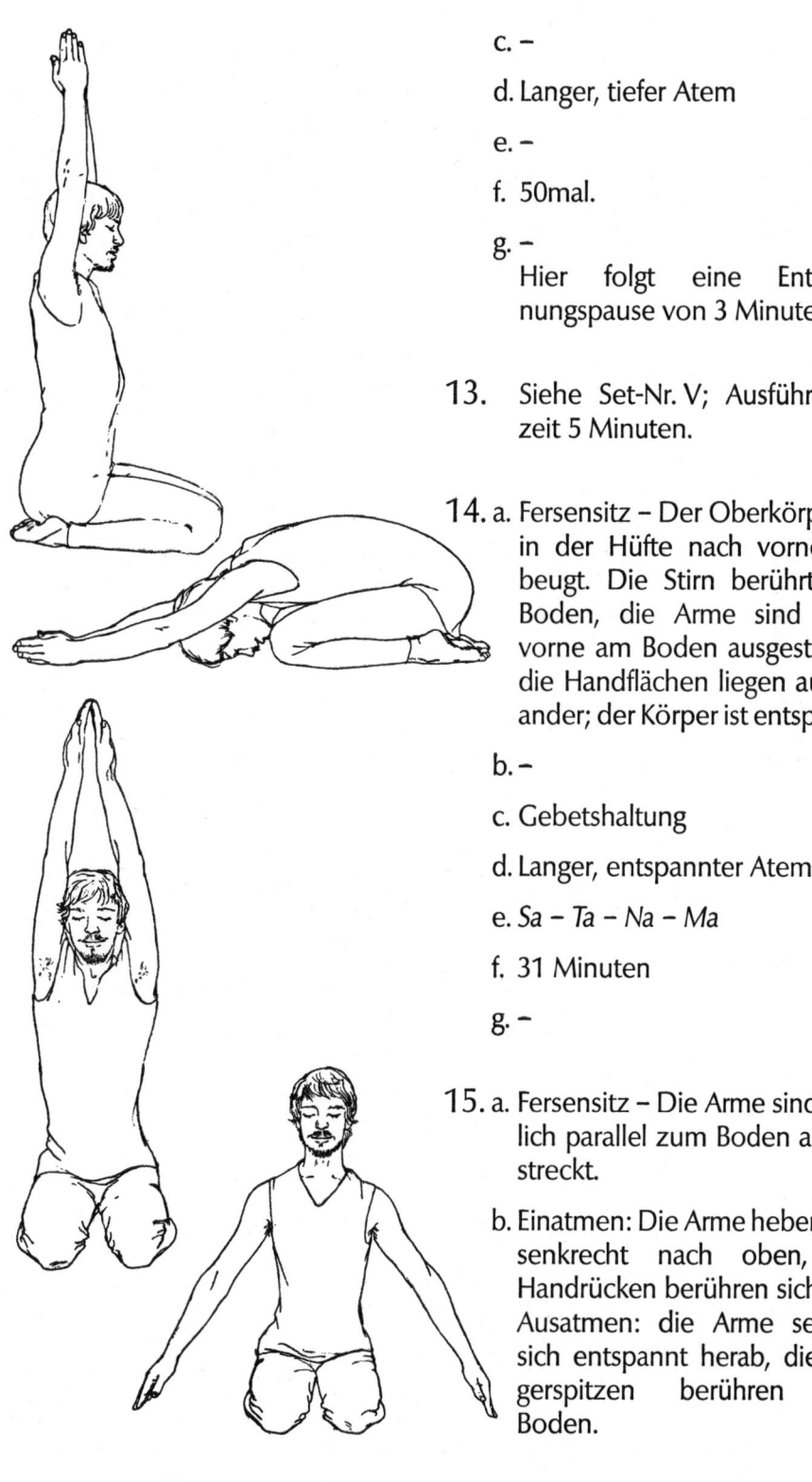

c. –

d. Langer, tiefer Atem

e. –

f. 50mal.

g. –
Hier folgt eine Entspannungspause von 3 Minuten.

13. Siehe Set-Nr. V; Ausführungszeit 5 Minuten.

14. a. Fersensitz – Der Oberkörper ist in der Hüfte nach vorne gebeugt. Die Stirn berührt den Boden, die Arme sind nach vorne am Boden ausgestreckt, die Handflächen liegen aufeinander; der Körper ist entspannt.

b. –

c. Gebetshaltung

d. Langer, entspannter Atem

e. *Sa – Ta – Na – Ma*

f. 31 Minuten

g. –

15. a. Fersensitz – Die Arme sind seitlich parallel zum Boden ausgestreckt.

b. Einatmen: Die Arme heben sich senkrecht nach oben, die Handrücken berühren sich.
Ausatmen: die Arme senken sich entspannt herab, die Fingerspitzen berühren den Boden.

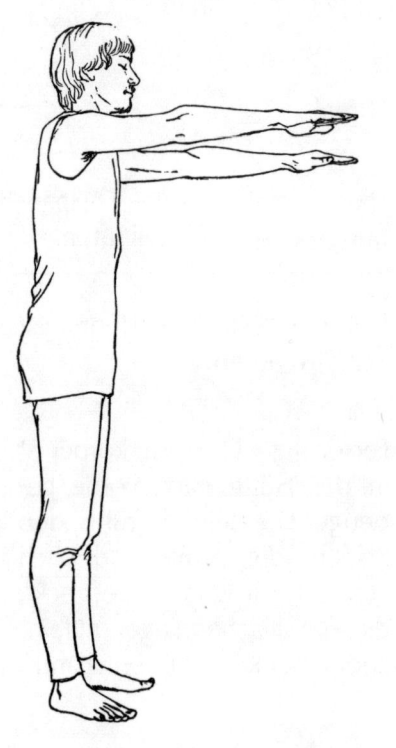

c. –

d. Langer, tiefer Atem

e. –

f. 5 Minuten

g. –

16. a. Aufrechtes Stehen – Die Füße stehen schulterbreit auseinander, die Hände sind waagerecht nach vorne ausgestreckt.

b. Ausatmen: Der Körper senkt sich zur Krähenposition.
Einatmen: Der Körper hebt sich zum aufrechten Stand.

c. –

d. Langer, tiefer Atem

e. –

f. 25mal.

g. –

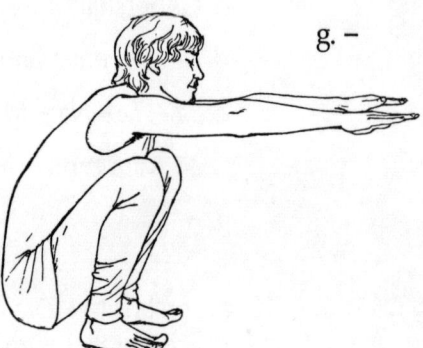

17. a. Hände und Knie am Boden; die Wirbelsäule ist gerade; Unterschenkel und Füße sind nach hinten ausgestreckt.

b. Einatmen: Der Kopf geht in den Nacken, die Wirbelsäule hängt in einem tiefen Bogen entspannt nach unten durch.
Ausatmen: Das Kinn kommt zur Brust; die Wirbelsäule beschreibt einen hohen »Buckel«.

c. –

d. Langer, tiefer Atem

e. –

f. 5 Minuten

g. –

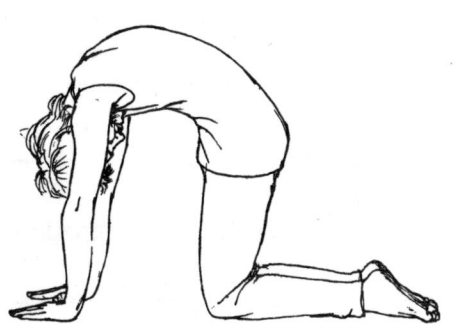

18. Vollständige und tiefe Entspannung in der Rückenlage für 15 bis 30 Minuten.

Set XX

Übungsdauer: 12 Minuten   *Anzahl der Übungen:* 6

Physische Merkmale: Kräftigung und Festigung der Hüften; Prophylaxe für Wirbelsäulenschäden.

1. a. Brückenposition: Aus einer sitzenden Haltung heraus, in der die Füße auf dem Boden stehend etwas zum Gesäß gezogen werden – die Beine sind etwas gespreizt, die Knie angewinkelt – und der Oberkörper etwa 60 Grad nach hinten geneigt ist, gestützt durch die nach hinten ausgestreckten Arme, wird das Gesäß angehoben, bis der Körper von den Knien bis zum Kinn eine gerade Linie bildet. Nun wird die Wurzelschleuse leicht angezogen.

b. –

c. –

d. Normaler Atem

e. –

f. 1 bis 3 Minuten

g. –

2. a. Radposition: Aus der Rückenlage heraus werden die Hände in Schulterhöhe auf den Boden gesetzt; die Finger zeigen dabei abwärts. Die Beine werden etwas gespreizt, die Knie angezogen und die Füße kurz unterhalb des Gesäßes aufgesetzt. In

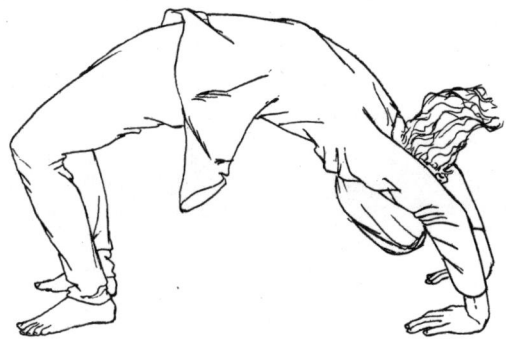

dieser Haltung wird der Nabelpunkt nach oben gedrückt. Der Kopf fällt in den Nacken, und der gesamte Körper beschreibt einen halbkreisförmigen Bogen.

b. –

c. –

d. Feueratem

e. –

f. 1 bis 3 Minuten

g. –

3. a. Bauchlage – Die Hände sind auf dem Rücken verschränkt, die Arme sind so weit wie möglich nach oben gestreckt. Die Beine sind geschlossen und nach oben gestreckt.

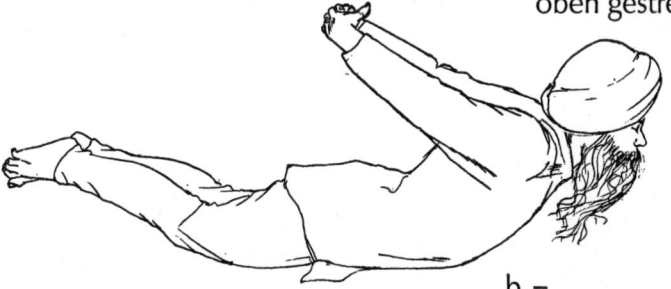

b. –

c. –

d. Feueratem

e. –

f. 1 bis 3 Minuten

g. –

4. a. Aufrechtes Stehen – Die Füße stehen weit auseinander. Die Arme sind nach oben ausgestreckt, die Handflächen liegen aneinander.

b. Ausatmen: Der Oberkörper beugt sich in der Hüfte weit nach vorn; die Fingerspitzen berühren den Boden vor dem linken Fuß.
Einatmen: Der Oberkörper richtet sich auf, die Arme sind nach oben ausgestreckt.
Ausatmen: Der Oberkörper beugt sich in der Hüfte weit nach vorn; die Fingerspitzen berühren den Boden vor dem rechten Fuß.

c. –

d. Tiefer, kraftvoller Atem

e. –

f. 1 bis 3 Minuten

g. –

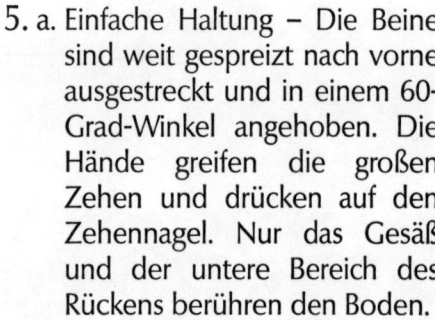

5. a. Einfache Haltung – Die Beine sind weit gespreizt nach vorne ausgestreckt und in einem 60-Grad-Winkel angehoben. Die Hände greifen die großen Zehen und drücken auf den Zehennagel. Nur das Gesäß und der untere Bereich des Rückens berühren den Boden.

b. –

c. –

d. Feueratem

e. –

f. 1 bis 3 Minuten

g. –

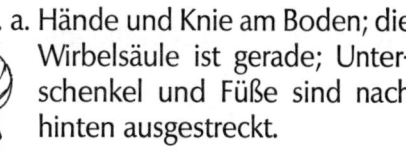

6. a. Hände und Knie am Boden; die Wirbelsäule ist gerade; Unterschenkel und Füße sind nach hinten ausgestreckt.

b. Einatmen: Der Kopf hebt sich in den Nacken; das rechte Bein wird weit nach oben ausgestreckt.
Ausatmen: Der Kopf geht mit dem Kinn auf die Brust; das rechte Bein wird mit dem Knie zur Brust gezogen.

c. –

d. Tiefer, kräftiger Atem

e. –

f. 1 bis 3 Minuten

g. *Wiederholung* der Übung mit gewechselter Beinhaltung.

Set XXI

Übungsdauer: 30 Minuten

Anzahl der Übungen: 4

Physische Merkmale: Verstärkung der energetischen Ausstrahlung.

Psychische Merkmale: Förderung der Selbstsicherheit.

1. a. Einfache Haltung – Die Oberarme sind ein wenig abgespreizt, die Unterarme sind senkrecht angehoben. Die Hände befinden sich in Augenhöhe links und rechts neben dem Kopf; die Finger sind weit gespreizt.

b. Die Unterarme klappen in einer synchronen Bewegung zur Körpermitte hin zusammen. Die ausgestreckten Finger greifen zahnradförmig vor dem Gesicht ineinander. Die Arme kehren in einer synchronen Bewegung in ihre Ausgangsstellung zurück. Die Arme vollziehen einen schnellen und präzisen Bewegungsablauf. Die Augen sind bei dieser Übung geöffnet.

c. –

d. Normaler Atem

e. –

f. 3 Minuten

g. –

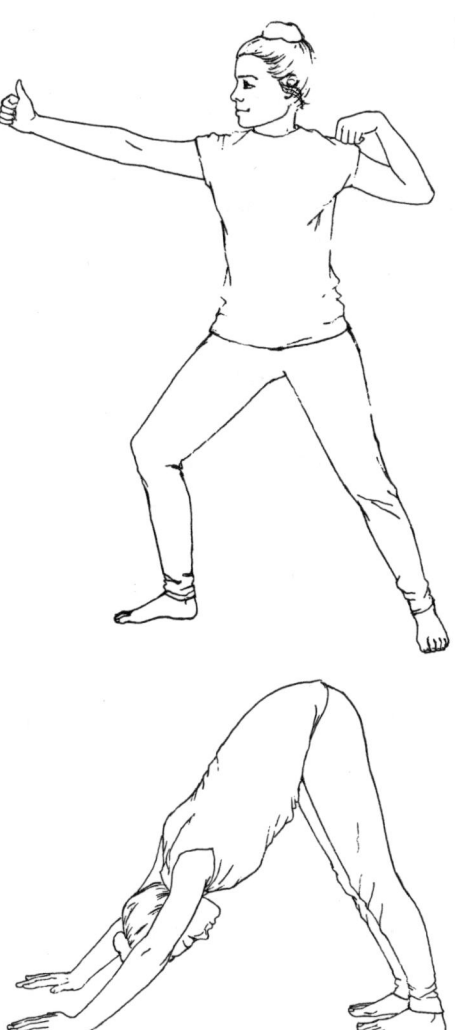

2. a. Bogenschützenposition

   b. Das rechte Knie wird in einer kraftvollen, rhythmischen Bewegung etwas gebeugt und gestreckt.

   c. –

   d. Normaler Atem

   e. –

   f. 5 Minuten

   g. –

3. a. Bauchlage – Kobraposition.

   b. Ausatmen: Hüfte und Gesäß werden weit angehoben, der Körper kommt in die Dreiecksposition.
Einatmen: Hüfte und Gesäß senken sich, der Körper kommt zurück in die Kobraposition.

   c. –

   d. Langer, tiefer Atem

   e. –

   f. 5 Minuten

   g. –

4. a. Einfache Haltung – Die geistige Konzentration ist auf dem sechsten Chakra

b. –

c. Gyan-Mudra

d. Langer, tiefer Atem

e. *Wahe Guru*

f. 15 Minuten

g. Nach jeweils zehnmaligem Sprechen des Mantras wird die Wurzelschleuse kurz und kräftig angezogen.

Set XXII

Schwierigkeitsgrad: B

Übungsdauer: 15 Minuten

Anzahl der Übungen: 8

Physische Merkmale: Harmonisierung der vegetativen Körperprozesse.

Psychische Merkmale: Klärung des Unterbewußtseins.

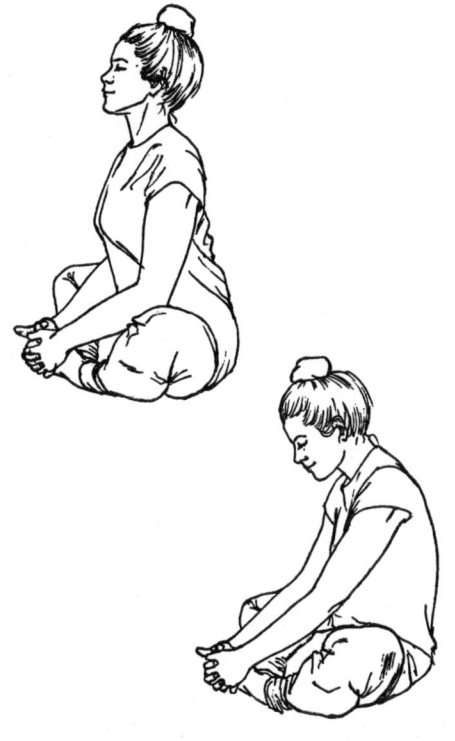

1. a. Einfache Haltung – Die Beine sind angezogen, die Knie nach außen gespreizt; die Fußsohlen liegen im Schritt aneinander. Die Hände greifen die Fußspitzen.

   b. Einatmen: Die Wirbelsäule wird weit nach vorne gebogen, die Brust hebt sich.
   Ausatmen: Die Wirbelsäule wird weit nach hinten gebogen, die Brust wird hereingedrückt. Der Kopf bleibt während der Bewegung gerade und aufrecht.

   c. –

   d. Tiefer Atem

   e. –

   f. 1 bis 3 Minuten

   g. –

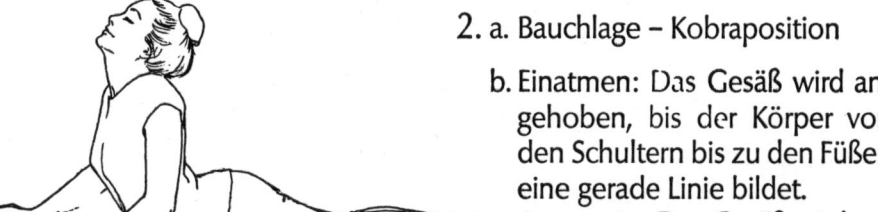

2. a. Bauchlage – Kobraposition

   b. Einatmen: Das Gesäß wird angehoben, bis der Körper von den Schultern bis zu den Füßen eine gerade Linie bildet.
   Ausatmen: Das Gesäß wird ge-

219

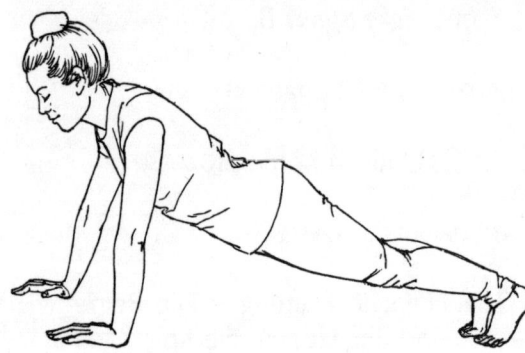

senkt, der Körper kommt zurück in die Kobraposition.

c. –

d. Langer, tiefer Atem

e. –

f. 1 bis 3 Minuten

g. –

3. a. Krähenposition – Die Arme umfassen die Knie; die Hände sind verschränkt.

   b. –

   c. Venusgriff

   d. Feueratem

   e. –

   f. 1 bis 3 Minuten

   g. –

4. a. Rückenlage

   b. Einatmen: Die Beine werden zur senkrechten Stellung angehoben.
   Ausatmen: Die Beine werden langsam auf den Boden gesenkt.

   c. –

   d. Tiefe, kraftvolle Atmung

   e. –

   f. 1 bis 3 Minuten

   g. –

5. a. Bauchlage – Die Hände sind auf dem Rücken verschränkt. Die Arme, der Oberkörper und der Kopf sind so weit wie möglich angehoben. Die Beine sind geschlossen und nach oben gestreckt.

b. –

c. Venusgriff

d. Feueratem

e. –

f. 1 bis 3 Minuten

g. –

6. a. Rückenlage – Der Körper ist vollkommen entspannt.

b. –

c. –

d. Normaler Atem

e. –

f. 1 bis 3 Minuten

g. Nach Ablauf: Die Knie werden zur Brust gezogen. Die Arme umfassen die Unterschenkel und drücken die Beine zur Brust. Der Kopf ist angehoben, das Kinn berührt die Brust. Der

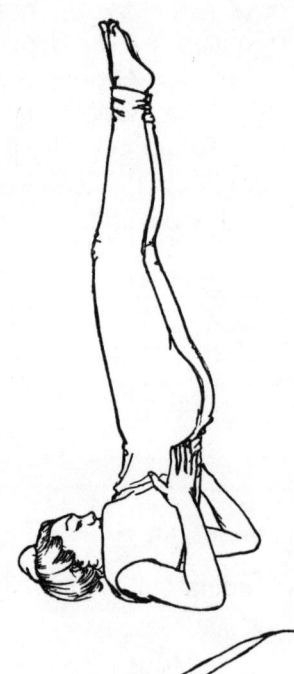

Körper rollt in einer schaukeln-
den Bewegung auf der Wirbelsäule auf und ab – 1 Minute.

7. a. Schulterstand – Der Körper
   ruht auf den Schultern und den
   Ellenbogen. Die Hände stützen
   den Körper in den Hüften ab.
   Das Kinn ist fest auf die Brust
   gepreßt.

   b. –

   c. –

   d. Feueratem

   e. –

   f. 1 bis 3 Minuten

   g. Nach Ablauf: Die Beine werden
   gespreizt und weit hinter dem
   Kopf mit den Zehenspitzen
   aufgesetzt. Der Feueratem wird

   beibehalten – 2 Minuten –,
   dann Abrollen aus dem Schulterstand in die Rückenlage. Die
   Wirbelsäule rollt langsam Wirbel für Wirbel ab.

8. Siehe Set-Nr. V; jedoch: hier
   Zölibatshaltung, Zeit 3 bis 5 Minuten.

Set XXIII

Schwierigkeitsgrad: C

Übungsdauer: 60 Minuten

Anzahl der Übungen: 18

Physische Merkmale: Aktivierung und Regenerierung aller Körperfunktionen; Aktivierung der Selbstheilungskräfte.

Psychische Merkmale: Emotionale Harmonisierung.

1. a. Aufrechtes Stehen – Die Arme sind nach oben ausgestreckt, die Hände sind verschränkt; die Zeigefinger weisen aufwärts.

   b. Der Körper bleibt aufrecht und vollzieht eine leicht pendelnde Bewegung nach vorne und nach hinten.

   c. –

   d. Normaler Atem

   e. –

   f. 3 Minuten

   g. –

2. a. Aufrechtes Stehen – Der Oberkörper ist aus der Hüfte heraus in einem 60-Grad-Winkel nach vorne gebeugt; die Arme sind zur Seite ausgestreckt; die Finger sind gespreizt.

   b. –

   c. –

   d. Langer, tiefer Atem

   e. –

   f. 3 Minuten

   g. –

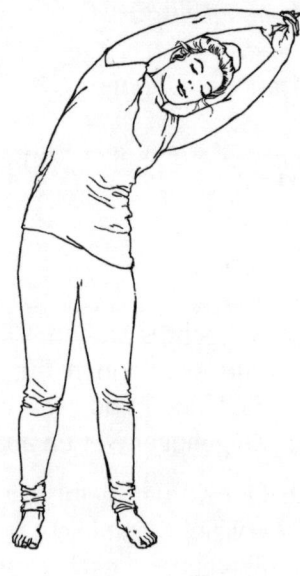

3. a. Aufrechtes Stehen – Die Arme sind nach oben ausgestreckt; die Hände sind verschränkt, die Zeigefinger weisen aufwärts.

b. Der Oberkörper beugt sich aus der Hüfte heraus weit nach links und verharrt in dieser Position.

c. –

d. Langer, tiefer Atem

e. –

f. 3 Minuten

g. *Wiederholung* der Übung: Der Oberkörper beugt sich diesmal weit nach rechts – 3 Minuten.

4. a. Aufrechtes Stehen – Die Arme sind nach oben ausgestreckt; die Hände sind verschränkt, die Zeigefinger weisen aufwärts.

b. Der Oberkörper dreht sich in weiten, tiefen Kreisen im Uhrzeigersinn.

c. –

d. Normale Atmung

e. –

f. 3 Minuten

g. *Wiederholung* der Übung in umgekehrter Bewegungsrichtung – 3 Minuten.

5. a. Aufrechtes Stehen – Die Arme sind seitlich parallel zum Boden ausgestreckt.

b. Einatmen: Der Oberkörper dreht sich schwungvoll nach links.
Ausatmen: Der Oberkörper dreht sich schwungvoll nach rechts.

c. –

d. Langer, tiefer Atem

e. –

f. 3 bis 5 Minuten

g. –

6. a. Aufrechtes Stehen – Die Arme sind seitlich in einem Winkel von 60 Grad angehoben.

b. Einatmen: Die Knie beugen sich, das Gesäß nähert sich dem Boden. Die Wirbelsäule bleibt gerade; es wird keine Hockposition eingenommen.
Ausatmen: Die Knie strecken sich durch – der Körper kommt in die aufrechte Haltung.

c. Gyan-Mudra

d. Langer, tiefer Atem

e. –

f. 3 Minuten

g. –

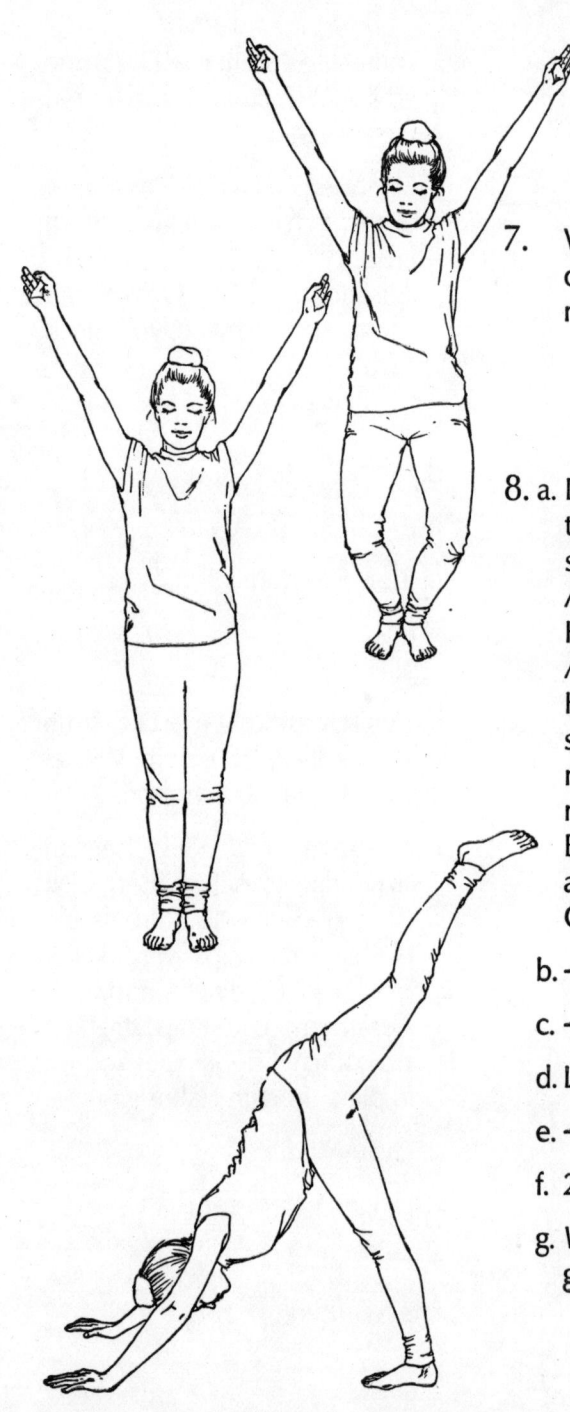

7. Wiederholung der Übung 6, jedoch mit geschlossenen Beinen.

8. a. Dreieckshaltung: Kniende Position – Der Oberkörper senkt sich in der Hüfte nach vorn. Ausgestreckte Arme; die Hände liegen auf dem Boden. Anheben von Gesäß und Hüfte. Die Beine sind durchgestreckt; das linke Bein ist gerade nach oben ausgestreckt, das rechte Bein steht auf dem Boden. Der Körper bildet ein aufrechtes Dreieck von 60 Grad.

b. –

c. –

d. Langer, tiefer Atem

e. –

f. 2 Minuten

g. *Wiederholung* der Übung mit gewechselter Beinhaltung.

9. a. Dreieckshaltung wie Übung 8.

   b. Der Fuß des ausgestreckten Beins schlägt kraftvoll und rhythmisch auf das Gesäß.

   c. –

   d. Langer, tiefer Atem

   e. –

   f. 1 Minute

   g. *Wiederholung* der Übung mit gewechselter Beinhaltung.

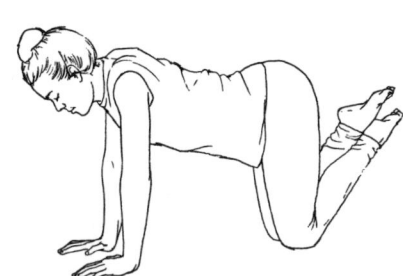

10. a. Hände und Knie am Boden. Die Wirbelsäule ist gerade, die Unterschenkel sind nach oben angewinkelt.

    b. Unterschenkel und Füße überkreuzen sich in einer schnellen Bewegung.

    c. –

    d. normaler Atem

    e. –

    f. 3 Minuten

    g. –

11. a. Kamelposition: Im Fersensitz greifen die Hände die Fußgelenke. Das Gesäß wird angehoben; Brust und Nabelpunkt werden weit nach oben gestreckt.

    b. –

    c. –

    d. Langer, tiefer Atem

e. –

f. 3 Minuten

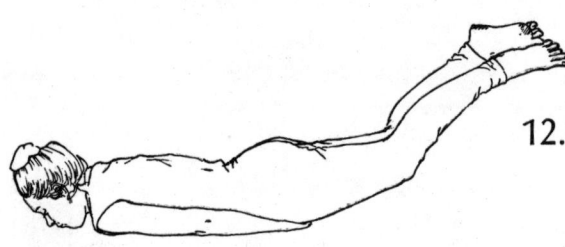

g. –

12. a. Bauchlage – Die Hände sind zu
Fäusten geschlossen und liegen
unter den Hüften. Die Fußgelenke sind überkreuzt, die
Beine sind weit angehoben.

b. –

c. –

d. Langer, tiefer Atem

e. –

f. 3 bis 5 Minuten

g. –

13. a. Bauchlage – Bogenposition

b. –

c. –

d. Langer, tiefer Atem

e. –

f. 1 Minute

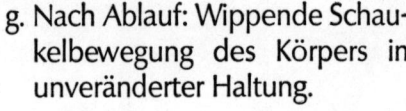

g. Nach Ablauf: Wippende Schau-
kelbewegung des Körpers in
unveränderter Haltung.

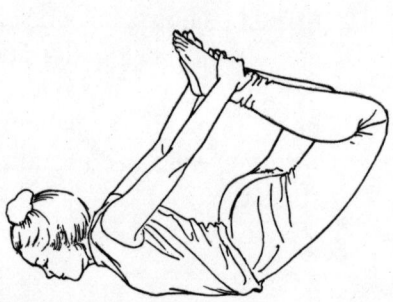

14. a. Einfache Haltung

b. Der Oberkörper dreht sich in weiten, tiefen Kreisen.

c. –

d. Langer, tiefer Atem

e. –

f. 52mal in jeder Bewegungsrichtung.

g. –

15. a. Fersensitz – Die Hände sind zu Fäusten geschlossen (der Daumen ist nach innen genommen, die Finger umschließen ihn) und auf Brusthöhe seitlich angezogen.

b. Einatmen: Der linke Arm schnellt nach vorne. Die Hand öffnet sich dabei und ergreift einen imaginären Gegenstand.
Ausatmen: Die linke Hand kommt schnell zur Brust zurück.
Einatmen: Der rechte Arm schnellt nach vorne. Die Hand öffnet sich dabei und ergreift einen imaginären Gegenstand.
Ausatmen: Die rechte Hand kommt schnell zur Brust zurück.

c. –

d. Schneller, tiefer Atem

e. –

f. 3 Minuten

g. –

16. a. Fersensitz

   b. Einatmen: Die Arme werden weit über dem Kopf nach hinten gebogen.
      Ausatmen: Die Arme senken sich, die Hände kommen auf die Oberschenkel.

   c. –

   d. Langer, tiefer Atem

   e. –

   f. 3 Minuten

   g. –

17. a. Einfache Haltung – die Arme sind seitlich erhoben – die Oberarme parallel zum Boden – die Unterarme senkrecht nach oben.

   b. –

   c. Gyan-Mudra

   d. Normaler Atem

   e. *Sa Re Ga Ma Pa Da Ni Sa.* (Das Mantra wird abwechselnd als aufsteigende und als absteigende Tonleiter gesungen.)

   f. 5 bis 10 Minuten

   g. –

18. a. Einfache Haltung – Die Unterarme liegen überkreuz auf der Brust, die Hände liegen flach vor den Schultern.

b. –

c. –

d. Normaler Atem

e. *Gobinda Gobinda Hari Hari*

f. 3 bis 5 Minuten

g. –

Set XXIV

Schwierigkeitsgrad: B/C

Übungsdauer: 20 Minuten   *Anzahl der Übungen:* 3

Psychische Merkmale: Entwicklung der Intuition; Entwicklung der Kommunikationsfähigkeit.

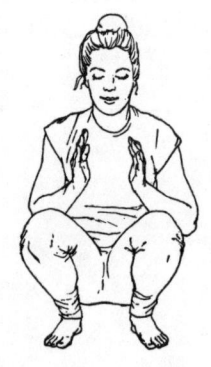

1. a. Krähenposition – Die Hände befinden sich vor der Brust. Die Handflächen stehen sich gegenüber; die Finger weisen nach oben; die Unterarme sind parallel zum Boden.

b. Bewegungsablauf in acht Zyklen:

1. Der rechte Arm schnellt zur Seite und kommt wieder zurück in die Ausgangshaltung.

2. Der linke Arm schnellt zur Seite und kommt wieder zurück in die Ausgangshaltung.

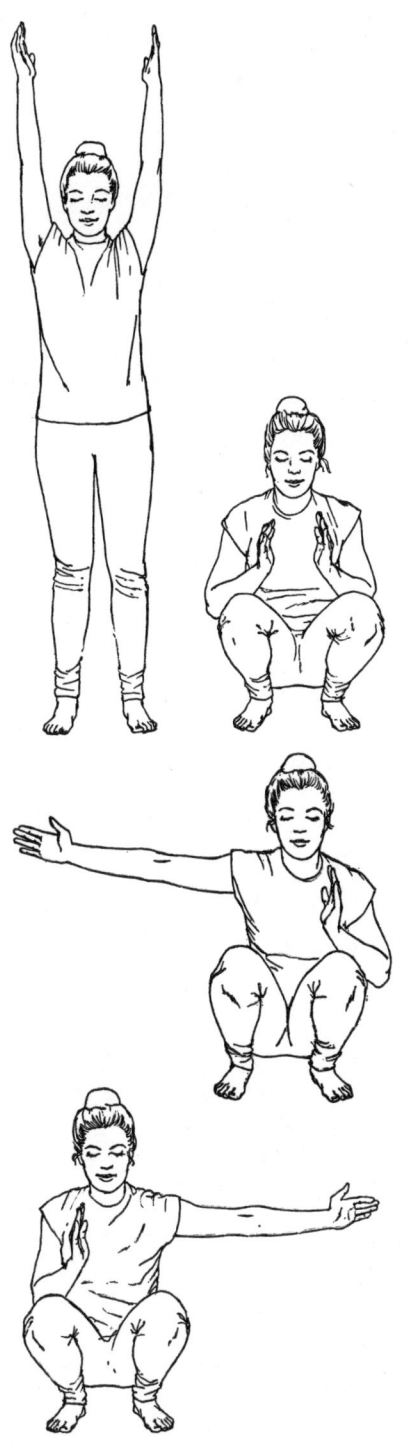

3. Die Arme werden nach oben ausgestreckt – der Körper erhebt sich in den aufrechten Stand.

4. Körper und Arme kommen zurück in die Ausgangshaltung.

5. Der rechte Arm schnellt zur Seite und kommt wieder zurück in die Ausgangsposition.

6. Der linke Arm schnellt zur Seite und kommt wieder zurück in die Ausgangsposition.

233

7. Beide Arme schnellen nach außen.

8. Beide Arme kommen zurück in die Ausgangsposition.

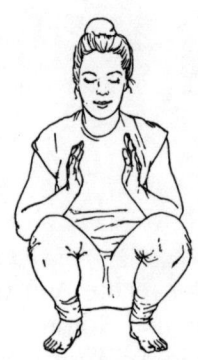

c. –

d. Normaler Atem

e. *Sa – Ta – Na – Ma.* Jede Silbe wird mit einer Bewegungsphase kombiniert.

f. 2 Minuten

g. –

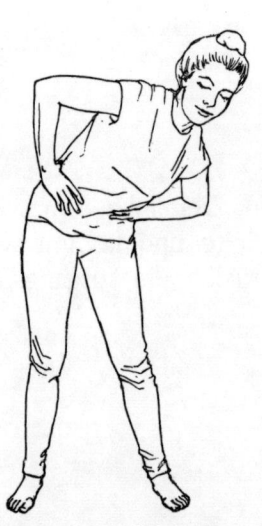

2. a. Aufrechtes Stehen – Die Hände liegen auf den Hüften; die Füße stehen schulterbreit auseinander.

b. Der Oberkörper dreht sich in weiten, tiefen Kreisen im Uhrzeigersinn.

c. –

d. Langer, tiefer Atem

e. –

f. 1 Minute

g. *Wiederholung* der Übung in umgekehrter Bewegungsrichtung – 1 Minute.

3. a. Aufrechtes Stehen – Die Hände liegen auf den Hüften.

b. Schnelles Traben auf der Stelle; nur die Fußspitzen und die Fußballen berühren den Boden.

c. –

d. Normaler Atem

e. *Nam Dam Har Har – Har Har Ham Dam.*

f. 15 Minuten

g. –

Set XXV

Übungsdauer: 15 Minuten   *Anzahl der Übungen:* 8

Physische Merkmale: Beruhigung der vegetativen Körperprozesse; gegen Schlafstörungen.

Psychische Merkmale: Beruhigung der emotionalen und geistigen Prozesse.

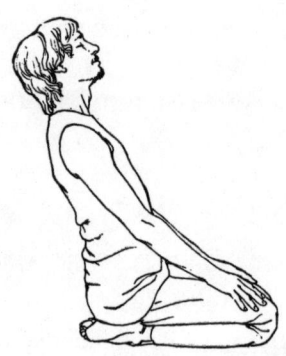

1. a. Fersensitz – Die Hände ruhen auf den Oberschenkeln – der Körper ist in einem 30-Grad-Winkel zurückgelehnt.

   b. –

   c. –

   d. Langer, tiefer Atem

   e. –

   f. 1 Minute

   g. –

2. a. Fersensitz – Die Arme sind vor der Brust verschränkt, die Hände greifen an die Ellenbogen.

   b. Der Oberkörper dreht sich aus der Hüfte heraus in weiten, tiefen Kreisen im Uhrzeigersinn.

   c. –

   d. Langer, tiefer Atem

   e. –

   f. 3 Minuten

   g. –

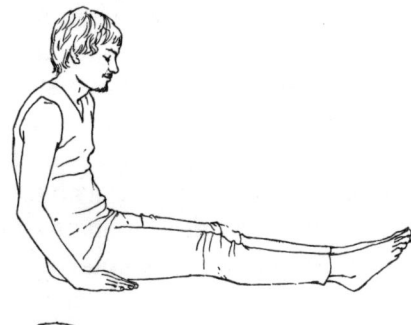

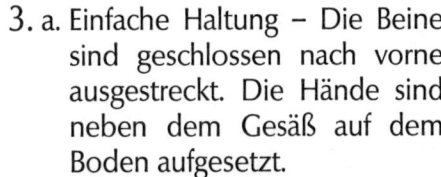

3. a. Einfache Haltung – Die Beine sind geschlossen nach vorne ausgestreckt. Die Hände sind neben dem Gesäß auf dem Boden aufgesetzt.

   b. Einatmen: Die Beine und das Gesäß werden angehoben. Ausatmen: Die Beine und das Gesäß kommen auf den Boden zurück.

   c. –

   d. Tiefer Atem

   e. –

   f. 15mal.

   g. –

4. Wiederholung der Übung 2, 3 Minuten.

5. Wiederholung der Übung 3, 15mal.

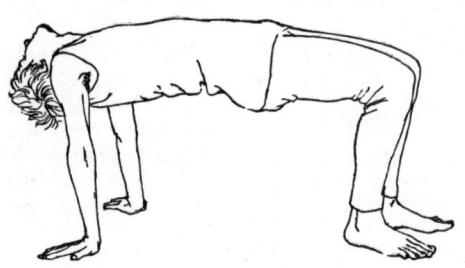

6. a. Brückenposition: Aus einer sitzenden Haltung heraus, in der die Füße, auf dem Boden stehend, etwas zum Gesäß gezogen werden – die Beine sind etwas gespreizt, die Knie angewinkelt – und der Oberkörper etwa 60 Grad nach hinten gebogen ist, gestützt durch die nach hinten ausgestreckten Arme, wird das Gesäß angehoben, bis der Körper von den Knien bis zum Kinn eine gerade Linie bildet. Nun wird die Wurzelschleuse leicht angezogen.

b. –

c. –

d. Normaler Atem 1 Minute, dann Feueratem 3 Minuten.

e. –

f. 4 Minuten

g. –

7. Wiederholung der Übung 3, 15mal.

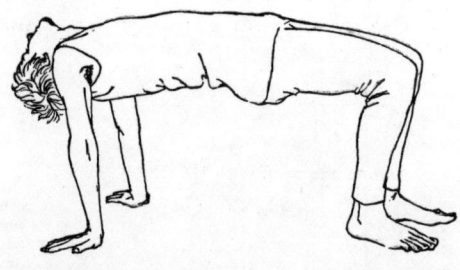

8. Wiederholung der Übung 6, 3 Minuten; Feueratem.

Set XXVI

Schwierigkeitsgrad: B

Übungsdauer: 60 Minuten

Anzahl der Übungen: 9

Psychische Merkmale: Lösung von emotionalen Spannungen und Ängsten.

1. a. Aufrechtes Stehen – Der Oberkörper ist in der Hüfte weit nach vorne gebeugt, die Wirbelsäule ist parallel zum Boden. Die Hände greifen von außen in die Kniekehlen.

   b. Einatmen: Die Wirbelsäule wird in einem tiefen Bogen nach unten gebogen; der Kopf geht in den Nacken.
   Ausatmen: Die Wirbelsäule wird in einem hohen Bogen nach oben gebogen; das Kinn geht auf die Brust.

   c. –

   d. Langer, tiefer Atem

   e. –

   f. 7 Minuten

   g. –

2. a. Aufrechtes Stehen – Die Hände liegen auf den Hüften.

   b. Der Oberkörper dreht sich in weiten, tiefen Kreisen im Uhrzeigersinn.

   c. –

   d. Langer, tiefer Atem

   e. –

f. 5 Minuten

g. *Wiederholung* der Übung in der entgegengesetzten Bewegungsrichtung.

3. a. Einfache Haltung – Die Hände sind zu Fäusten geschlossen; sie befinden sich in Brusthöhe vor dem Körper. Die Ellenbogen sind nach außen abgewinkelt.

b. Einatmen: Der Oberkörper dreht sich aus der Hüfte heraus weit nach links.
Ausatmen: Der Oberkörper dreht sich aus der Hüfte heraus weit nach rechts.

c. –

d. Langer, tiefer Atem

e. –

f. 4 Minuten

g. –

4. a. Einfache Haltung – Die Arme sind in einem 60-Grad-Winkel nach oben ausgestreckt. Die Hände sind geöffnet, die Finger gespreizt; die Handflächen zeigen nach oben.

b. Die Finger werden in einer schnellen Bewegung zur Handfläche geklappt und wieder nach außen gespreizt.

c. –

d. Normaler Atem

e. –

f. 7 Minuten

g. –

5. a. Einfache Haltung – Die Arme sind nach außen parallel zum Boden ausgestreckt. Die Hände sind zu Fäusten geschlossen; die Daumen liegen innen auf den Handflächen.

b. Einatmen: Die Hände kommen mit einer schnellen Bewegung zur Brust.
Ausatmen: Die Arme schnellen nach außen in die ausgestreckte Haltung.

c. –

d. Tiefer Atem durch den Mund

e. –

f. 6 Minuten

g. –

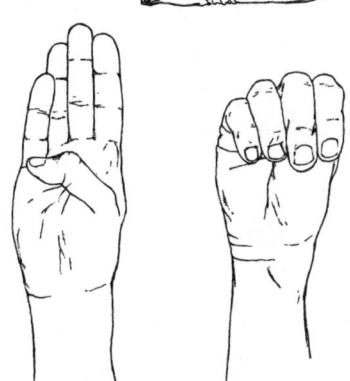

6. a. Einfache Haltung – Die Arme sind nach vorne, parallel zum Boden ausgestreckt. Die Hände sind zu Fäusten geschlossen; die Daumen liegen innen auf den Handflächen.

b. Die linke Faust bewegt sich aus dem Handgelenk heraus in kleinen Kreisen im Uhrzeigersinn. Die rechte Faust bewegt sich aus dem Handgelenk heraus in kleinen Kreisen gegen den Uhrzeigersinn.

c. –

d. Normaler Atem

e. –

f. 2 Minuten

g. –

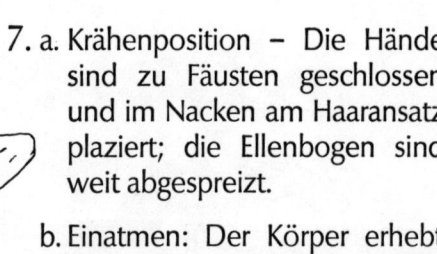

7. a. Krähenposition – Die Hände sind zu Fäusten geschlossen und im Nacken am Haaransatz plaziert; die Ellenbogen sind weit abgespreizt.

b. Einatmen: Der Körper erhebt sich zur aufrecht stehenden Haltung.
Ausatmen: Der Körper kommt zurück in die Krähenposition.

c. –

d. Langer, tiefer Atem

e. –

f. 3 Minuten

g. –

242

8. a. Einfache Haltung

   b. Sitali Pranayam: Die Zunge wird in ihrer Längsrichtung zusammengerollt und etwas aus dem Mund herausgeschoben.

   c. –

   d. Langer, tiefer Atem, Einatmen durch die gerollte Zunge, Ausatmen durch die Nase.

   e. –

   f. 4 bis 5 Minuten

   g. –

9. a. Einfache Haltung

   b. –

   c. Gyan-Mudra

   d. Langer, tiefer Atem

   e. *Gott und ich – ich und Gott sind eins.*

   f. 16 Minuten

   g. Die geistige Konzentration liegt auf den sechsten Chakra.

Set XXVII

Schwierigkeitsgrad: B

Übungsdauer: 25 Minuten

Anzahl der Übungen: 9

Physische Merkmale: Übungen für Frauen; Harmonisierung, Kräftigung und Entspannung der »weiblichen« Organe.

1. a. Rückenlage – Die Hände sind im Nacken verschränkt, die Ellenbogen sind zum Boden gedrückt.

   b. Einatmen: Die Beine werden in gestreckter Haltung angehoben.
   Ausatmen: Die Beine kommen auf den Boden zurück.

   c. Venusgriff

   d. Tiefer und kräftiger Atem

   e. –

   f. 108mal.

   g. –

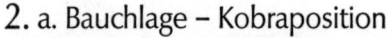

2. a. Bauchlage – Kobraposition

   b. Einatmen: Hüfte und Gesäß werden weit nach oben gestreckt, der Körper kommt in die Dreieckshaltung.
   Ausatmen: Der Körper kehrt in die Kobraposition zurück.

   c. –

   d. Langer, tiefer Atem

   e. –

   f. 52mal.

   g. –

3. a. Einfache Haltung – Die Beine sind nach vorne ausgestreckt. Die Hände greifen die Zehen; die Nägel der großen Zehen werden kräftig gedrückt.

   b. Ausatmen: Der Oberkörper beugt sich aus der Hüfte heraus weit nach vorn, bis die Brust die ausgestreckten Beine berührt. Einatmen: Der Oberkörper kommt in die aufrechte Haltung zurück; die Wirbelsäule ist möglichst gerade.

   c. –

   d. Schneller, kräftiger Atem

   e. –

   f. 108mal.

   g. –

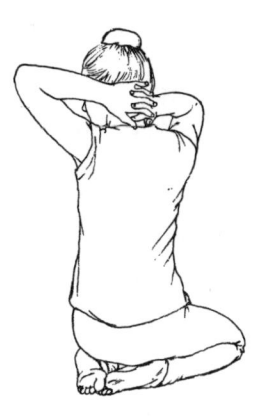

4. a. Fersensitz – Die Hände sind im Nacken in der Höhe des Haaransatzes verschränkt.

   b. Einatmen: Der Oberkörper dreht sich weit nach links. Ausatmen: Der Oberkörper dreht sich weit nach rechts.

   c. Venusgriff

   d. Schneller, kräftiger Atem

   e. –

   f. 108mal.

   g. –

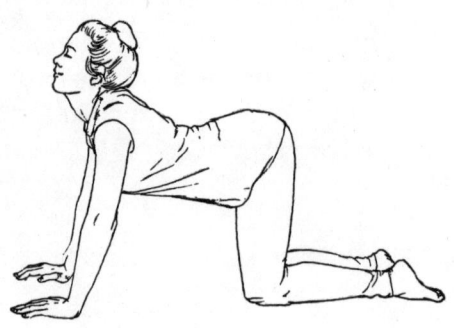

5. a. Hände und Knie am Boden; die Wirbelsäule ist gerade; Unterschenkel und Füße sind nach hinten ausgestreckt.

   b. Einatmen: Der Kopf geht in den Nacken; die Wirbelsäule hängt in einem tiefen Bogen entspannt nach unten durch.
   Ausatmen: Das Kinn kommt zur Brust; die Wirbelsäule beschreibt einen hohen »Buckel«.

   c. –

   d. Tiefer, rhythmischer Atem

   e. –

   f. 108mal.

   g. –

6. a. Einfache Haltung

   b. Der Kopf rollt in weiten, tiefen Kreisen über die Schultern, den Nacken und die Brust.

   c. –

   d. Langer, tiefer Atem

   e. –

   f. 52mal in jeder Bewegungsrichtung.

   g. –

7. a. Fersensitz

   b. Einatmen: Der Oberkörper wird aus der Hüfte heraus weit nach links gebeugt. Der rechte

Arm ist über dem Kopf ausgestreckt und vollzieht die Bewegung mit.

Ausatmen: Der Oberkörper beugt sich nach rechts. Der linke Arm ist über dem Kopf ausgestreckt und vollzieht die Bewegung mit.

c. –

d. Langer, tiefer Atem

e. –

f. 52mal zu jeder Seite.

g. –

8. a. Fersensitz – Die Hände sind vor die Brust gehoben und zu Fäusten geschlossen.

b. Einatmen: Die linke Hand wird schnell nach vorne ausgestreckt. Dabei öffnen sich die Finger und spreizen auseinander.

Ausatmen: die Finger schließen sich zur Faust – die Hand wird schnell zur Brust zurückgezogen.

Nun wird die Bewegung mit der rechten Hand ausgeführt.

c. –

d. Kurzer, kräftiger Atem

e. –

f. 5 Minuten

g. –

9. a. Einfache Haltung

b. Der Unterleib führt in abwechselnder Bewegungsrichtung kreisende Bewegungen aus.

c. –

d. Normaler Atem

e. –

f. 3 Minuten

g. –

Meditation I

Merkmal: Meditation zum Sonnenaufgang

Zeit: 50 Minuten

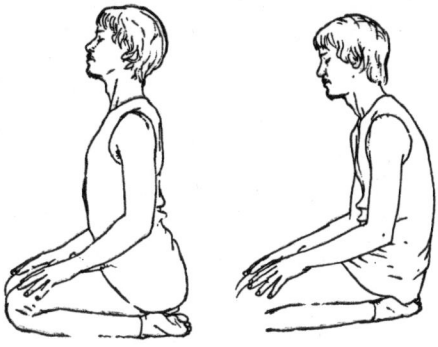

1. a. Fersensitz

   b. Einatmen: Die Wirbelsäule wird weit nach vorne gebogen; die Brust hebt sich.
   Ausatmen: Die Wirbelsäule wird weit nach hinten gebogen; die Brust wird hereingedrückt.

   c. –

   d. Langer, tiefer Atem

   e. *Sat Nam*

   f. 5 Minuten

   g. –

2. a. Fersensitz – Der Oberkörper ist weit nach vorne gebeugt. Die Stirn berührt den Boden. Die Arme sind gerade nach vorne ausgestreckt; die Handflächen liegen auf dem Boden. Der Körper ist entspannt.

   b. –

   c. –

   d. Langer, tiefer Atem

   e. *Saaaat* wird in einem langen Ton gesungen, kombiniert mit dem Ausatmen.

   f. 11 bis 31 Minuten

   g. –

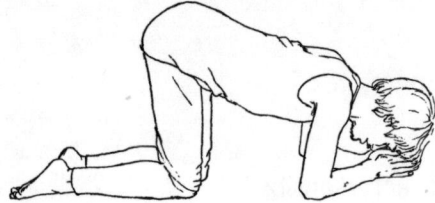

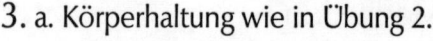

3. a. Körperhaltung wie in Übung 2.

   b. Einatmen: Der Oberkörper erhebt sich aus der liegenden Position. Die Stirn berührt die am Boden liegenden Hände.
   Ausatmen: Der Oberkörper geht in die Ausgangsstellung zurück.

   c. –

   d. Langer, tiefer Atem

   e. *Sat Nam*

   f. 11 bis 31 Minuten

   g. –

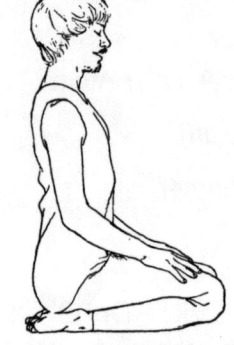

4. a. Fersensitz

   b. Einatmen: Der Oberkörper richtet sich zur senkrechten Haltung auf.
   Ausatmen: Der Oberkörper beugt sich nach vorne, bis die Stirn den Boden berührt.

   c. –

   d. Langer, tiefer Atem

   e. *Saaaaat Nam*

   f. 11 bis 31 Minuten

   g. –

5. a. Einfache Haltung – Die Hände sind vor die Brust erhoben.

   b. Die Handflächen werden in einer rhythmischen, leicht klatschenden Auf- und Abbewe-

gung gegeneinander gestri-
chen.

c. –

d. Normaler Atem

e. *Gobinde, Mukande, Udhare,
Apara, Hanriang, Kariang, Nir-
name, Akame.*

f. 11 bis 31 Minuten

g. –

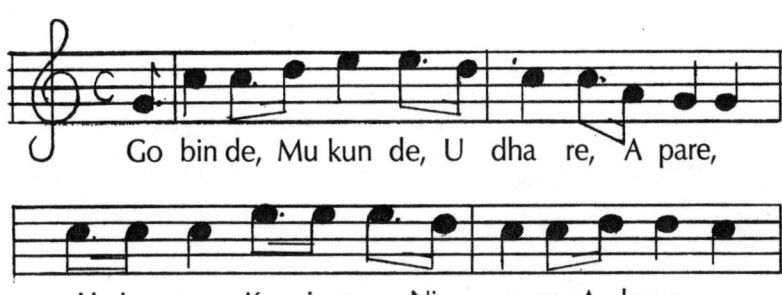

Go bin de, Mu kun de, U dha re, A pare,

Hari ang,   Ka ri ang, Nir na me, A kame

Meditation II

Merkmal: Harmonisierung der psychischen Strukturen.

Zeit: 31 Minuten

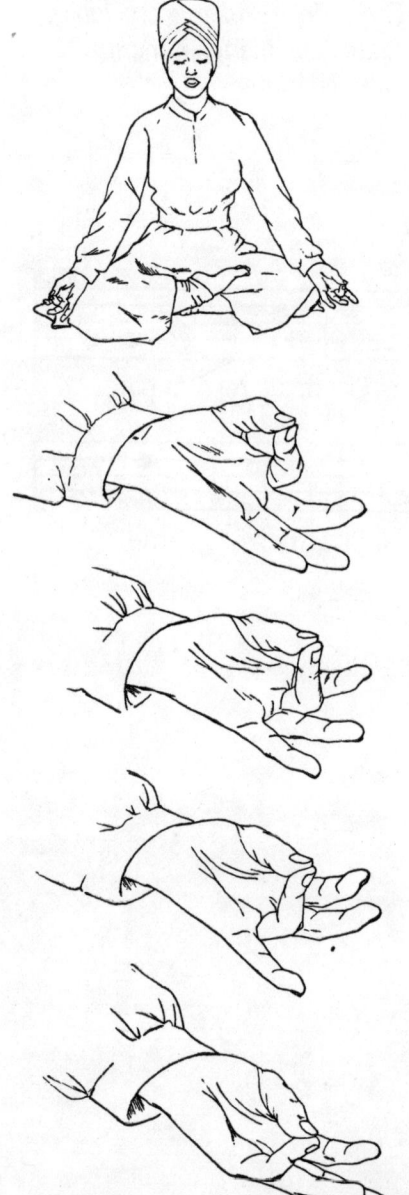

Einfache Haltung – Die geistige Konzentration liegt auf dem sechsten Chakra. Die Hände ruhen auf den Knien; die Finger formen in einem rhythmischen Fluß die folgenden vier Mudras:

1. Gyan-Mudra: Daumen und Zeigefinger berühren sich.

2. Shuni-Mudra: Daumen und Mittelfinger berühren sich.

3. Surya-Mudra: Daumen und Ringfinger berühren sich.

4. Bhudi-Mudra: Daumen und Kleiner Finger berühren sich.

Die Bewegung der Finger wird mit dem Mantra: *Sa – Ta – Na – Ma* kombiniert:

SA – Gyan-Mudra
TA – Shuni-Mudra
NA – Surya-Mudra
MA – Bhudi-Mudra

Die Meditation dauert 31 Minuten. Sie ist in fünf Etappen unterteilt:

1. Sprechen des Mantras mit normaler Lautstärke – 5 Minuten.

2. Sprechen des Mantras im Flüsterton – 5 Minuten.

3. Schweigen, das Mantra wird nun in Gedanken mit der Fingerbewegung kombiniert – 11 Minuten.

4. Sprechen des Mantras im Flüsterton – 5 Minuten.

5. Sprechen des Mantras mit normaler Lautstärke – 5 Minuten.

Nach Abschluß der Meditation werden die Arme weit nach oben und zur Seite ausgestreckt, kombiniert mit einigen tiefen Atemzügen.

Sa Ta Na Ma

Meditation III

Merkmal: Eine transzendentale Meditation.

Zeit: 20 Minuten

1. a. Einfache Haltung – Die Lippen sind gespitzt.

   b. Einatmen durch den Mund mit einem langen Pfeifton. Ausatmen durch die Nase.

   c. –

   d. Langer, tiefer Atem

   e. –

   f. 7 Minuten

   g. Die geistige Konzentration liegt auf dem beim Einatmen erzeugten Pfeifton. In den letzten zwei Minuten wird der Atem mit den Mantra *Sat Nam* kombiniert.

2. a. Bauchlage – Kobraposition

   b. Einatmen durch die Nase. Ausatmen durch den Mund mit einem langen Pfeifton.

   c. –

   d. Langer, tiefer Atem

   e. –

   f. 5 Minuten

   g. –

3. a. Rückenlage – Die Knie sind zur Brust gezogen. Die Arme greifen um die Unterschenkel und drücken die Beine an den Körper. Das Kinn liegt auf der Brust. Der Körper ist entspannt.

   b. –

   c. –

   d. Langer, tiefer Atem

   e. –

   f. 3 bis 5 Minuten

   g. Das Ausatmen wird mit dem Geräusch »hunnnnnh« verbunden.

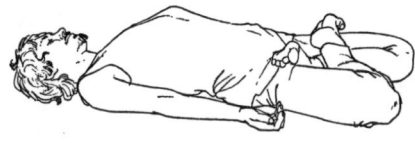

4. a. Rückenlage – Die Beine sind wie bei der einfachen Haltung gekreuzt.

   b. –

   c. –

   d. Langer, tiefer Atem

   e. –

   f. 5 Minuten

   g. –

5. a. Einfache Haltung – Die Hände greifen an die Schultern. Die Finger sind vorne, die Daumen liegen auf den Schulterblättern.

   b. Einatmen: Der Oberkörper dreht aus der Hüfte heraus weit nach links.

Ausatmen: Der Oberkörper dreht aus der Hüfte heraus weit nach rechts.

c. –

d. Langer, tiefer Atem

e. –

f. 1 Minute

g. *Wiederholung* der Übung im Fersensitz – 1 Minute.

6. a. »Baby-Haltung«

   b. –

   c. –

   d. Langer, tiefer Atem

   e. –

   f. 3 bis 5 Minuten

   g. –

Meditation IV

Merkmal: Öffnung des Geistes für neue Erlebnisinhalte; Befreiung von unerwünschten Verhaltensmustern.

Zeit: 3 bis 5 Minuten

Einfache Haltung – Die geistige Konzentration liegt auf dem sechsten Chakra. Die Hände sind zur Gebetshaltung vor der Brust zusammengenommen.

Die Atmung ist lang und tief, das Ausatmen wird mit dem Mantra *Sat Nam* kombiniert. Dabei wird die Silbe *Sat* sehr in die Länge gezogen und in sechs Schwingungen gesungen. Die Silbe *Nam* ist die abschließende, siebente Schwingung.

Das Singen wird von der Vorstellung begleitet, daß die in uns wohnende kosmische Energie, vom Nabelpunkt zum ersten Chakra und von dort aufsteigend, alle Chakras durchfließt und letztlich am Scheitelchakra aus dem Kopf herausstrahlt.

Die Meditation sollte mit 3 bis 5 Minuten begonnen werden; sie kann bis auf 31 Minuten ausgedehnt werden.

Sa   a   a   a   a   a   t   Nam

Meditation V

Merkmal: Kontrolle und Beruhigung der Gedanken.

Zeit: 3 Minuten

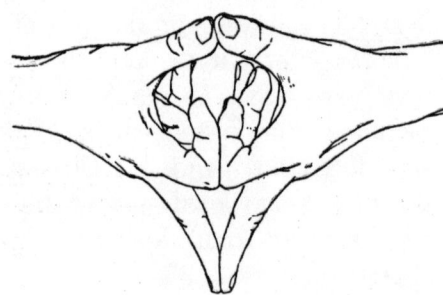

Einfache Haltung – Die Hände befinden sich vor der Brust. Die Ellenbogen sind abgespreizt; die Unterarme sind parallel zum Boden.

Die Finger formen folgendes Mudra: Die Daumen berühren sich mit den Spitzen. Die Zeigefinger sind zur Handfläche angewinkelt und liegen mit dem zweiten Glied aufeinander. Die Mittelfinger sind ausgestreckt und berühren sich mit den Spitzen. Die Ringfinger und die kleinen Finger sind zur Handfläche angewinkelt.

In dieser Haltung zeigen die Daumen zur Brust; die Mittelfinger sind vom Körper abgespreizt.

Der Atem ist lang und tief; die eingeatmete Luft wird jeweils für einige Sekunden angehalten. Gleichzeitig wird in Gedanken das Mantra *Sat Nam* zwischen 11 und 21 Mal wiederholt; dann erfolgt die Ausatmung.

Die Meditation dauert drei Minuten.

Meditation VI

Merkmal: Steigerung des Vertrauens auf Gott.

Zeit: 11 Minuten

Einfache Haltung – Die Arme sind über den Kopf erhoben. Die ausgestreckten Handflächen liegen aufeinander. Frauen legen die linke Hand über die rechte Hand, Männer halten die Hände umgekehrt.

Bei dieser Meditation sind die Augen einen kleinen Spalt geöffnet und blicken in Richtung der Nasenspitze.

Der Atem ist lang und tief. Er wird mit dem Mantra *Wahe Guru* verbunden, das flüsternd beim Ein- und Ausatmen gesprochen wird.

Die Dauer der Meditation beträgt 11 Minuten. Sie sollte 15 Tage lang täglich ausgeführt werden; danach kann die Meditationsdauer kontinuierlich um eine Minute gesteigert werden, bis die maximale Dauer von 31 Minuten erreicht ist.

Meditation VII

Merkmal: Überwindung von körperlichen und geistigen Abhängigkeiten.

Zeit: 5 bis 7 Minuten

Einfache Haltung – Die Hände sind zu Fäusten geschlossen. Die ausgestreckten Daumen drücken gegen die Schläfen.

Der Mund ist bei dieser Meditation fest geschlossen, die Zähne beißen aufeinander. Nun wird in einem gleichbleibenden Rhythmus der Unterkiefer fest nach oben gepreßt und wieder ein wenig gelokkert. Die gesamte Kaumuskulatur wird auf diese Weise angespannt und gelöst.

Die Meditation ist verbunden mit dem Mantra *Sa – Ta – Na – Ma,* das wir in unseren Gedanken mit dem Atem kombinieren.

Wir beginnen die Meditation mit 5 bis 7 Minuten, können die Zeitdauer jedoch kontinuierlich auf 31 Minuten steigern.

Meditation VIII

Merkmal: Überwindung von Ärger und Disharmonien.

Zeit: 2 Minuten

Einfache Haltung – Die Hände sind vor die Stirn erhoben und zu Fäusten geschlossen. Die Daumen sind abgespreizt; sie werden mit den Spitzen mit mittlerer Stärke gegeneinander gedrückt. Die Daumenspitzen zeigen nach unten, die Handrücken weisen zur Stirn. Die Hände befinden sich etwa 15 bis 20 Zentimeter vor dem sechsten Chakra.

Tiefes Einatmen; mit dem Ausatmen wird schnell und kraftvoll das Mantra *Wahe Guru* gesprochen. Die Silbe *Guru* soll eine Vibration im Bereich der Nase und am sechsten Chakra erzeugen.

Bei dieser Übung sind die Augen unbedingt geschlossen zu halten.

Die Meditation dauert 2 Minuten. Sie kann allein oder auch als Partnerschaftsmeditation ausgeführt werden, um vorhandene Spannungen und Disharmonien auszugleichen.

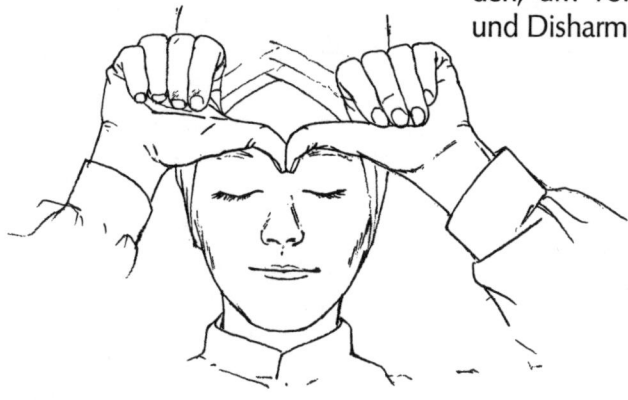

Meditation IX

Merkmal: Überwindung von Ratlosigkeit und zur Entscheidungsfindung.

Zeit: 11 Minuten

Einfache Haltung – Die Oberarme hängen entspannt herab, die Unterarme sind angewinkelt. Die Hände befinden sich vor der Brust und liegen, sich überkreuzend, ineinander; auch die Daumen überkreuzen sich. Die Handflächen weisen zum Körper.

Der Atem ist lang und tief; Einatmung und Ausatmung erfolgen abwechselnd durch die Nase und durch den Mund: Einatmen durch die Nase – Ausatmen durch die Nase, Einatmen durch den Mund – Ausatmen durch den Mund. Bei der Atmung durch die Nase werden die Lippen gespitzt.

Die Meditation dauert 11 Minuten; sie kann kontinuierlich auf 31 Minuten gesteigert werden.

Meditation X

Merkmal: Unterstützung bei körperlichen Heilungsprozessen.

Zeit: 11 Minuten

Einfache Haltung – Die Oberarme hängen entspannt herab; die Unterarme sind angewinkelt. Die Hände befinden sich vor der Brust und liegen, sich überkreuzend, ineinander; auch die Daumen überkreuzen sich. Die Handflächen stehen in einem 60-Grad-Winkel zum Körper.

Bei dieser Meditation sind die Augen einen kleinen Spalt geöffnet.

Der Atem ist kraftvoll und tief, er wird mit dem Mantra *Raa Ma Daas Sa, Saa Se So Hong* kombiniert. Das Mantra wird laut und kräftig in einer gleichbleibenden Tonlage gesungen.

Die Meditation dauert 11 Minuten.

Meditation XI

Merkmal: Manifestation der yogischen Gesinnung.

Zeit: 11 Minuten

Einfache Haltung – Die Hände ruhen auf den Knien. Die Finger formen das Gyan-Mudra.

Die geistige Konzentration ist auf das sechste Chakra gerichtet. Die Augen sind entweder geschlossen oder einen kleinen Spalt mit Blickrichtung auf die Nasenspitze geöffnet.

Koordiniert mit zweieinhalb Atemzügen singen wir das Mantra *Ek Ong Kar Sat Nam Siri Wahe Guru*.

Nach einem tiefen Einatmen wird die Silbe *Ek* als ein kurzer und hoher Laut gesungen. Dabei wird gleichzeitig der Schließmuskel des Afters kräftig zusammengezogen. Es folgt ein langgezogenes, nasales *Ong* und ein ebenso langes *Kar*. Bei der Silbe *Ong* ziehen wir die Sexualorgane an und bei *Kar* wird der Nabelpunkt hereingezogen. Wir haben jetzt, kontinuierlich und parallel zum Singen der ersten drei Silben, das komplette System der Wurzelschleuse angezogen. Nun atmen wir tief ein und entspannen die Wurzelschleuse.

Wir singen ein kurzes *Sat* und ziehen die Wurzelschleuse wieder an, zusätzlich wird das Zwerchfell etwas nach oben gezogen. Es folgt ein langgezogenes *Nam* und kurz vor der Ausatmung ein kurzes *Siri*. Die

Konzentration soll jetzt auf das sechste Chakra gerichtet sein. Wir atmen nun wieder zur Hälfte ein und verbinden mit der einfließenden Luft das Wort *Wahe*, die Ausatmung ist mit dem Wort *Guru* kombiniert.

Die Meditation dauert 11 Minuten.

Meditation XII

Merkmal: Meditation für den Frieden.

Zeit: 11 Minuten

Einfache Haltung – Beide Hände sind vor die Brust gehoben. Die rechte Handfläche zeigt waagerecht nach oben, die linke Handfläche zeigt nach unten. Die Daumen sind nach unten und oben abgespreizt.

Die geistige Konzentration ist auf das sechste Chakra gerichtet. Ohne besondere Koordination mit unserem Atem beginnen wir mit dem Mantra *Ich bin dein in mir – ich selbst – wahe Guru.*

Die Meditation dauert 11 Minuten.

Meditation XIII

Merkmal: Konzentration auf das Wahre Selbst.

Zeit: 11 Minuten

Einfache Haltung – Die Hände liegen entspannt auf den Knien. Die Finger formen das Gyan-Mudra.

Der Atem ist lang und tief. Er wird mit dem Mantra *Wahe Guru, Wahe Guru, Wahe Guru, Wahe Guru* kombiniert.

Die geistige Konzentration ist auf das Mantra gerichtet.

Die Meditation dauert 11 Minuten.

Meditation XIV

Merkmal: Entdeckung der eigenen Identität.

Zeit: 11 Minuten

Einfache Haltung – Die rechte Hand ruht auf dem Knie, die linke Hand befindet sich in Höhe des Herzzentrums, etwa 15 Zentimeter vom Körper entfernt. Beide Hände formen das Gyan-Mudra.

Der Atem ist lang und tief. Er ist mit dem Mantra *Ich bin* verbunden.

Einatmen: Sprechen des Mantras und gleichzeitige Bewegung der linken Hand bis etwa 10 Zentimeter vor den Körper.

Ausatmen: Sprechen des Mantras und gleichzeitige Bewegung der linken Hand bis etwa 30 Zentimeter vor den Körper.

Einatmen: Sprechen des Mantras und Rückkehr der Hand in die Ausgangsstellung – Ausatmen.

Nun beginnt der Zyklus von vorn.

Die Meditation dauert 11 Minuten, sie kann kontinuierlich auf 31 Minuten ausgedehnt werden.

Meditation XV

Merkmal: Gruppenmeditation; Steigerung der Sensibilität für gruppendynamische Zusammenhänge; Steigerung des Zusammengehörigkeits- und Einheitsgefühls.

Zeit: 31 Minuten

Diese Gruppenmeditation ist eine Modifikation der Meditation Nr. II, wie sie auf Seite 252 f beschrieben ist.

Die Gruppenmitglieder sitzen in einer Kreisformation und vollziehen die Übungen in der beschriebenen Art und Weise. Um einen gruppendynamischen Prozeß in Gang zu bringen, wird das laute und flüsternde Sprechen des Mantras *Sa – Ta – Na – Ma* abwechselnd von den einzelnen Mitgliedern der Gruppe vorgenommen. Hierbei ist keine

feste Reihenfolge der Sprechenden vorgeschrieben; es soll vielmehr der Intuition und der Sensibilität des einzelnen überlassen bleiben, das Mantra zu sprechen, wenn er oder sie sich an der Reihe glaubt. Beispiel: Mitglied -A- sagt *Sa – Ta – Na – Ma* und vollzieht die zugehörigen Fingerbewegungen. Alle anderen Gruppenmitglieder lauschen dem Mantra und vollziehen gleichfalls die Fingerbewegungen. Nun sagt Mitglied -D- das Mantra, alle anderen Teilnehmer hören zu und vollziehen synchron die Fingerbewegungen. Jetzt empfindet ein drittes Gruppenmitglied den Wunsch, das Mantra laut zu sprechen; die anderen hören zu, und so fort.

Im Idealfall kommt es zu einem reibungslosen, fortwährenden Sprechen des Mantras durch immer neue Gruppenmitglieder.

Die Ausführungszeiten betragen wie in Übung II angegeben:
5 Minuten bei normaler Lautstärke;
5 Minuten im Flüsterton;
11 Minuten schweigend;
5 Minuten im Flüsterton;
5 Minuten bei normaler Lautstärke.

Weitere Informationen

zum Kundalini-Yoga sowie die Möglichkeit zur Teilnahme an öffentlichen Yoga-Klassen und Lehrveranstaltungen, wie sie in vielen größeren Städten der Bundesrepublik regelmäßig oder zu besonderen Terminen angeboten werden, bieten die 3-H Organisation Deutschland e.V. und einige von dieser Organisation autorisierte Yoga-Lehrer.

Dem interessierten Leser wird die Teilnahme an diesen öffentlichen Unterrichten sehr empfohlen. Unklarheiten in der praktischen Ausführung einzelner Übungen sowie eventuelle Fragen oder auch Fehler, die sich durch eine mangelhafte Darstellung in diesem Buch oder durch eine Fehlinterpretation des Lesers ergeben mögen, können so korrigiert und beseitigt werden.

Die 3-H Organisation sendet Ihnen auf Wunsch ein aktuelles Adressenverzeichnis, das es ihnen ermöglicht, sich mit dem Yoga-Lehrer Ihrer Wahl in Verbindung zu setzen:

3-H Organisation Deutschland e.V.
Isesstraße 127
2000 Hamburg 13

Verzeichnis der Sets, geordnet nach ihrer physischen und psychischen Wirkungsweise

Geistige Transformation

Bibliographie

Avalon, Arthur: *Die Schlangenkraft. Die Entfaltung schöpferischer Kräfte im Menschen.* O.W. Barth Verlag im Scherz Verlag, 3. Aufl., München 1978.

Ayer, Alfred J.: *Die Hauptfragen der Philosophie.* R. Piper Verlag, München 1976.

Bhagwan Shree Rajneesh: *Das Buch der Geheimnisse.* Wilhelm Heyne Verlag, München 1974.

Boeckel, Johannes F.: *Meditationspraxis. Techniken und Methoden.* Mosaik Verlag, München 1977. Neuauflage im Goldmann Verlag, Goldmann Ratgeber, München 1984.

Duerr, Hans P.: *Traumzeit. Über die Grenze zwischen Wildnis und Zivilisation.* Syndikat Autoren- und Verlags GmbH, Frankfurt am Main 1978.

Gurudass Singh Khalsa: *Kundalini-Yoga. Un teórico-práctico para la nueva era.* Editorial Atlas, Barcelona.

Jaspers, Karl: *Einführung in die Philosophie. Zwölf Radiovorträge.* R. Piper Verlag, 23. Aufl., München 1983.

Kranz, Walter: *Die griechische Philosophie.* Schibli-Doppler Verlag, Birsfelden/Basel.

Krishna, Gopi: *Kundalini. Erweckung der geistigen Kraft im Menschen.* O.W. Barth Verlag im Scherz Verlag, Neuausgabe München 1983.

Kundalini Research Institute of 3HO Foundation, USA:
Yoga for the 80s.
Yoga for Youth and Joy.
The Man called the Siri Singh Sahib.

Kundalini Forschungsinstitut, Deutschland:
Kundalini-Yoga, wie es von Yogi Bhajan gelehrt wird.
Überlebenshandbuch.

Leadbeater, C.W.: *Die Chakras. Eine Monographie über die Kraftzentren im menschlichen Ätherkörper.* Verlag Hermann Bauer, 5. Aufl., Freiburg im Breisgau 1984.

Maharshi, Sri Ramana: *Die Suche nach dem Selbst.* Ansata Verlag, Interlaken 1979.

Patanjali: *Die Wurzeln des Yoga.* O.W. Barth Verlag im Scherz Verlag, 4. Aufl., München 1982.

Ramm-Bonwitt, Ingrid: *Yoga Nidra – Der Schlaf der Yogis.* Verlag Hermann Bauer, Freiburg im Breisgau 1984.

Rorty, Richard: *Der Spiegel der Natur: eine Kritik der Philosophie.* Suhrkamp Verlag, Frankfurt am Main 1980.

Störig, Hans J.: *Kleine Weltgeschichte der Philosophie.* Bd. 1 und 2. Fischer TB-Verlag, 16. Aufl., Frankfurt am Main 1984.

Vivekananda, Swami: *Jnana-Yoga.* Verlag Hermann Bauer, Bd. 1: 5. Aufl. 1983; Bd. 2: 5. Aufl. 1977; Freiburg im Breisgau.

Vivekananda, Swami: *Raja-Yoga. Mit den Yoga-Aphorismen des Patanjali.* Verlag Hermann Bauer, 7. Aufl., Freiburg im Breisgau 1983.

Zimmer, Heinrich: *Philosophie und Religion Indiens.* Suhrkamp Verlag, Frankfurt am Main 1976.

Zimmer, Heinrich: *Yoga und Buddhismus. Indische Sphären.* Insel Verlag, Frankfurt am Main 1982.

Quellenhinweis

Die einführende Tierfabel ist dem Buch »Philosophie und Religion Indiens« von Heinrich Zimmer entnommen.

Lothar Rüdiger Lütge

Carlos Castaneda und die Lehren des Don Juan

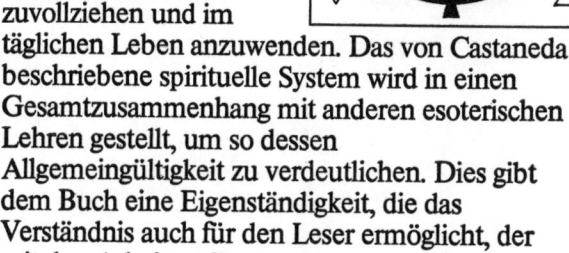

Eine praktische Anleitung,
die es ermöglicht,
Don Juans Lehren nach-
zuvollziehen und im
täglichen Leben anzuwenden. Das von Castaneda
beschriebene spirituelle System wird in einen
Gesamtzusammenhang mit anderen esoterischen
Lehren gestellt, um so dessen
Allgemeingültigkeit zu verdeutlichen. Dies gibt
dem Buch eine Eigenständigkeit, die das
Verständnis auch für den Leser ermöglicht, der
mit den Arbeiten Castanedas nicht vertraut ist.

esotera Taschenbücherei

171 Seiten mit 7 Zeichnungen. ISBN 3-7626-0614-5
esotera-Taschenbücherei
im Verlag Hermann Bauer, Freiburg im Breisgau.